Wassilios E. Fthenakis, Kirsten Hanssen,
Pamela Oberhuemer, Inge Schreyer (Hrsg.)

Träger zeigen Profil

Wassilios E. Fthenakis, Kirsten Hanssen,
Pamela Oberhuemer, Inge Schreyer (Hrsg.)

Träger zeigen Profil

Qualitätshandbuch für Träger von Kindertageseinrichtungen

Beltz Verlag · Weinheim, Basel, Berlin

BELTZ

Ihre Wünsche, Kritiken und Fragen richten Sie bitte an:
Verlagsgruppe Beltz, Fachverlag Soziale Arbeit, Erziehung und Pflege,
Werderstraße 10, 69469 Weinheim.

Die **Nationale Qualitätsinitiative im System der Tageseinrichtungen für Kinder** (NQI) ist ein 1999 vom Bundesministerium für Familie, Senioren, Frauen und Jugend (BMFSFJ) veranlasster länder- und trägerübergreifender Forschungsverbund. Neben dem BMFSFJ beteiligten sich zehn Bundesländer, die Verbände der Freien Wohlfahrtspflege, der Deutsche Städtetag, Landesjugendämter und Kommunen an diesem Forschungsvorhaben. Der Verbund besteht aus fünf Teilprojekten, die sich mit einem jeweils anderen Schwerpunkt befassen: Die Projekte I und II entwickeln **Qualitätskriterien** für die Arbeit mit 0- bis 6-jährigen Kindern, Projekt III für die Arbeit mit Schulkindern, Projekt IV für die Arbeit nach dem Situationsansatz und Projekt V für die Arbeit der Träger von Tageseinrichtungen. In allen Teilprojekten werden **Verfahren und Instrumente zur internen und externen Evaluation** erarbeitet und erprobt.

Bund, Länder und Verbände begleiten die Forschungsarbeiten in einem Beirat,
der vom Deutschen Jugendinstitut koordiniert wird.

Teilprojekte I und II: **Qualität in der Arbeit mit Kindern von 0 bis 6 Jahren**
PädQUIS, FU Berlin; www.paedquis.de

Teilprojekt III: **Qualität für Schulkinder in Tageseinrichtungen (QUAST)**
Sozialpädagogisches Institut NRW; www.spi.nrw.de

Teilprojekt IV: **Qualität im Situationsansatz (QuaSi)**
INA, Institut für den Situationsansatz, FU Berlin; www.ina-fu.org

Teilprojekt V: **Trägerqualität (TQ)**
IFP, Staatsinstitut für Frühpädagogik; www.ifp-bayern.de

Das TQ-Projekt wurde gefördert durch das Bundesministerium für Familie, Senioren, Frauen und Jugend

in Kooperation mit
dem Bayerischen Staatsministerium für Arbeit und Sozialordnung, Familie, Frauen und Gesundheit,
dem Ministerium für Bildung, Frauen und Jugend des Landes Rheinland-Pfalz,
dem Ministerium für Gesundheit und Soziales des Landes Sachsen-Anhalt,
dem Thüringer Ministerium für Soziales, Familie und Gesundheit,
der Landeshauptstadt Dresden (Amt für Kindertageseinrichtungen),
der Landeshauptstadt München (Schulreferat),
der Stadt Nürnberg (Jugendamt) und mit
den freien Trägern Bremens (vertreten durch die Bremische Evangelische Kirche).

ISBN 3-407-56238-1

1. Auflage 2003

03 04 05 06 07 5 4 3 2 1

Redaktion: Eva Grüber, Berlin
Herstellung: Ulrike Poppel, Weinheim
Satz: Markus Schmitz, Büro für typographische Dienstleistungen, Münster
Druck und Bindung: Druckhaus »Thomas Müntzer«, Bad Langensalza/Thüringen
Titelfotografie: Klaus G. Kohn
Umschlaggestaltung: glas ag, Seeheim-Jugenheim
Printed in Germany

Weitere Informationen finden Sie im Internet unter http://www.beltz.de

Inhalt

Vorworte

Dieses Qualitätshandbuch für die Träger von Kindertageseinrichtungen und das beigefügte Instrument zur Selbstevaluation sind Produkte eines vierjährigen Projektes im Rahmen der »Nationalen Qualitätsinitiative im System der Tageseinrichtungen für Kinder«. Im Projekt »Trägerqualität« (TQ-Projekt) standen die Träger von Kindertageseinrichtungen und deren Arbeitsstrukturen und Aufgaben im Mittelpunkt. Zum ersten Mal wurden trägerübergreifend gültige Qualitätskriterien für die Trägerarbeit formuliert.

Die Aufgaben, die in der Verantwortung eines Trägers liegen, sind vielfältig. Sie reichen von der wirtschaftlichen Steuerung der Einrichtung über konzeptionelle Fragen, bis hin zu Themen wie Bau und Sachausstattung. Dabei bewegen sich Träger von Kindertageseinrichtungen in einem sich kontinuierlich wandelnden Umfeld. Gesellschaftliche Rahmenbedingungen, demographische Entwicklungen, aber auch neue Formen der kommunalen Verwaltung und Steuerung wirken sich direkt auf die Arbeit der Träger von Kindertageseinrichtungen aus. So steht der einzelne Träger vor der Aufgabe, sein Profil an diesen vielseitigen politischen und fachlichen Forderungen auszurichten und dieses Profil nach außen zu vertreten. Die Frage der Qualitätssicherung und -entwicklung im System der Kindertagesbetreuung gewinnt dabei zunehmend an Bedeutung.

Ende 1999 startete das Bundesministerium für Familie, Senioren, Frauen und Jugend die »Nationale Qualitätsinitiative im System der Tageseinrichtungen für Kinder« (NQI), um erstmals in einem länder- und trägerübergreifenden Forschungsvorhaben Qualitätskriterien für die Arbeit im System der Kindertageseinrichtungen zu erarbeiten. Zur Aufgabenstellung gehörte es u. a., praxisnahe Feststellungsverfahren zu entwickeln und zu erproben. Dem bundesweiten Projektverbund gehörten fünf Teilprojekte an. Vier Projekte befassten sich mit verschiedenen Aspekten der pädagogischen Qualität in der Kindertageseinrichtung, das TQ-Projekt mit den Steuerungs- und Managementaufgaben der Träger.

Im Teil I des Qualitätshandbuches werden Kontext und Forschungslage der aktuellen Trägerlandschaft vorgestellt. Eine zentrale Aufgabe des Projektes war die Konzeptualisierung eines Trägerprofils; dieses Profil mit zehn Dimensionen wird im Teil II des Handbuches beschrieben. Auf der Grundlage dieser Dimensionen wurden Verfahren der Selbst- und Fremdevaluation von Trägerqualität entwickelt und erprobt, die in Teil III erläutert werden. Das auf der CD-ROM beigefügte Instrument zur Selbstevaluation ermöglicht den Trägern die praktische Qualitätsfeststellung und -entwicklung ihrer Trägerarbeit. Ein Auszug des Instrumentes ist in Teil IV abgedruckt.

Die Entwicklungsarbeit und Erprobung des Trägerprofils und der Evaluationsinstrumente fand in enger Zusammenarbeit mit Kooperationspartnern aus dem Praxisfeld der Kindertagesbetreuung statt. So konnte die Brauchbarkeit und Akzeptanz der entwickelten Methoden im Feld gesichert werden. Der Nationale Beirat und der Projektbeirat begleiteten und unterstützten das Projekt im gesamten Verlauf. Expertengruppen beschäftigten sich intensiv mit den Qualitätskriterien und waren unschätzbare Kritiker bei der Erprobung des Instrumentes zur Selbstevaluation. Ihnen allen sei an dieser Stelle herzlich gedankt.

Das TQ-Projekt wurde vom Bundesministerium für Familie, Senioren, Frauen und Jugend gefördert. Weitere finanzielle Unterstützung bekam das Projekt vom Bayerischen Staatsministerium für Arbeit und Sozialordnung, Familie, Frauen und Gesundheit; vom Ministerium für Bildung, Frauen und Jugend des Landes Rheinland-Pfalz; vom Ministerium für Gesundheit und Soziales des Landes Sachsen-Anhalt; dem Thüringer Ministerium für Soziales, Familie und Gesundheit; von der Landeshauptstadt Dresden (Amt für Kindertageseinrichtungen); von der Landeshauptstadt München (Schulreferat); von der Stadt Nürnberg (Jugendamt) und von den freien Trägern Bremens (vertreten durch die Bremische Evangelische Kirche). Ohne ihrer aller Unterstützung wäre die Durchführung dieses Projektes nicht möglich gewesen.

Prof. Dr. Dr. Dr. W. E. Fthenakis
Direktor des Staatsinstituts für Frühpädagogik

München, Oktober 2003

Noch nie zuvor standen Träger von Tageseinrichtungen vor derart komplexen Arbeitsanforderungen wie zurzeit. Aufgrund dessen sind Trägerqualität und Trägerprofil in die aktuelle Forschungs- und Qualitätsdiskussion geraten, in der sie bislang eher ein Schattendasein geführt haben.

Unbestritten ist, dass ein erheblicher Nachholbedarf für ihre Weiterentwicklung besteht. Vor diesem Hintergrund kommt dem Projekt »Trägerqualität« innerhalb der Nationalen Qualitätsinitiative, das von Prof. Wassilios E. Fthenakis geleitet wurde, für die Ist-Erhebung und die Entwicklung von Aufgabendimensionen im Trägerprofil eine besondere Bedeutung zu.

Eine Einrichtung als Träger qualifiziert zu führen, bedeutet, einen ständigen Findungs- und Qualifizierungsprozess zu durchleben. Träger – jedenfalls ehrenamtliche Träger wie Kirchengemeinden – werden wenig oder gar nicht auf die damit verbundenen Funktionen und Aufgaben vorbereitet.

Die Qualifikation von Trägern als Dienstvorgesetzte professioneller Mitarbeiterinnen beinhaltet unter anderem die kompetente Handhabung von Personal- und Organisationsentwicklungsinstrumenten wie dem Führen von Mitarbeiterinnengesprächen oder dem Abschluss von Zielvereinbarungen. Darüber hinaus müssen sich Träger im Dschungel der Gesetze und Auflagen zurechtfinden, auf Kundenorientierung sowie bedarfsgerechte Angebote hinwirken und sich darüber hinaus als verlässliche Arbeitgeber erweisen – ein oftmals kaum zu vereinbarender Gegensatz, wenn ich an die mögliche Einführung von Platzpauschalen, Kita-Card, Bildungs- und Betreuungsgutscheinen und deren Auswirkungen auf den Personalbedarf denke. Hinzu kommt der massive Einsparungsdruck.

Trägervertreterinnen sehen sich in den genannten Spannungsfeldern in ihrer Träger- und Führungskompetenz gefordert und gleichzeitig verpflichtet, ihren Leitungen mehr Eigenständigkeit, Autonomie und Budgetverantwortung zu übertragen, also Macht abzugeben. Vielfach können solche Aufgaben nur in Trägerzusammenschlüssen wahrgenommen werden.

Die Einführung verbindlicher Selbstevaluationsinstrumente stellt eine Verpflichtung und Herausforderung für Träger und Trägerverbände dar. Fachberatung könnte als Unterstützungssystem bei der Anwendung solcher Instrumente dienen. Deren erfolgreicher Einsatz setzt Schulungen für Multiplikatoren – Fachberatung, Qualitätsbeauftragte, Fortbilderinnen – im Feld voraus, und zwar an verschiedenen Standorten.

Fort- und Weiterbildung von Mitarbeiterinnen ist für Träger und die Fachkräfte gleichermaßen Verpflichtung. Dies sollte unbedingt im Interesse der Träger sein, denn die Ausbildung bereitet auf viele Fragen der Praxis nicht vor, und Weiterbildung kann diese Defizite nicht kaschieren.

Es ist dem Bundesministerium für Familie, Senioren, Frauen und Jugend zu danken für die Initiative der Nationalen Qualitätsinitiative im System der Tageseinrichtungen für Kinder (NQI) und insbesondere dem Forschungsvorhaben Trägerqualifikation. Bisher gehörten Träger nicht in den Fokus von wissenschaftlichen Untersuchungen und Studien. Deshalb ist insbesondere den Mitarbeiterinnen und Mitarbeitern des Staatsinstituts für Frühpädagogik in München unter Leitung von Prof. Dr. Dr. Dr. Fthenakis zu danken für die Forschungs- und Entwicklungsarbeit bezogen auf Trägerqualifikation und die Entwicklung von Qualitätskriterien. Wir verbinden mit dieser Veröffentlichung und der hoffentlich einhergehenden Implementationsphase eines neuen Trägerprofils den Aufbau und die Entwicklung von Qualitätsstandards für Träger von Tageseinrichtungen für Kinder in der Bundesrepublik Deutschland.

Ilse Wehrmann
Vorsitzende der Bundesvereinigung Evangelischer Tageseinrichtungen für Kinder e.V.
Geschäftsführerin der evangelischen Tageseinrichtungen für Kinder in Bremen

Bremen, Oktober 2003

Teil I

Kontext und Forschungslage

Pamela Oberhuemer

Kapitel 1
Trägerqualität im Kontext der internationalen und nationalen Qualitätsdiskussion

Qualitätsstudien und -ansätze in internationaler Perspektive

In Fachkreisen sind Diskussionen über die Qualität von Kindertageseinrichtungen keine Neuheit. Ob in den USA, Schweden, Neuseeland, Japan oder Deutschland – theoretische Beiträge und evaluative Studien zur Qualität verschiedener frühpädagogischer Ansätze gehören bereits seit längerem zum internationalen Forschungsbestand. Seit einigen Jahren hat sich die Qualitätsforschung aber verstärkt und verdichtet. »Qualität« wird dabei verschiedentlich definiert: So zum Beispiel als Konstrukt, das anhand universell gültiger Kriterien festgestellt werden kann (z. B. Harms, Clifford & Cryer, 1998) oder auch als multi-dimensionales, wertorientiertes und kulturbezogenes Phänomen (Moss, 1994; Penn, 1998; Woodhead, 2000). Nutzerperspektiven werden ebenso als Schlüsselelement bei der Qualitätsbestimmung herausgearbeitet (Katz, 1996), wie auch prozessuale, strukturelle und kontextuelle Aspekte von Qualität (Fthenakis, 2000). Nicht zuletzt werden Grundsätze und Annahmen, die der Qualitätsdebatte zugrunde liegen, eingehend problematisiert (Dahlberg et al., 1999; Moss, 2000). Eine ausführliche Darstellung der Forschungsansätze würde der Rahmen dieses Beitrags sprengen (vgl. dazu Fthenakis & Textor, 1998; Fthenakis, 2000). Es wird aber deutlich, dass die internationale Diskussion um Qualität vielseitig, lebendig und auch durchaus kontrovers geführt wird.

Qualität im Kontext

Wichtig bei jeder Qualitätsdiskussion ist der gesamtgesellschaftliche Kontext, in dem sie geführt wird. In vielen Ländern setzten in den 80er und 90er Jahren grundlegende ökonomische Umstrukturierungen ein, verbunden mit einer zunehmenden Marktorientierung, Internationalisierung und Privatisierung (vgl. z. B. Green et al., 1999, S. 3). Diese Entwicklungen hatten (bzw. haben noch) einen spürbaren Einfluss nicht nur auf die Beschäftigungssysteme, sondern auch auf die Bildungs- und Wohlfahrtssysteme.

In einzelnen europäischen Ländern führte dies zu einer strukturellen Neuordnung, die auch Folgen für die Kindertagesbetreuung und vorschulische Bildung mit sich brachte. Beispielsweise fand in Schweden Anfang der 90er Jahre eine Dezentralisierung von Entscheidungskompetenzen statt (vgl. Oberhuemer & Ulich, 1998, S. 27). Nach gut 20 Jahren einer zentral geregelten Administration erfolgte eine Verlagerung der Verantwortung für die Schulen und die gesamte Kindertagesbetreuung an die 286 Kommunen. Einige Jahre später wurde die Zuständigkeit für Tageseinrichtungen vom Sozialministerium zum Bildungsministerium überführt. Mit dem Schritt der Dezentralisierung wuchs – wie in anderen Ländern – die Bedeutung der Zielbestimmung und der Evaluation der Arbeit in Tageseinrichtungen. Auch in Schweden erfolgten diese Entwicklungen in einem Klima von zunehmender ökonomischer Stringenz und von Forderungen nach Leistungseffektivität. Es wurden dabei erste Paradoxe der Dezentralisierung deutlich (vgl. Dahlberg & Åsén, 1994): Verantwortung und Einfluss auf regionaler Ebene, die einerseits gewonnen werden, könnten möglicherweise durch die kontrollierenden Mechanismen der Evaluation verloren gehen. Um mögliche negative Auswirkungen zu überwinden, plädieren Dahlberg & Åsén (1994) für einen partizipatorischen Ansatz der Qualitätsbestimmung und -evaluierung, der die Ziele und Perspektiven von Politik, Administration, Fachwissenschaft, Familien und auch interessierte Bürger einschließt.

Auch die Empfehlungen des »Netzwerk Kinderbetreuung der Europäischen Kommission« (1996) sowie die zusammenfassenden Ergebnisse der 12-Länder-Studie der OECD (2001) (vgl. auch Oberhuemer, 2002) unterstreichen die Notwendigkeit von beteiligungsorientierten Ansätzen der Qualitätsbestimmung, -entwicklung und -überprüfung, die die Sichtweisen der jeweiligen Mitwirkenden (Fachkräfte, Träger, Eltern, Kinder ...) berücksichtigen.

Trägerqualität – ein blinder Fleck in der Qualitätsdiskussion?

Die überwiegende Zahl der Forschungsstudien zur Qualität frühkindlicher Bildungs- und Betreuungsangebote wurde in den USA durchgeführt und diese sind auch in dem dortigen Kontext zu sehen. Der vorwiegend privat geführte Markt der Kindertagesbetreuung hat zu immensen Unterschieden zwischen den Angeboten geführt. Insbesondere die in verschiedenen Studien nachgewiesene niedrige Qualität der Kleinstkindbetreuung ist seit vielen Jahren Anlass für Sorge in Fachkreisen und auch Schwerpunkt von verschiedenen regionalen politischen Initiativen (vgl. z. B. OECD, 2000, http://www.oecd.org/dataoecd/52/33/2535075.pdf). In der Mehrzahl stellen diese Studien Fragen der pädagogischen Qualität in den Mittelpunkt – das Bildungskonzept, die Erzieher-Kind-Interaktionen oder auch bestimmte Strukturmerkmale des Angebots (für einen Überblick vgl. Clarke-Stewart, 1998, S. 148ff.). Viel weniger wird – weder in den USA noch in Europa – die Frage der Managementqualität oder der Trägerschaft von Kindertageseinrichtungen thematisiert.

Im europäischen Kontext ist dies einmal durch die sehr unterschiedlichen Systeme der vorschulischen Bildung, Erziehung und Betreuung zu erklären. Während in anderen Ländern nichtstaatliche Organisationen (*non-governmental organisations – NGOs*) durchaus eine Rolle bei der Bereitstellung von Bildungs- und Betreuungsleistungen spielen, gibt es kaum – wenn überhaupt – ein Land mit Trägerstrukturen, wie sie sich in Deutschland präsentieren (➛ Näheres dazu im Kapitel 2). Das Modell der staatlichen Förderung von freiwilligen (gemeinnützigen) Anbietern verbunden mit dem Subsidiaritätsprinzip (➛ vgl. Anhang D – Glossar) ist eine deutsche Besonderheit. So sind zum Beispiel die Kindergärten in Deutschland nicht – wie etwa Einrichtungen für die gleiche Altersgruppe in Frankreich, Belgien, Luxemburg oder England – Teil eines stark regulierten staatlichen Bildungssystems. Sie sind in einem pluralen Jugendhilfesystem verortet, bei dem Träger-, Konzeptions- und Einrichtungsvielfalt entscheidende Merkmale sind.

Trägerqualität als neue Perspektive in der Qualitätsdiskussion

In der Qualitätsdebatte in Deutschland kam es in den 90er Jahren zu einem deutlichen Paradigmenwechsel. In den fachpädagogischen Diskurs rückten nun auch betriebswirtschaftlich geprägte Begriffe ein – Effektivität, Effizienz, neue Steuerung, Qualitätsmanagement, Controlling (dazu z. B. Pestalozzi-Fröbel-Verband, 1998; Irskens & Vogt, 2000).

Diese Entwicklung ist im breiteren Kontext einer tiefer greifenden Neuordnung sozialstaatlicher Strukturen zu sehen, die auch einen verstärkten Legitimationsdruck bei der Verwendung öffentlicher Gelder mit sich bringt. Das Verständnis von Jugendhilfe als soziale Dienstleistung (statt Fürsorge), die vielfach geforderte »Kundenorientierung«, oder die anhaltende Diskussion um die Finanzierung von Kindertageseinrichtungen (vgl. Kreyenfeld et al., 2001) sind nur einige Indikatoren dieses Perspektivenwechsels.

So werden zwei Dimensionen der Qualitätsdiskussion zunehmend deutlich: aus fachwissenschaftlicher Sicht gilt das Primat, Qualitätsstandards im Praxisfeld Kindertageseinrichtungen vor dem Hintergrund gesellschaftlichen Wandels zu bestimmen, zu sichern und kontinuierlich weiterzuentwickeln. Dies betrifft die Funktion der Einrichtungen sowohl als Bildungsort für Kinder als auch als Dienstleistungsangebot für Familien. Aus politisch-administrativer Sicht geht es darüber hinaus um Fragen der verträglichen Steuerung und der Qualitätskontrolle bzw. der Evaluation.

Seit Mitte der 90er Jahre werden nun auch im System der Tageseinrichtungen für Kinder zahlreiche Ansätze der Qualitätsentwicklung und des Qualitätsmanagements entwickelt und erprobt. Inzwischen haben die großen Trägerverbände entsprechende Qualitätshandbücher oder -leitfäden vorgelegt. Bislang befassten sich diese Maßnahmen vorwiegend mit der Programmqualität von Tageseinrichtungen, d. h. mit der Qualität der Bildungs- und Erziehungsarbeit. Die wichtige Funktion des Trägers bei der Steuerung von Einrichtungsqualität wird nur wenig – und wenn, dann immer trägerspezifisch – thematisiert.

Bis heute gibt es auch kaum Untersuchungen, die sich mit der Rolle und Funktion von Rechtsträgern im Kinderbetreuungswesen befassen. Eine in Bayern, Brandenburg und Nordrhein-Westfalen durchgeführte Studie hat zwar eine erste Bestandsaufnahme zur Tätigkeit der Träger von Kindergärten geleistet (Fthenakis et al., 1996[b]). Ein Projektvorhaben, das die aktuelle Qualitätsdiskussion auch aus der Trägerperspektive thematisiert, gab es aber bisher nicht.

Trägerschaft und Qualitätsanforderungen

Durch das Inkrafttreten des Kinder- und Jugendhilfegesetzes – 1990 in den neuen, 1991 in den alten Bundesländern – veränderte sich der rechtliche Rahmen für das System der Tageseinrichtungen für Kinder. Zum einen sehen §§ 22 Abs. 1, 25 SGB VIII ein *plurales* Angebot der Kindertagesbetreuung vor. Zum anderen wurden Kindergärten infolge des in § 24 SGB VIII verankerten Rechtsanspruchs auf einen Kindergartenplatz als *Regelangebot* für alle Kinder ab 3 Jahre etabliert – mit der entsprechenden Qualitätsanforderung an das Leistungsangebot der Tageseinrichtungen.

Infolge des vielseitigen gesellschaftlichen Wandels sehen sich die Träger *veränderten Bedürfnissen und Ansprüchen* ihrer Adressaten gegenüber. Überlegungen zur »Markt-, Kunden- und Feldorientierung« prägten in den letzten Jahren – nicht zuletzt auf Grund des prognostizierten Geburtenrückgangs – dementsprechend die Diskussion in vielen Trägerorganisationen. Die Überführung eines bisher vorwiegenden Anbietermarkts in einen Nachfragemarkt stellt Einrichtungen und Träger vor einer verschärften Konkurrenzsituation. Neben einer differenzierten Außenorientierung ist auch eine verstärkte Binnendifferenzierung des pädagogischen Angebots notwendig geworden, um im Kontext aktueller soziokultureller und familienbezogener Veränderungen die erforderliche Bildungs- und Erziehungsqualität zu gewährleisten.

Auch die allgemeine Diskussion über die *Leistungs- und Anpassungsfähigkeit* der Wohlfahrtsverbände in einem sich stark verändernden Wohlfahrtssystem (vgl. Rauschenbach et al., 1995; Merchel, 2003) verändert die Anforderungen an Trägerschaft. Hinzu kommen *Verwaltungs- und Steuerungsreformen* auf kommunaler Ebene, die in wesentlichen Dimensionen auch die Arbeit des Trägers von Tageseinrichtungen betreffen und eine neue Bestimmung des Verhältnisses zwischen öffentlichen und freien Trägern zur Folge hat (vgl. dazu Schröer, 1998).

Diese veränderten Rahmenbedingungen konfrontieren die einzelnen Rechtsträger und die sie vertretenden Verbände mit Aufgabenstellungen, die neu zu gewichten sind. Dazu gehören zum Beispiel:

- eine moderne soziale Organisation zu verantworten,
- Profilbildung nach außen zu leisten,
- die Bildungsqualität in den Tageseinrichtungen zu sichern,
- den gestiegenen Ansprüchen an die Professionalität des Erzieherberufs insgesamt und insbesondere der Einrichtungsleitung durch eine entsprechende Personalpolitik, Personalentwicklung und Führungskompetenz gerecht zu werden,
- die unterschiedlichen Aufgaben und Entscheidungsbefugnisse von Rechtsträger, Leitung, Fachkräften mit besonderen Funktionen und Fachberatung zu klären,
- verantwortliche Fortbildungsförderung zu gewährleisten,
- Rahmenbedingungen für eine differenzierte Beteiligung von Eltern zu schaffen.

Mit dem aktuellen Druck der Modernisierung von Verwaltungsabläufen, der Anpassung von Tageseinrichtungen an veränderte Bildungs- und Betreuungserwartungen sowie der Profilbildung durch nachweisbare Leistungsqualität sind Träger mehr denn je aufgefordert, ihre Arbeit systematisch in den Blick zu nehmen. Dabei sehen die Bedingungen dafür sehr unterschiedlich aus. Sie reichen von den etablierten Fach- und Verwaltungsstrukturen der großen kommunalen Träger bis hin zu den eher wenig professionalisierten Strukturen der vielen »kleinen« Träger im Bereich der freien Wohlfahrtspflege, die nur ein oder zwei Tageseinrichtungen zu verantworten haben. Diese Unterschiede in den Trägerschaften und Trägerstrukturen stehen im Mittelpunkt des folgenden Kapitels.

Kirsten Hanssen, Pamela Oberhuemer

Kapitel 2
Träger und Trägerstrukturen im System der Kindertageseinrichtungen

Eine plurale Trägerlandschaft

Vor dem Hintergrund der Trägersysteme in anderen europäischen Ländern sind die Trägerschaften von Tageseinrichtungen für Kinder in Deutschland vergleichsweise heterogen und die Trägerstrukturen komplex. Durch das Subsidiaritätsprinzip (➛ vgl. Anhang D – Glossar), unterschiedliche gesetzliche Regelungen in den 16 Bundesländern (➛ vgl. Anhang C – Kita-Gesetze der Bundesländer), standortspezifische Besonderheiten sowie die Zugehörigkeit der meisten Träger zu kommunalen bzw. freigemeinnützigen Verbänden mit eigenen Wertorientierungen, Organisationsstrukturen und Interessenvertretungen hat sich über die Jahre eine plurale und außerordentlich differenzierte Trägerlandschaft entwickelt. Manche sprechen von einem »Trägerlabyrinth« (Merchel, 2003, S. 7).

Diese Vielfalt garantiert einerseits ein diversifiziertes Angebot und auch Freiräume für Innovation. Zugleich erschwert sie die Gewährleistung eines Systems der Kindertageseinrichtungen mit vergleichbaren Qualitätsstandards, eines Systems, das Bildungs- und Entwicklungschancen für alle Kinder und soziale Dienstleistungen für alle Familien bereitstellt.

Die Trägerlandschaft ist nicht nur vielfältig, sie befindet sich zudem in einem funktionellen und qualitativen Wandel. Die im vorherigen Kapitel skizzierten veränderten kontextuellen Bedingungen der Trägerarbeit machen deutlich, dass sich Trägerqualität bei der Wahrnehmung dieser Aufgaben künftig an ihrer Konkurrenzfähigkeit im härteren Trägerwettbewerb messen lassen muss, dass die Steuerung, Sicherung und Weiterentwicklung der Bildungs- und Erziehungsqualität in Kindertageseinrichtungen als Aufgabe der Träger verstärkt ins Blickfeld rückt. Wer ist aber Träger?

Das SGB VIII unterscheidet in § 3 zwischen Trägern der öffentlichen und freien Jugendhilfe:

Träger der öffentlichen Jugendhilfe

»Träger der öffentlichen Jugendhilfe« sind auf örtlicher Ebene die Landkreise und kreisfreien Städte (§ 69 Abs. 1 Satz 2 SGB VIII), aber auch die kreisangehörigen Gemeinden, soweit sie für den örtlichen Bereich Aufgaben der Jugendhilfe wahrnehmen (§ 69 Abs. 5 SGB VIII). Manche Landesausführungsgesetze delegieren die Zuständigkeit für das institutionelle Kinderbetreuungswesen ausdrücklich auf die Gemeindeebene.

Träger der freien Jugendhilfe

Der Begriff »Träger der freien Jugendhilfe« umfasst eine bunte Szene von gemeinnützigen und freien Verbänden, Vereinen und sonstigen Organisationen, die einem ständigen Wandel unterliegt:

- Freie Träger von Kindertageseinrichtungen sind nicht mehr nur die Kirchengemeinden sowie kirchliche und nicht-kirchliche Wohlfahrtsverbände (Arbeiterwohlfahrt, Caritas-Verband, Deutscher Paritätischer Wohlfahrtsverband, Deutsches Rotes Kreuz, Diakonisches Werk, Zentralwohlfahrtsstelle der Juden in Deutschland) mit ihren Unterorganisationen, sondern zunehmend auch Elterninitiativen, gelegentlich Betriebe, vereinzelt auch Jugendverbände (im Bereich der Schülerbetreuung).
- Das Selbstverständnis der einzelnen Träger und deren Trägerbild nach außen sind durch unterschiedliche Wertorientierungen und Traditionen geprägt.
- In ihren internen Organisationsstrukturen weisen die verschiedenen freien Träger große Unterschiede auf; während Elterninitiativen auf lokaler Ebene agieren und meist nur Träger einer Einrichtung sind, sind die großen Verbände der freien Wohlfahrtspflege bundesweit organisiert und haben Einfluss auf eine große Anzahl von Einrichtungen.
- In der regionalen Streuung freier Träger sind die kirchlichen Träger in den alten Bundes-

ländern in der Überzahl, in den neuen Bundesländern hingegen die nicht-kirchlichen freien Träger.

Hier wird deutlich, dass es *den* Träger nicht gibt, sondern eine äußerst heterogene Trägerlandschaft, die zudem einem erheblichen strukturellen Wandel unterliegt.

Subsidiaritätsprinzip und Vorrang der freien Träger

Der Begriff *Subsidiarität* beschreibt im Bereich der sozialen Arbeit das Verhältnis von Staat und Gesellschaft und somit auch von freien und öffentlichen Trägern (Bettmer, 2002). Das Prinzip der Subsidiarität bezieht sich auf die Verpflichtung der öffentlichen Träger, soziale Aufgaben erst dann zu übernehmen, wenn der Bedarf nicht durch freie Träger gedeckt werden kann. Das bedeutet, dass freie Träger von staatlicher Seite unterstützt werden, damit sie ihre Funktion eigenständig ausüben können. Bereits im Reichsjugendwohlfahrtsgesetz (1922) und im Jugendwohlfahrtsgesetz (1952) war der Vorrang der Freien Träger gesetzlich verankert wie auch heute im SGB VIII (Kinder- und Jugendhilfegesetz, 1990).

Das Subsidiaritätsprinzip beruht auf den historisch gewachsenen Trägerstrukturen im Sozialbereich. Jugendhilfe ist lange Zeit ausschließlich Aufgabe nichtstaatlicher Organisationen und Verbände gewesen; das soziale Engagement der Kirchen und Wohlfahrtsverbände wurde erst wesentlich später – im Rahmen der Umsetzung der Sozialstaatsidee – durch staatliches ergänzt. Bis heute wird der überwiegende Anteil der Jugendhilfeleistungen von freien Trägern erbracht.

	West	Ost
Öffentliche Träger	34%	71%
Freie Träger	66%	29%

Tab. 1: Trägerschaft von Kindertageseinrichtungen in den ost- und westdeutschen Bundesländern, 1998[1] (Quelle: Becker, 2001, S. 57, 60)

1 Die neueste Erhebung der amtlichen Kinder- und Jugendhilfestatistik wurde zum 31.12.2002 durchgeführt. Aktuelle Daten werden erwartungsgemäß erst 2004 vorliegen.

Zwei Drittel der Tageseinrichtungen für Kinder befinden sich in den alten Bundesländern in freier Trägerschaft. In den neuen Bundesländern ist die institutionelle Kindertagesbetreuung noch überwiegend in kommunaler Hand (➛ Tabelle 1). Der Anteil freier – insbesondere nichtkirchlicher – Träger nimmt in den ostdeutschen Bundesländern allerdings tendenziell zu (vgl. van Santen & Seckinger, 1999; DJI, 2002).

Feldspezifische Bedingungen der Träger von Kindertageseinrichtungen

Neben der oben erwähnten Heterogenität gibt es weitere Differenzierungen in der Trägerlandschaft. Kommunale wie freigemeinnützige Träger unterscheiden sich hinsichtlich ihrer Organisationsstruktur, der Zahl der zu verantwortenden Kindertageseinrichtungen und des Professionalisierungsgrads ihrer Trägervertreter.

Die Struktur und Größe einer Trägerorganisation haben direkte Auswirkungen auf die Gestaltung der Trägerarbeit. Während in größeren Trägerorganisationen, z. B. kreisfreien Städten, die Verantwortungsbereiche auf verschiedene Abteilungen verteilt sind, liegen diese bei Trägern mit weniger Einrichtungen, z. B. bei Kirchengemeinden, häufig in einer Hand. Der Träger ist keine juristische Person, sondern eine Organisationsform. Die Verantwortung und Funktionen der Trägerorganisation werden durch die jeweiligen Mitarbeiter vertreten, die sogenannten Trägervertreter. Diese können bei den verschiedenen Trägern ganz unterschiedliche Funktionen innehaben. Bei den öffentlichen Trägern können z. B. der Bürgermeister ebenso wie der Jugendamtsleiter oder ein Fachbereichsleiter die verantwortlichen Trägervertreter sein. Auch bei den freien Trägern ist eine Bandbreite der Funktionen möglich: Der Kirchenvorstand, der Vorstandsvorsitzende einer Elterninitiative, der Geschäftsführer eines Vereins oder der bestellte Trägervertreter wie z. B. ein Pfarrer. Alle treten als Trägervertreter auf.

Ein Hauptunterscheidungsmerkmal zwischen öffentlichen und freien Trägern im Bereich der Trägervertreter ist das Ehrenamt (➛ Anhang D – Glossar). Während bei öffentlichen Trägern die Mitarbeiter hauptamtlich tätig sind, wird ein Großteil der Arbeit bei freien Trägern auch ehrenamtlich erledigt. Weitere Unterschiede sind im Ausbildungshintergrund und in der Berufserfahrung der einzelnen Trägervertreter der freien, kirchlichen und nicht-kirchlichen sowie öffentlichen Träger zu verzeichnen (➤ Kapitel 4).

Die Pluralität der Trägerstrukturen spiegelt sich in den unterschiedlichen Organisationsformen im Bereich der Kindertageseinrichtungen wider. Die Jugendämter sind nach wie vor die relevanten öffentlichen Träger. Freie Träger verteilen sich auf die kirchlichen und nicht-kirchlichen Wohlfahrtsverbände, die traditionell einen hohen Stellenwert innerhalb des Trägersystems haben (siehe oben). Seit den 70er und 80er Jahren hat sich aufgrund von quantitativen und qualitativen Mängeln in der Versorgung mit Kindertageseinrichtungsplätzen die Trägerform der Vereine und Initiativgruppen von Eltern entwickelt und nimmt einen bedeutenden Stellenwert in der Trägerlandschaft ein. Die Rolle der gewerblichen Träger in der Jugendhilfe ist dagegen verschwindend gering (vgl. Merchel, 2003, S. 175).

Kindertageseinrichtungen machen rd. 60 % der gesamten Jugendhilfeeinrichtungen in freier und öffentlicher Trägerschaft aus. Hier haben die freien Träger mit 57,8 % der Kindertageseinrichtungen eine Vorrangstellung (➤ Tabelle 2). Dies gilt auch für die von ihnen zur Verfügung gestellten Plätze und das beschäftigte Personal.

	Öffentliche Träger	Freie Träger	Gewerbliche Träger
Kindertageseinrichtungen			
• Einrichtungen	41,7 %	57,8 %	0,5 %
• Plätze	44,9 %	54,7 %	0,7 %
• Personal	43,4 %	56,0 %	0,6 %

Tab. 2: Einrichtungen, Plätze und Personal nach Art des Trägers, 1998 (Quelle: BMFSFJ, 2002[c], S. 69)

Das Verhältnis der öffentlichen und freien Träger ist einerseits durch das Subsidiaritätsprinzip (siehe oben) gekennzeichnet und andererseits durch die KJHG-Vorgaben der Zusammenarbeit der freien und öffentlichen Träger (§ 78 SGB VIII) sowie der Gesamtverantwortung der öffentlichen Jugendhilfe (§ 80 SGB VIII). Die öffentlichen Träger (Jugendämter) sind dabei durch eine Doppelfunktion gekennzeichnet. Einerseits sind sie Träger von Kindertageseinrichtungen, andererseits haben sie die Funktion, Prozesse der Jugendhilfeplanung zu initiieren und – unter Beteiligung der freien Träger – maßgeblich zu steuern (§§ 79/80 KJHG) (Merchel, 2003). Das Spannungsfeld von Interessen als Einrichtungsträger und dem politischen Prozess der Aushandlung zwischen den Trägern und den Aufgaben der Infrastrukturgestaltung wird auch in der inneren Organisation des Jugendamtes deutlich. Hier zu nennen ist die gesetzlich vorgeschriebene Zweigliedrigkeit von Jugendamt und Jugendhilfeausschuss (vgl. § 70 Abs. 1 SGB VIII).

Neue Entwicklungen

Im Bereich der Rechts- und Organisationsformen der Trägerschaft von Kindertageseinrichtungen sind neue Entwicklungen aufzuzeigen. Auf der Seite der eigenen Leistungserbringung von Jugendämtern als Träger von Kindertageseinrichtungen ist eine Tendenz der Gründung von kommunalen Betrieben (Eigenbetrieb, kommunale GmbH) festzustellen (vgl. BMFSFJ, 2002[b], S. 68). Auch bei den kirchlichen Trägern ist die Abgabe der Betriebsträgerschaft von den Kirchengemeinden an eine gGmbH oder auch der Zusammenschluss mehrerer Einrichtungen als neue Entwicklung zu beschreiben. In einem Modellprojekt wurden diese Trägerstrukturen für katholische Kindertageseinrichtungen erprobt (vgl. Binniger & Larrá, in Druck). In erster Linie sind diese neuen Strukturen mit einer Entlastung von Verwaltungsaufgaben verbunden, wobei der Einfluss auf die inhaltliche Ausrichtung der Kindertageseinrichtung erhalten bleibt.

Inge Schreyer, Pamela Oberhuemer, Kirsten Hanssen

Kapitel 3
Das TQ-Projekt im Rahmen der Nationalen Qualitätsinitiative

Der Projektverbund

Der Projektverbund der »Nationalen Qualitätsinitiative im System der Tageseinrichtungen für Kinder« wurde vom Bundesministerium für Familie, Senioren, Frauen und Jugend Ende des Jahres 1999 ins Leben gerufen. Er bestand aus fünf Teilprojekten an vier Forschungsinstituten, die in einem länder- und trägerübergreifenden Forschungsvorhaben zusammenarbeiteten: Dabei beschäftigten sich die Teilprojekte I und II mit der Qualität der Einrichtungen für Kinder im Alter von 0 bis 6 Jahren; in Teilprojekt III stand die Qualität der Arbeit mit Schulkindern im Mittelpunkt; im Teilprojekt IV ging es um die Erarbeitung von Qualitätskriterien nach dem Situationsansatz; schließlich befasste sich das Teilprojekt V mit der Qualität der Arbeit von Rechtsträgern von Kindertageseinrichtungen. Alle Teilprojekte hatten den Auftrag, Qualitätskriterien zu entwickeln sowie handhabbare Verfahren zur Qualitätsfeststellung zu erarbeiten. Zu diesem Zweck arbeiteten sie mit verschiedenen Bundesländern, Kommunen und Verbänden zusammen. Insgesamt unterstützten zehn Bundesländer die Teilprojekte der Nationalen Qualitätsinitiative.

Teilprojekt V »Trägerqualität«

Während sich vier Teilprojekte der Nationalen Qualitätsinitiative mit der pädagogischen Qualität in den Einrichtungen befassten, hatte das Teilprojekt V die Qualität der Arbeit der Träger zum Thema. Da bislang keinerlei Regelwerke zur Qualitätssicherung (Qualitätshandbücher, Qualitätsleitfäden o. ä.) vorlagen, die das vielfältige Aufgabenspektrum eines Trägers von Tageseinrichtungen systematisch und umfassend aufarbeiten, stellte dieses Projekt ein Pilotprojekt dar. Zwar konnte der interessierte Träger auf Steuerungsverfahren für einzelne Aufgabenbereiche zurückgreifen, die in entsprechenden Handbüchern dargestellt und auch in Fortbildungsprogrammen vermittelt wurden, jedoch waren diese Materialien weder zugeschnitten auf die spezifischen Funktionsabläufe, noch auf die rechtlichen Vorgaben und Rahmenbedingungen des Systems der Tageseinrichtungen für Kinder, sondern behandelten typischerweise nur wenige, ausgewählte Aufgabenaspekte.

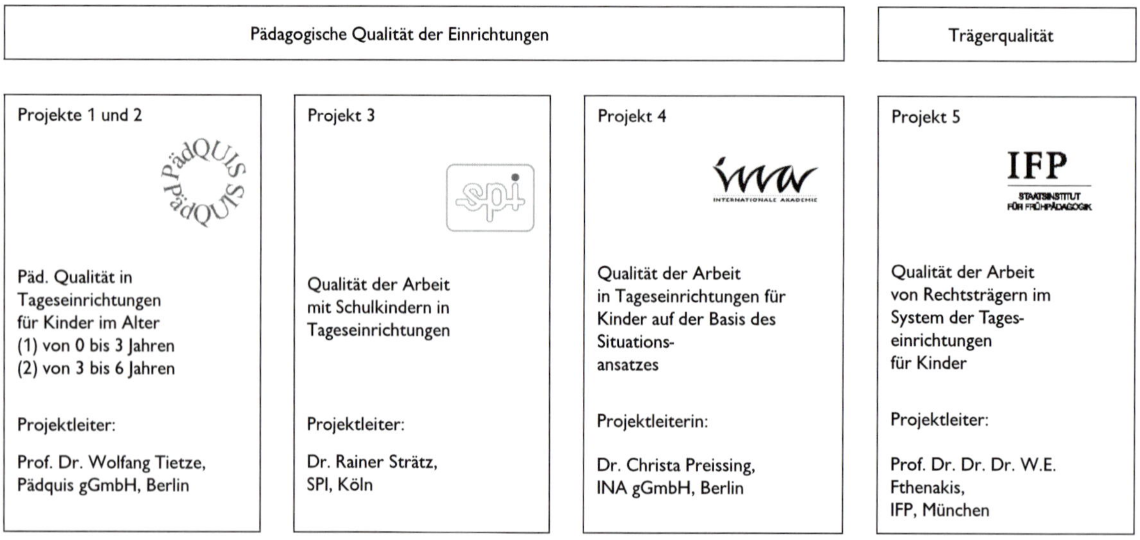
Pädagogische Qualität der Einrichtungen
Trägerqualität
Projekte 1 und 2
PädQUIS
Päd. Qualität in Tageseinrichtungen für Kinder im Alter (1) von 0 bis 3 Jahren (2) von 3 bis 6 Jahren
Projektleiter:
Prof. Dr. Wolfgang Tietze, Pädquis gGmbH, Berlin
Projekt 3
spi
Qualität der Arbeit mit Schulkindern in Tageseinrichtungen
Projektleiter:
Dr. Rainer Strätz, SPI, Köln
Projekt 4
ina
Qualität der Arbeit in Tageseinrichtungen für Kinder auf der Basis des Situationsansatzes
Projektleiterin:
Dr. Christa Preissing, INA gGmbH, Berlin
Projekt 5
IFP
Qualität der Arbeit von Rechtsträgern im System der Tageseinrichtungen für Kinder
Projektleiter:
Prof. Dr. Dr. Dr. W.E. Fthenakis, IFP, München

Abb. 1: Die Teilprojekte der Nationalen Qualitätsinitiative

Projektziele

Sowohl gesellschaftliche Veränderungen im Kontext der Kindertagesbetreuung als auch die aktuelle Qualitätsdiskussion sind zunehmend mit der Frage der Qualität der Arbeit der Träger von Kindertageseinrichtungen verbunden. Daraus ergibt sich eine Herausforderung an die Träger, Kindertageseinrichtungen sowohl als Bildungs- und Entwicklungschance für Kinder als auch als soziale Dienstleistung für Familien zu verstehen. Ein Ziel des Projektes war es deshalb, Träger dahingehend zu unterstützen, ihr Aufgabenspektrum kritisch zu überprüfen, ihre Innovationsbereitschaft zu stärken sowie Qualitätssicherung und -entwicklung anregen und durchführen zu können.

Die Trägerlandschaft in Deutschland ist geprägt durch Heterogenität, durch länderspezifische Regelungen und standortspezifische Besonderheiten sowie sich ständig ändernde Rahmenbedingungen des Systems der Kindertageseinrichtungen. Verfahren, die die Innovationsbereitschaft und Bestrebungen zur Weiterentwicklung der Trägerqualität anregen und stärken sollen, müssen deshalb diese vielfältigen Merkmale und Rahmenbedingungen des Feldes berücksichtigen.

Die Formulierung von feldspezifischen Qualitätskriterien und die Entwicklung von Verfahren der Qualitätsfeststellung trägt zur effektiven Steuerung von Prozessen der Qualitätssicherung und -entwicklung bei. Die Absicht des Projektes war es, praxiserprobte Qualitätskriterien für die Arbeit von Trägern zur Überprüfung der Qualität ihres Aufgabenspektrums zu entwickeln. Zudem sollten Verfahren zur Qualitätsfeststellung die Träger befähigen, sich ein Bild über den Stand der Qualität ihrer Arbeit zu machen. Darüber hinaus sollte in einem empirischen Ansatz eine Bestandsaufnahme der Trägerstrukturen und der Arbeitspraxis von Rechtsträgern unternommen werden (siehe Kalicki et al., in Druck).

Projektansatz und -organisation

Konsultation

Alle Teilprojekte des Projektverbundes »Nationale Qualitätsinitiative im System der Kindertageseinrichtungen« wurden unterstützt und begleitet durch einen Nationalen Beirat, dem neben Vertretern des Bundesministeriums für Familie, Senioren, Frauen und Jugend auch Vertreter der freien und kommunalen Spitzenverbände sowie Ministeriumsvertreter der finanzierenden Länder angehörten. Dieser Beirat tagte zweimal im Jahr. Darüber hinaus fanden Zusammenkünfte des Projektverbundes statt, bei denen grundsätzliche Abstimmungen zwischen den Teilprojekten getroffen wurden, beispielsweise über die Konzeptualisierung des Qualitätsbegriffs, die Evaluation von Qualität oder die Implementierung von Qualitätskonzepten.

Das Teilprojekt V wurde während der gesamten Projektlaufzeit von einem *Projektbeirat* (➛ vgl. Anhang E – Mitglieder des Projektbeirats und der Expertengruppen) begleitet, der sich aus Vertretern unterschiedlichster Trägerorganisationen zusammensetzte und ebenfalls zweimal pro Jahr tagte, um sich über den aktuellen Stand des Projektes und die neuesten Entwicklungen zu informieren.

Kooperation

Von Anfang an war es ein Anliegen des Teilprojektes V, sicherzustellen, dass auch praktische Erfahrungen in die Projektarbeit einfließen. Bereits zu Beginn des Projekts im Jahr 2000 wurden aus diesem Grund zwei *Fachgruppen* (➛ vgl. Anhang E – Mitglieder des Projektbeirats und der Expertengruppen) ins Leben gerufen, deren Teilnehmer sich aus Vertretern von Spitzenverbänden, Kommunen und Privatinitiativen zusammensetzten. Eine dieser Fachgruppen setzte sich ausführlich mit der Konstruktion eines Fragebogens für Rechtsträger im gesamten Bundesgebiet auseinander und entwickelte zusammen mit dem Projektteam die Items für die bundesweite Befragung (➛ Kap. 4). Die zweite Fachgruppe beschäftigte sich mit der inhaltlichen Ausdifferenzierung der Aufgabendimensionen der Träger und des Qualitätskriterienkatalogs (»Trägerprofil«, ➛ Kap. 5).

Die *Arbeitsgruppe »Kreisfreie Städte«* (➛ vgl. Anhang E – Mitglieder des Projektbeirats und der Expertengruppen), die sich im Projektverlauf etablierte, beschäftigte sich mit der besonderen Situation von Großstädten als Träger von Kindertageseinrichtungen. Hier wurde vor allem die Doppelfunktion großer Kommunalverwaltungen betont, zum einen in ihrer Eigenschaft als Träger kommunaler Kindertageseinrichtungen und zum anderen in ihrer Aufsichtsfunktion als Träger der öffentlichen Jugendhilfe.

Partizipation

Um sowohl Praxisrelevanz als auch Handhabbarkeit der zu entwickelnden Evaluationsverfahren zu gewährleisten, war es entscheidend, die Sichtweise und Expertise der Trägervertreter in die Projektarbeit miteinzubeziehen. Um dies sicherzustellen, wurden in den das Projekt finanzierenden Ländern und Kommunen *Workshops*[1] mit Vertretern verschiedener Rechtsträger eingerichtet. Bereits in Planungsgesprächen im Sommer 2001 wurden regionale Strategien entwickelt, um von der Kompetenz und Expertise der Träger vor Ort in möglichst effektiver Weise profitieren zu können. Die Zusammenarbeit mit den Rechtsträgern erfolgte an jedem Standort in insgesamt vier Workshops, die von jeweils zwei Projektmitarbeitern bzw. -mitarbeiterinnen moderiert wurden:

In der *ersten* Workshop-Runde im Oktober 2001 wurde der aktuelle Stand des TQ-Kriterienkatalogs (➤ Kap. 6) vorgestellt und mit den Teilnehmern diskutiert. Im Zeitraum bis zum *zweiten* Workshop – etwa 6 Wochen – hatten die Teilnehmer Gelegenheit, den Kriterienkatalog genau zu prüfen, mit Kollegen zu diskutieren und ihre diesbezüglichen Erfahrungen einzubringen. Schwerpunkt der Analyse waren Praxisrelevanz, Vollständigkeit, Verständlichkeit und Akzeptanz. So entstand unter Einbeziehung von Expertenwissen ein Kriterienkatalog, der als Grundlage für die Verfahren der Selbstevaluation diente. Die *dritte* Workshop-Runde im Frühjahr 2002 diente dazu, den Teilnehmern dieses Verfahren vorzustellen und sie gleichzeitig in die Art der Bearbeitung einzuführen. Anschließend erfolgte eine erste Praxiserprobung, in der die Teilnehmer das Instrument prüften und in ihrem Arbeitsumfeld testeten. In der *vierten* Workshop-Runde wurden die jeweiligen Rückmeldungen und Kommentare zum Instrument diskutiert. Diese Rückmeldungen wurden von der Projektgruppe in die Überarbeitung des Instruments einbezogen. Insgesamt wurden auf diese Weise 36 ganztägige Workshops vor Ort veranstaltet, bei denen die Zwischenergebnisse einer fortlaufenden kritischen Überprüfung und Revision unterzogen wurden.

So konnte durch den ständigen intensiven Kontakt mit der Praxis ein Selbstevaluations-Instrument entwickelt werden, das den Besonderheiten der heterogenen, bundesdeutschen Trägerlandschaft gerecht wird.

Materialien aus dem TQ-Projekt für die Träger von Kindertageseinrichtungen

Die Ergebnisse des TQ-Projekts wurden in unterschiedlicher Form für die Praxis aufbereitet:

- Das vorliegende Qualitätshandbuch für Träger stellt das Hauptprodukt dar.
- Dem Qualitätshandbuch liegt eine CD bei, auf der das Selbstevaluations-Instrument (➤ auch Kap. 8) in einer Papier- und in einer Computer-Version zu finden ist.
- In einem Datenband (Kalicki et al., in Druck) werden die Ergebnisse der bundesweiten Erhebung präsentiert (➤ Kap. 4).
- Als Ergebnis der Arbeitsgruppe der Kreisfreien Städte werden Berichte verschiedener Großstädte zur Qualitätsentwicklung dargestellt (Staatsinstitut für Frühpädagogik, in Vorbereitung).

1 in Bremen, Dresden, Halle, Jena, Mainz, Magdeburg, München, Nürnberg

Bernhard Kalicki

Kapitel 4
Qualitätssteuerung durch Rechtsträger: Ergebnisse einer bundesweiten Befragung

Hintergrund und Anlage der Trägerbefragung

Das Träger-Projekt der *Nationalen Qualitätsinitiative im System der Tageseinrichtungen für Kinder (NQI)* hatte zum Auftrag, einheitliche Qualitätskriterien für die Arbeit der Rechtsträger von Kindertageseinrichtungen zu formulieren und auf dieser Grundlage unterschiedliche Evaluationsverfahren zu entwickeln. Die Gruppe der Träger von Kindergärten, Krippen und Horten und auch die hiermit verbundenen Arbeitsprozesse sind bislang jedoch kaum empirisch untersucht. Daher haben wir eine Befragung der Rechtsträger durchgeführt, die erstens breit angelegt ist, um die Trägerarbeit möglichst umfassend abzubilden, und die zweitens stark explorativen Charakter hat (eingehender hierzu Kalicki et al., in Druck). Die Befragungsergebnisse, die an dieser Stelle auszugsweise berichtet werden sollen, dienten als eine wesentliche Informationsbasis für die Entwicklung von Evaluationsverfahren zur Qualitätssteuerung des Trägers (vgl. auch Schreyer et al., 2003).

Der eingesetzte Fragebogen erfasste wichtige Hintergrundinformationen zum befragten Träger (z. B. Trägerform, Größe und Tätigkeitsfelder des Trägers) und zum antwortenden Trägervertreter (z. B. Ausbildungshintergrund und Berufserfahrung, Funktion beim Träger). Daneben standen Fragen zu aktuellen strukturellen und inhaltlich-konzeptionellen Veränderungen in der Trägerarbeit, Fragen zur Kommunikation und Zusammenarbeit des Trägers mit anderen Beteiligten (z. B. den Einrichtungen, den Eltern, mit anderen Trägern oder mit Trägerverbänden), Fragen zur Beteiligung Dritter an einer Reihe von Entscheidungen des Trägers. Einen eigenen Schwerpunkt bildeten schließlich Fragen zum Stellenwert und zur Praxis des Qualitätsmanagements (z. B. zur Dokumentation, zum Personalmanagement oder zur Öffentlichkeitsarbeit). Bei der Auswahl und Zusammenstellung der Themen wurde davon ausgegangen, dass die Fragen der Kommunikation von zentraler Bedeutung für die Trägerqualität sind.

Die geschichtete Zufallsstichprobe umfasst 2.318 Rechtsträger von Kindertageseinrichtungen in Deutschland und lässt sich weiter untergliedern nach den Schichtungskriterien Regionalität (differenziert in die 16 Bundesländer), Trägerart (öffentliche Träger, freie kirchliche Träger, freie nicht-kirchliche Träger) und Ortsgröße. Bei der Durchführung der Erhebung offenbarte sich eine z. T. erstaunlich niedrige Qualität der bei den Landesministerien bzw. Landesjugendämtern verfügbaren Trägerdaten. Häufig konnten der Projektgruppe statt der Adressen der Träger lediglich die Einrichtungsadressen übermittelt werden. Auch die teilweise sehr mangelhafte Aktualität der gelieferten Adressdateien zeigte, dass eine systematische Datenpflege vielerorts fehlt. Die Befragung wurde im Winter 2000/2001 durchgeführt, liefert also Momentaufnahmen für diesen speziellen Zeitpunkt.

Die Heterogenität der Trägerlandschaft

In Deutschland bilden die Rechtsträger von Kindertageseinrichtungen eine äußerst heterogene Gruppe (➛ auch Kapitel 2). Die verfügbaren Daten zur deutschen Trägerlandschaft (Populationsdaten; Stand: Juli 2000) zeigen deutliche regionale Unterschiede in der Verbreitung freier und öffentlicher Träger sowie, innerhalb der Gruppe freier Träger, in der Verbreitung kirchlicher und nicht-kirchlicher Träger (➛ Abbildung 1). In den fünf ostdeutschen Ländern dominieren die öffentlichen Träger, kirchliche Träger bilden nur einen geringen Anteil. In den Flächenländern im Süden und Westen der Bundesrepublik treten die Kirchen als Träger von Tageseinrichtungen in den Vordergrund. Die Stadtstaaten Berlin, Hamburg und Bremen sowie Schleswig-Holstein zeigen eine Trägerlandschaft, die vor allem durch nicht-kirchliche freie Träger gekennzeichnet ist. In Niedersachsen finden wir annähernd eine Gleichverteilung der drei Trägergruppen.

Bei dieser Darstellung wird die Vielfalt der

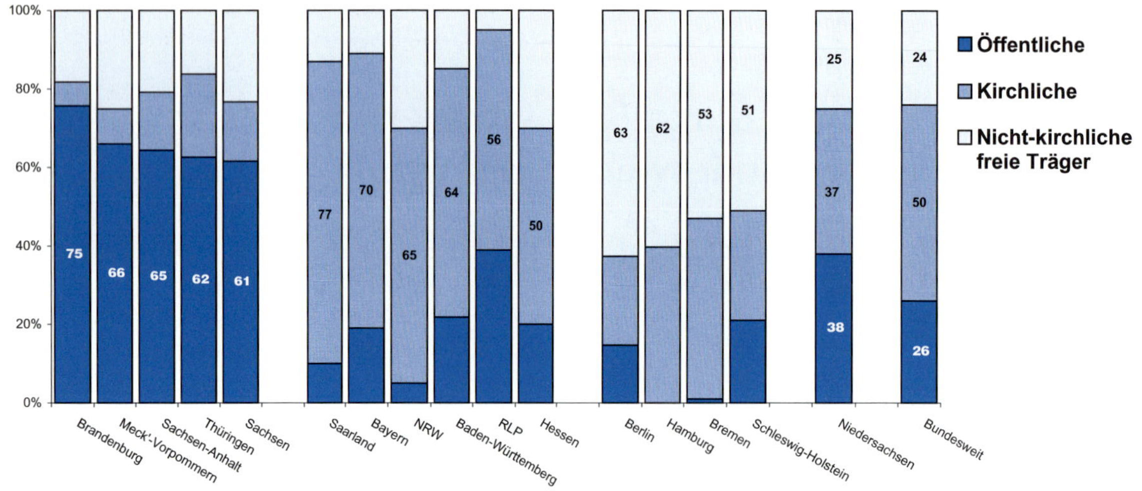

Abb.1: Anteile »öffentlicher Träger«, »kirchlicher Träger« und »nicht-kirchlicher freier Träger«, differenziert nach Bundesland und im Bundesdurchschnitt (Populationsdaten)

Träger noch unterschätzt, denn die Trägerform lässt sich weiter aufschlüsseln, wie die Stichprobendaten zeigen. Bei den öffentlichen Trägern unterscheiden wir große Kommunen (Gemeinden mit Jugendamt, in der Regel sind dies kreisfreie Städte) und kleinere Kommunen (Gemeinden ohne Jugendamt; hier ist das Jugendamt z.B. beim Landratsamt angesiedelt)[1]. Die Gruppe der kirchlichen Träger kann weiter aufgeschlüsselt werden nach der jeweiligen Kirche bzw. Konfession (katholische vs. evangelische Träger) und nach der verbandlichen Einbindung des Trägers. Im katholischen Bereich tritt der Caritasverband als Träger auf; das Pendant der evangelischen Kirche ist die Diakonie.[2] Neben den kirchlichen Verbänden unterhalten jedoch noch weitere kirchliche Träger Tageseinrichtungen für Kinder, z.B. einzelne Kirchengemeinden. Ihrerseits extrem heterogen ist die Gruppe der nicht-kirchlichen freien Träger. Hier finden wir Wohlfahrtsverbände wie die Arbeiterwohlfahrt[3], das Deutsche Rote Kreuz und den Paritätischen Wohlfahrtsverband[4], aber auch Elterninitiativen, Privatinitiativen oder Wirtschaftsunternehmen mit einem Betriebskindergarten.

Diese noch recht grobe Klassifikation offenbart eine Vielfalt an Trägerstrukturen, wenn man die Größe dieser verschiedenen Träger betrachtet. Als Indikatoren für die Trägergröße können die Zahl der Einrichtungen, die Zahl der vom Träger bereitgestellten Betreuungsplätze und die Mitarbeiterzahl dienen (➛ Tabelle 2). Die Gemeinden mit Jugendamt sind typischerweise große Träger, üben die Trägerschaft für im Schnitt 40 Einrichtungen aus, bieten durchschnittlich über 1800 Betreuungsplätze in ihren Tageseinrichtungen an und haben einen Mitarbeiterstab von durchschnittlich über 200 Personen. Diese Größe wird von den Wohlfahrtsverbänden, die Trägerfunktion ausüben, nicht erreicht. Unter den betrachteten Verbänden besitzt die Arbeiterwohlfahrt den höchsten Organisationsgrad. Mit Blick auf Betreuungsplätze (durchschnittlich knapp 600) und Mitarbeiter[5] entspricht die für die Arbeiterwohlfahrt typische Trägergröße knapp einem Drittel der Trägergröße von Kommunen mit Jugendamt. Als besonders kleine Träger erweisen sich die Elterninitiativen. Sie unterhalten im Schnitt zweieinhalb Einrichtungen, stellen nur ca. 50 Plätze zur Verfügung und haben weniger als zehn Mitarbeiter. Zusammengefasst weisen auch die kirchlichen Träger – Verbände und andere

1 Die kreisgebundenen Kommunen treten selbst in der Regel nicht als Träger von Kindertageseinrichtungen auf, sondern diese Funktion übernimmt häufig der Landkreis. Das Fragebogeninstrument bietet an dieser Stelle Gelegenheit zu uneindeutigen und u.U. unkorrekten Angaben.

2 Auch das Diakonische Werk fungiert in der Regel nicht als Träger von Kindertageseinrichtungen.

3 Im Fragebogen lauteten die Antwortkategorien zur Identifikation der Arbeiterwohlfahrt als Träger »Arbeiterwohlfahrt« und »Arbeiterwohlfahrt: angeschlossener Träger«. Beide Kategorien sind im Folgenden zusammengefasst.

4 Der Paritätische Wohlfahrtsverband selbst tritt ebenfalls in der Regel nicht als Träger von Einrichtungen auf, sondern als Dachverband freier Träger.

5 Aus Gründen der besseren Lesbarkeit wurde im Folgenden auf die sprachliche Gleichberechtigung der Geschlechter in Form der Verwendung weiblicher und männlicher Personenbezeichnungen verzichtet und nur die männliche Form verwendet, die aber selbstverständlich beide Geschlechter umfasst.

kirchliche Träger, aber auch die beiden Konfessionen unterscheiden sich hinsichtlich der Trägergröße nicht wesentlich – mit durchschnittlich vier Einrichtungen, gut 100 Plätzen und gut einem Dutzend Mitarbeitern eine recht geringe Trägergröße auf.

Im Erhebungsbogen wurde das Aufgaben- und Tätigkeitsspektrum des Trägers differenziert erfragt, wobei die Aufgabenbereiche Soziales, Kultur, Bildung/Ausbildung, Umwelt und Wirtschaft vorgegeben waren und eine offene Antwortkategorie zur Nennung sonstiger Aufgaben des Trägers angeboten wurde. Von den sonstigen Nennungen konnten zahlreiche Angaben zwei weiteren Kategorien zugeordnet werden, den Aufgabenbereichen Religion (Seelsorge, Glaubensvermittlung u. ä.) und Verwaltung. Wie aus Abbildung 2 hervorgeht, nutzen die befragten Trägervertreter diese Frage dazu, ihr Selbstverständnis wiederzugeben. Denn nicht alle Träger von Kindertagesstätten wählen die Kategorie »Soziales«, um ihre Aufgabengebiete zu beschreiben.

	Einrichtungen	Plätze	Mitarbeiter
Öffentliche Träger	**12,2**	**517**	**59**
Gemeinden ohne Jugendamt	6,9	217	18
Gemeinden mit Jugendamt	40,2	1861	236
Kirchliche Träger	**4,2**	**111**	**14**
Caritas	1,8	111	13
Andere Katholische	3,4	106	11
Diakonie	7,5	151	24
Andere Evangelische	4,9	110	16
Nicht-kirchliche freie Träger	**4,6**	**176**	**23**
AWO/AWO-angeschlossene	7,5	575	65
Rotes Kreuz	4,8	347	36
Paritätische	4,4	231	43
Elterninitiativen	2,6	49	7
Andere nicht-kirchliche Freie	6,3	178	26

Tab. 2: Anzahl der Kindertageseinrichtungen, Anzahl der Betreuungsplätze und Mitarbeiterzahl des Trägers, differenziert

Zusammenfassend ist eine enorme Trägervielfalt festzuhalten, sowohl hinsichtlich der organisatorischen Verankerung, der Größe der Träger als auch des damit verknüpften Organisations- und Professionalisierungsgrads. Diese Hintergrundinformation ist bei der Rede von »dem« Träger stets mitzubedenken.

Aufgabenspektrum und Qualifikation der Mitarbeiter

Die Vielfalt der Trägerformen bringt auch ganz unterschiedliche Aufgabenspektren der einzelnen Träger mit sich. Während beispielsweise Elterninitiativen im Normalfall nur zu dem Zweck gegründet werden, eine Kinderkrippe oder einen Kindergarten einzurichten, erfüllt eine Kommune neben der Funktion als Träger von Kindertageseinrichtungen eine Fülle weiterer Aufgaben.

Aufschlussreich sind auch die systematischen Unterschiede in der Nichtbeachtung dieser Aufgabenkategorie. Unter den nicht-kirchlichen freien Trägern lassen nur fünf Prozent der Träger den Bereich »Soziales« bei der Beschreibung ihrer Tätigkeitsfelder aus, unter den kirchlichen Trägern tun dies zehn Prozent, während immerhin 13 Prozent der öffentlichen Träger diesen Bereich nicht zur Selbstbeschreibung nutzen. Kennzeichnend für das Selbstverständnis der

Träger von Kindertagesstätten ist auch der Befund, dass mit 40 Prozent der öffentlichen und der kirchlichen Träger und nur 25 Prozent der nicht-kirchlichen freien Träger eine Minderheit das eigene Engagement dem Bereich »Bildung« zuordnet, obwohl das Kinder- und Jugendhilfegesetz (KJHG) den Kindertagesstätten die Aufgaben der Betreuung, Bildung und Erziehung von Kindern gleichrangig zuweist. Insbesondere die öffentlichen Träger nehmen vielfältige Aufgaben wahr, während sich viele nicht-kirchliche freie Träger in ihrer Tätigkeit auf den Sozialen Bereich konzentrieren.

Vervollständigt wird das Bild durch weiter gehende Angaben zu den Aufgabenbereichen des Trägers innerhalb der Sozialen Arbeit. Zu dieser Frage waren acht inhaltliche Aufgabenkategorien vorgegeben, wiederum ergänzt um die Möglichkeit zu offenen Nennungen (➤ Abbildung 3). Hier wird die eigene Funktion als Träger von Kindertageseinrichtungen lediglich von 10 Prozent der öffentlichen Träger ausgeblendet, alle freien Träger zählen die Kindertagesbetreuung als eines ihrer Tätigkeitsfelder auf. Bei dieser Betrachtung stechen zudem die kirchlichen Träger mit der Wahrnehmung vielfältiger sozialer Aufgaben hervor. Hinsichtlich der Anzahl der vom Träger übernommenen Aufgaben der Sozialen Arbeit bestehen deutliche Unterschiede, sowohl hinsichtlich der Trägerform als auch zwischen den Bundesländern.

Aufgrund der Trägervielfalt sind die Personen, die mit der Trägerarbeit betraut sind, in ganz unterschiedlichen Positionen und Funktionen. Bei den Repräsentanten oder Mitarbeitern der Träger von Kindertageseinrichtungen kann es sich um Bürgermeister oder Amtsleiter, Vorstandsmitglieder, Geschäftsführer oder Sachbearbeiter handeln. Eine wichtige Vorinformation, etwa zur Planung von Maßnahmen der Qualitätssteuerung und Qualitätsentwicklung, betrifft daher die berufliche Qualifikation der jeweiligen Trägervertreter. Hierüber geben die folgenden Zahlen Auskunft (➤ Abbildung 5).

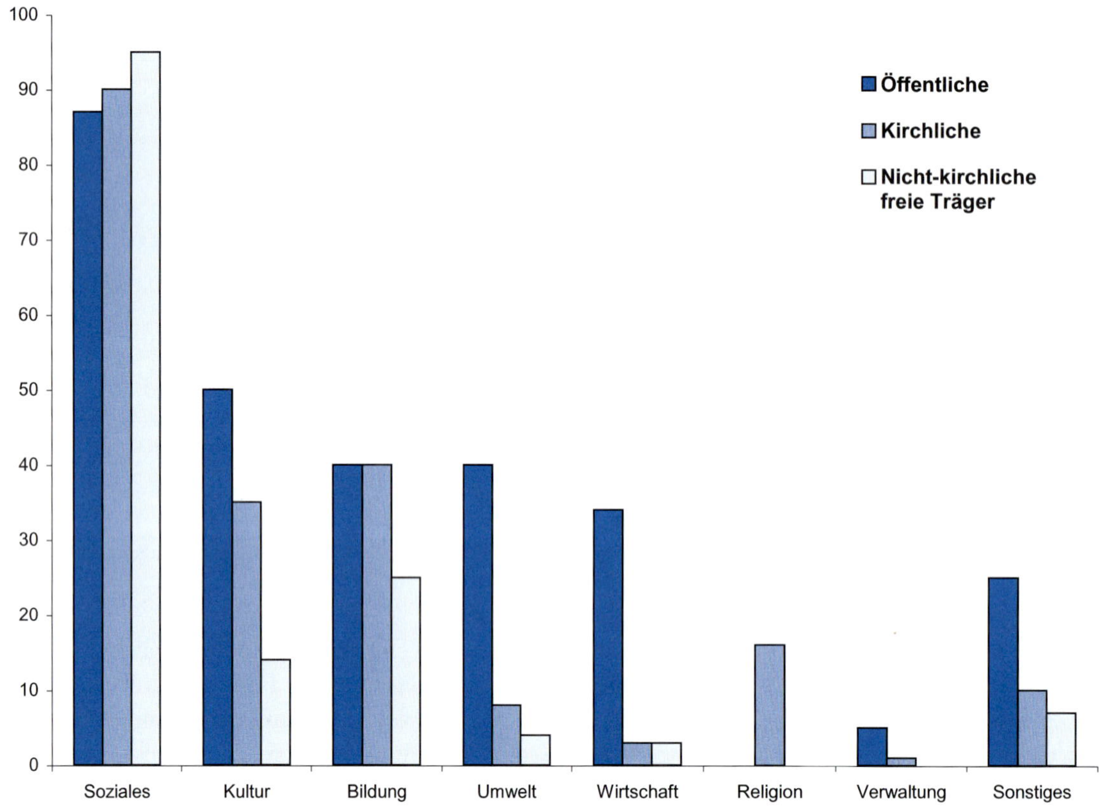

Abb. 3: Die berichteten Aufgabenbereiche des Trägers (Angaben in Prozent; Mehrfachantworten möglich)

41 Prozent der Befragten, die einen öffentlichen Träger vertreten, haben eine Verwaltungsausbildung bzw. eine verwaltungswissenschaftliche Hochschulausbildung. Die Repräsentanten der kirchlichen Träger besitzen mehrheitlich (56 Prozent) eine theologische Ausbildung. Die Vertreter der nicht-kirchlichen freien Träger weisen typischerweise eine pädagogische bzw.

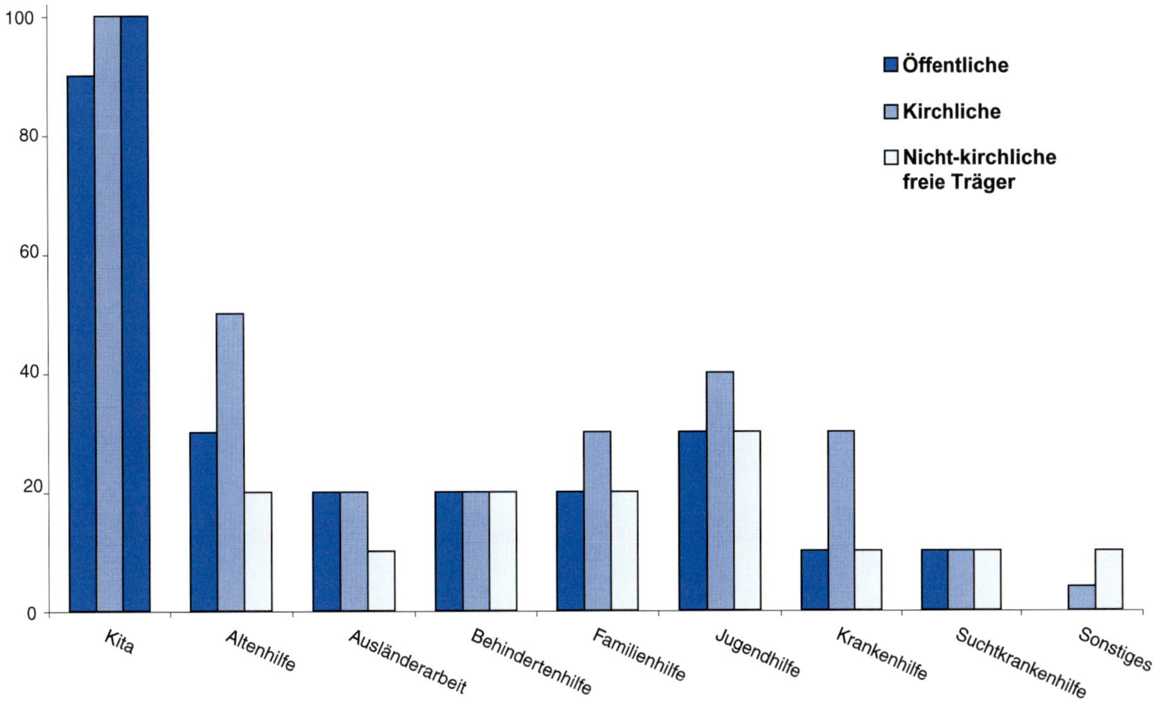

Abb. 4: Aufgaben- und Tätigkeitsfelder des Trägers innerhalb des Bereichs der Sozialen Arbeit (Angaben in Prozent; Mehrfachantworten möglich)

sozialpädagogische Qualifikation auf (52 Prozent). Neben diesen trägerformspezifischen Ballungen von Ausbildungsrichtungen finden wir eine ganze Reihe weiterer beruflicher Qualifikationen, von denen jedoch nur die kaufmännischen bzw. wirtschaftswissenschaftlichen in

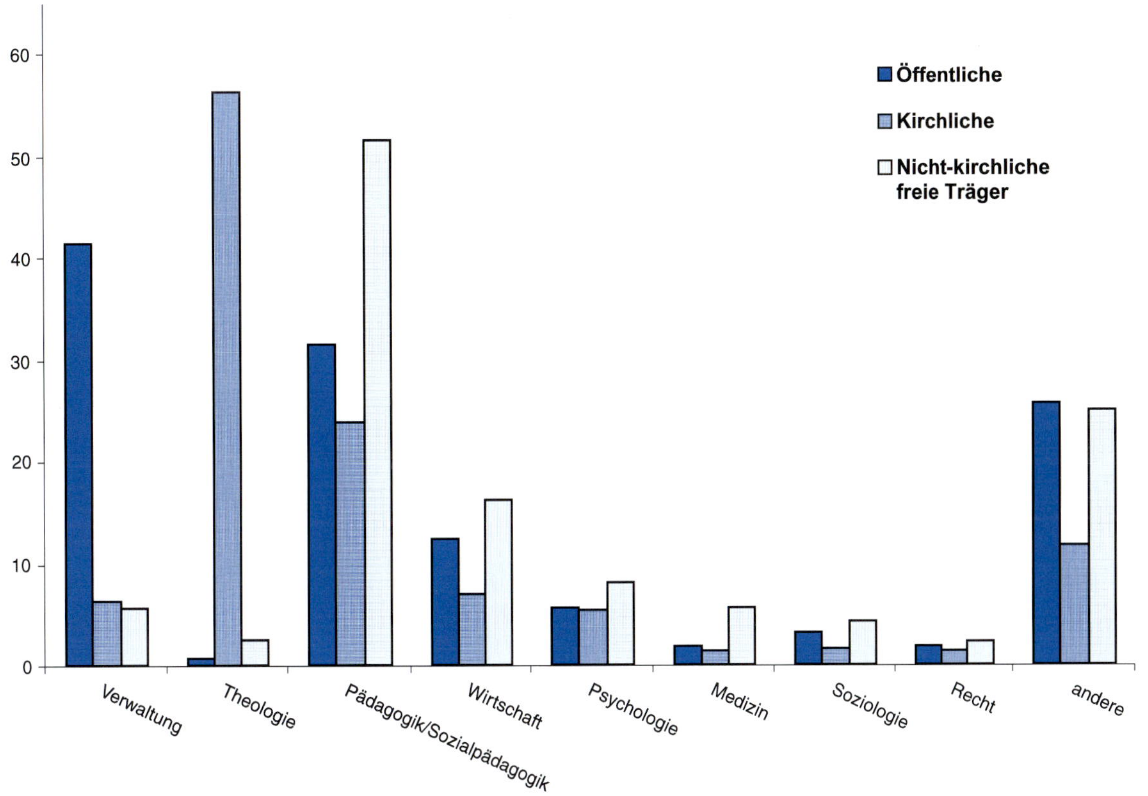

Abb. 5: Ausbildungshintergrund der befragten Trägervertreter (Angaben in Prozent; Mehrfachantworten möglich)

nennenswerter Zahl auftreten. Die Daten verdeutlichen, dass man im Bereich der Träger von Kindertageseinrichtungen nicht von einem einheitlichen Hintergrund der beruflichen Qualifikation ausgehen kann.

Zum Stand der Qualitätssicherung

Ein zentrales Ziel der durchgeführten Befragung ist es, einen Überblick über den Stand des Qualitätsmanagements bei den Trägern von Kindertageseinrichtungen zu erhalten. Hierzu wurde für eine Liste ausgewählter Maßnahmen und Verfahren abgefragt, ob die Träger das jeweilige Instrument bereits eingeführt haben oder ob sie dieses planen. Für den Befragungszeitpunkt 2001/2002 gaben knapp zwei Drittel der Trägervertreter (63 Prozent) an, dass ihr Träger über ein schriftlich formuliertes Leitbild verfügt.

Andere Instrumente wie Qualitätshandbuch (9 Prozent), Qualitätsleitfaden (18 Prozent) oder sonstige Regelwerke zur Qualitätssicherung (13 Prozent) waren zum Zeitpunkt der Befragung weitaus schwächer verbreitet. Immerhin gab aber knapp jeder zweite Befragte (45 Prozent) an, dass sein Träger mindestens eines der drei genannten Instrumente (Qualitätshandbuch, Qualitätsleitfaden, sonstiges Regelwerk zur Qualitätssicherung) entweder bereits eingeführt hat oder die Einführung mindestens eines Instruments aktuell vorbereitet. Doch auch bei der Anwendung solcher Methoden des Qualitätsmanagements bestehen deutliche Unterschiede zwischen den Trägern (➛ Abbildung 5). Die Arbeiterwohlfahrt bzw. die der AWO angeschlossenen Träger hatten zum Zeitpunkt der Befragung durchschnittlich bereits fast zwei dieser Instrumente eingeführt. Vergleichsweise hohe Verbreitungswerte finden wir auch bei dem Roten Kreuz, dem Diakonisches Werk und dem Paritätischen. Leicht überdurchschnittliche Werte – der Gesamtmittelwert aller Träger liegt bei 0,9 bezogen auf einen Wertebereich von 0 bis 3 – beobachten wir für die Restkategorie der sonstigen freien Träger. Der Caritasverband, die anderen evangelischen und katholischen Träger sowie die großen Kommunen liegen im Mittelfeld, sie hatten ca. eines der drei Instrumente implementiert. Die Elterninitiativen hinken dieser Entwicklung etwas hinterher. Mit deutlichem Abstand folgen die kleineren Kommunen.

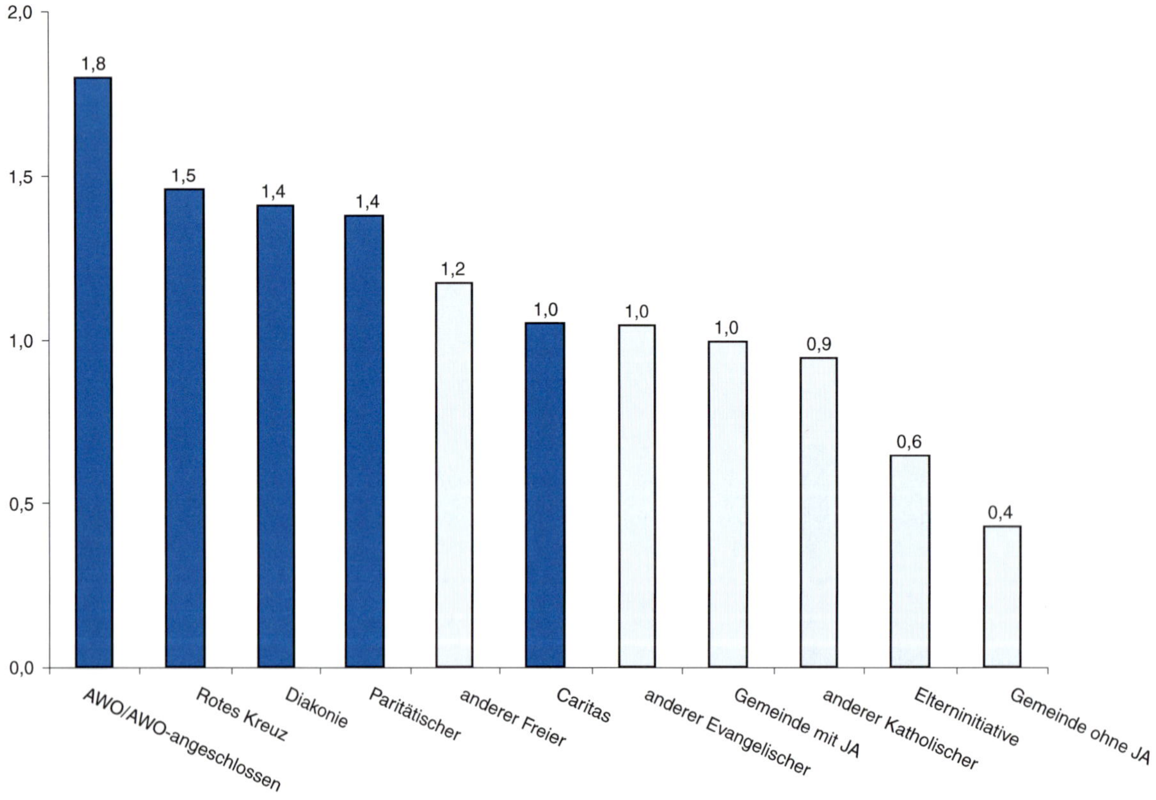

Abb. 6: Anzahl der beim Träger bereits eingeführten Instrumente des Qualitätsmanagements (Mittelwerte; mögliche Werte von 0 bis 3 für die drei Instrumente Qualitätshandbuch, Qualitätsleitfaden, sonstiges Regelwerk), differenziert nach Verbänden (dunklere Balken) und nicht als Verband auftretenden Trägern (hellere Balken)

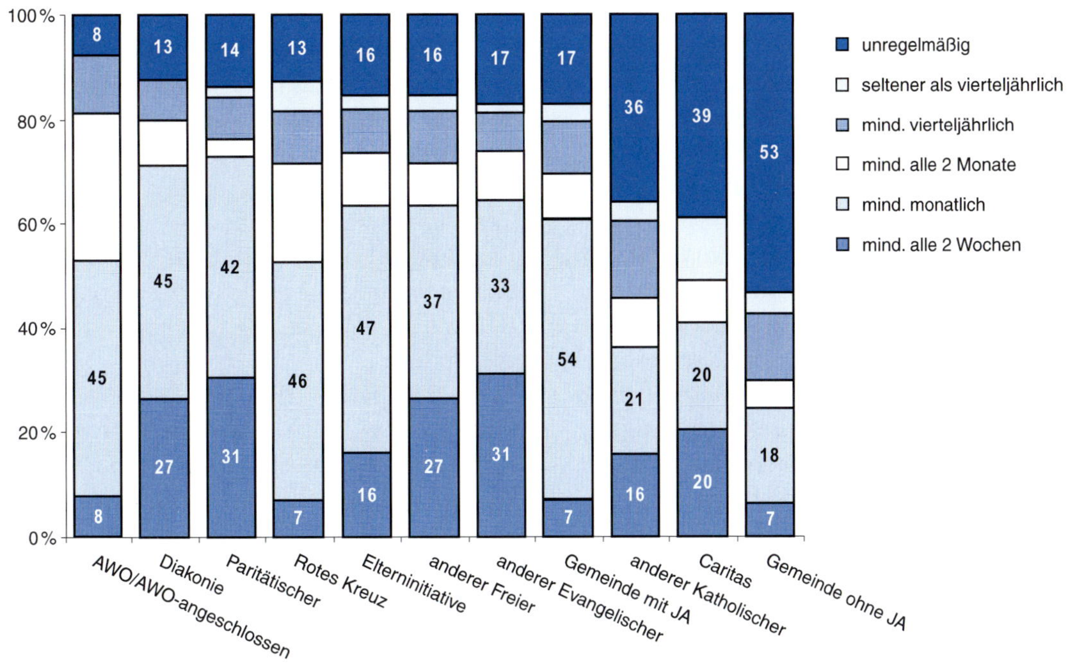

Abb. 7: Rhythmus regelmäßiger Besprechungen des Trägers mit seinen Einrichtungen, differenziert nach Trägerformen

Offenbar begünstigt eine Verbandsstruktur bzw. die damit verknüpfte Größe und Professionalisierung des Trägers die Einführung des Qualitätsmanagements. Allerdings bestehen auch zwischen den Verbänden, die als Träger von Kindertageseinrichtungen fungieren, immense Unterschiede, wie ein Vergleich von Arbeiterwohlfahrt und Caritas verdeutlicht. Bei den kleineren Gemeinden (Kommunen ohne Jugendamt) offenbart sich ein gravierender Nachholbedarf.

Aufschlussreich ist auch der Blick auf die Trägerarbeit selbst, beispielsweise auf die Kommunikation zwischen Träger und Einrichtung. Die Entscheidungen des Trägers betreffen die nachgeordneten Einrichtungen unmittelbar, weshalb eine möglichst enge Abstimmung und ein intensiver Informationsfluss notwendig sind. Aus Abbildung 6 geht hervor, in welchem zeitlichen Rhythmus sich der Träger mit seinen Einrichtungen bespricht. Die Abstufungen des Besprechungsrhythmus reichen von mindestens vierzehntägig bis seltener als vierteljährlich. Daneben finden wir Träger ohne eigentlichen Besprechungsrhythmus; hier erfolgen die Besprechungen unregelmäßig, z. B. nach Bedarf. Die häufigsten regelmäßigen Besprechungen mit den Einrichtungen führen demnach der Paritätische, das Diakonische Werk, andere evangelische Träger, Elterninitiativen, die Restgruppe sonstiger freier Träger und Gemeinden mit Jugendamt durch. Beim Roten Kreuz und insbesondere der Arbeiterwohlfahrt als Träger beobachten wir recht große Gruppen, die sich oft mit den Einrichtungen besprechen (mindestens monatlich), und gleichzeitig nur kleine Gruppen, die keinen festen Besprechungsrhythmus kennen. Bei den katholischen Trägern ist das Bild sehr durchsetzt: Etwa 35–40 Prozent der Träger berichten über eine recht hohe Besprechungsdichte (mindestens monatlich), gleich große Anteile haben jedoch keine regelmäßigen Besprechungen. Sehr bedenklich ist das Bild, das viele kleinere Kommunen abgeben: Mehr als jede zweite Gemeinde ohne Jugendamt hat keinen regelmäßigen Turnus eingeführt, um sich in der Trägerfunktion mit den eigenen Einrichtungen zu besprechen.

Abgerundet wird diese kurze Bestandsaufnahme der praktizierten Qualitätssicherung durch einen Blick auf die Maßnahmen zur Qualitätsfeststellung und Qualitätsentwicklung, die auf der Ebene der Kindertageseinrichtungen durchgeführt werden. Eine Form der Qualitätssicherung, die in den letzten zehn Jahren in zahlreichen Wirtschaftsbereichen regelrecht in Mode gekommen ist, ist die Zertifizierung. Insgesamt hatten zum Befragungszeitpunkt nur knapp zehn Prozent der befragten Träger ihre Einrichtungen zertifizieren lassen, wobei hier jedoch deutliche Ost-West-Unterschiede zutage treten. In den fünf neuen Ländern betrug die Quote der Träger, die ihre Einrichtungen zertifizieren ließen, insgesamt 18,5 Prozent (Brandenburg: 20 %; Mecklenburg-Vorpommern: 25 %; Sachsen: 14 %; Sachsen-Anhalt: 17 %; Thüringen: 19 %). In den alten Bundesländern lag die entsprechende Quote nur bei 5,5 Prozent und lediglich Bremen und das Saarland verzeichneten Quoten von knapp über zehn Prozent (bei diesem Vergleich wurde das Land Berlin aufgrund der Hybridsituation von Ost- und West-Stadtteilen ausgeklammert). Eine Anschlussanalyse, bei der der Ost-West-Vergleich ergänzt wird um die grobe Differenzierung der Träger (öffentliche, kirchliche und nicht-kirchliche freie Träger) zeigt, dass die Quote der Träger mit zertifizierten Einrichtungen bei den öffentlichen Trägern im Osten deutlich erhöht war (öffentliche: 28,5 %; kirchliche: 14,4 %; nicht-kirchliche: 12,4 %). Als zertifizierende Institution trat in der Regel das Landesjugendamt auf. In den westlichen Bundesländern unterschieden sich diese Trägergruppen dagegen kaum (öffentliche: 6,4 %; kirchliche: 6,3 %; nicht-kirchliche: 4,9 %). Offensichtlich wurde die Phase des Umbruchs und der Restrukturierung nach der Herstellung der Deutschen Einheit von den Kommunen in den neuen Ländern dazu genutzt, über die Zertifizierung von Einrichtungen die Qualitätssicherung einzuführen.

Über die Nutzung weiterer Maßnahmen zur Qualitätssicherung auf Einrichtungsebene informiert Tabelle 8. Als zentrale Ergebnisse können notiert werden:

- Die Kindergarten-Einschätz-Skala (KES-R; Tietze et al., 2001) fand zum Befragungszeitpunkt mit bundesweit ca. 7 Prozent nur begrenzt Resonanz. Unterdurchschnittlich eingesetzt wurde sie bei öffentlichen Trägern bzw. deren Einrichtungen (dies gilt für Ost und West) und bei den nicht-kirchlichen freien Trägern in den alten Bundesländern. Überdurchschnittlich oft kam sie im Verant-

	Öffentliche	Kirchliche	Nicht-kirchliche
Kindergarten-Einschätz-Skala (KES)			
Alte Länder	5,3	6,9	4,3
Neue Länder	5,7	7,1	13,4
Konzeption des Kronberger Kreises			
Alte Länder	7,5	8,3	4,3
Neue Länder	2,1	2,9	5,3
DIN/ISO 9000ff			
Alte Länder	2,8	4,5	5,3
Neue Länder	2,4	7,9	9,5
Qualitätszirkel			
Alte Länder	9,3	7,1	12,5
Neue Länder	5,4	10,7	21,8
Sonstige Maßnahmen			
Alte Länder	18,1	15,4	23,4
Neue Länder	19,6	12,1	19,8
Irgendeine der Maßnahmen			
Alte Länder	34,0	36,4	41,4
Neue Länder	30,1	33,6	55,9

Tab. 8: Verbreitung ausgesuchter Maßnahmen des Trägers zur Qualitätssicherung in den Kindertageseinrichtungen (Angaben in Prozent), differenziert nach Region (Ost vs. West; jeweils ohne Berlin) und Trägerform (öffentliche, kirchliche, nicht-kirchliche freie Träger)

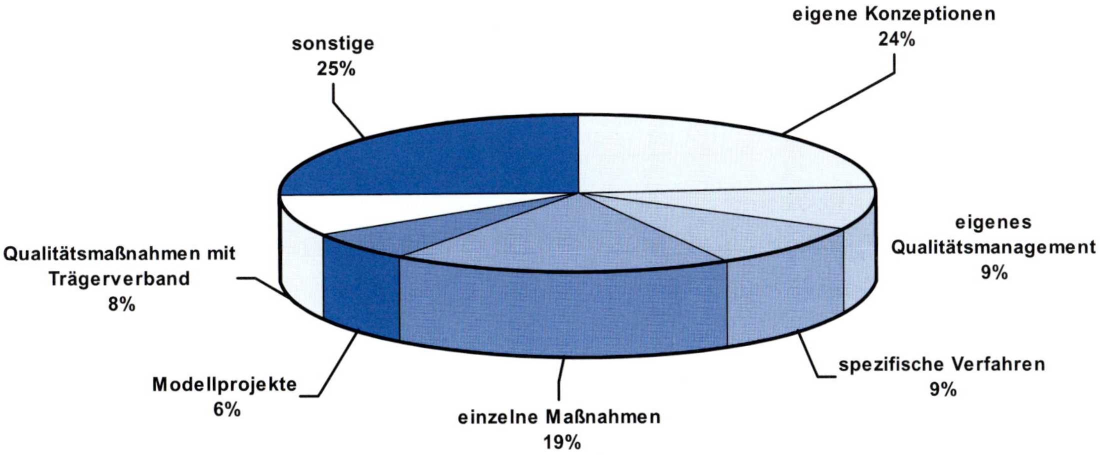

Abb. 9: Die »sonstigen Maßnahmen« zur Qualitätsfeststellung und -entwicklung, die auf der Ebene der Kindertageseinrichtungen durchgeführt wurden (Gesamtzahl der Nennungen = 500)

wortungsbereich der nicht-kirchlichen freien Träger in den neuen Ländern zum Einsatz.

- Die Konzeption des Kronberger Kreises (Kronberger Kreis, 1998) wurde bei den Einrichtungen der öffentlichen sowie der kirchlichen freien Trägern der alten Bundesländer überdurchschnittlich oft angewandt. Bei denselben Trägergruppen der neuen Länder fand die Konzeption des Kronberger Kreises unterdurchschnittlich oft Anklang.
- Das Regelwerk DIN/ISO 9000ff (Brommer, 1999) war im gesamten öffentlichen Trägerbereich unterrepräsentiert, von den freien Trägern im Osten jedoch überdurchschnittlich erwähnt.
- Zur Verbreitung von Qualitätszirkeln (Antoni, 1996) liefern die Daten ein buntes Bild. In den Einrichtungen der nicht-kirchlichen freien Träger in den neuen Ländern kam diese Maßnahme etwa doppelt so oft zum Einsatz wie im Bundesdurchschnitt aller Träger.
- Mit Abstand am häufigsten genannt werden »sonstige Maßnahmen« zur Qualitätssicherung und Qualitätsentwicklung in den Einrichtungen. Insgesamt 19 Prozent der befragten Trägervertreter berichten, solche Maßnahmen einzusetzen bzw. in der Vergangenheit eingesetzt zu haben. Die kirchlichen Träger im Osten unterschreiten diese Quote deutlich.

Über ein Drittel (39 Prozent) der befragten Träger geben an, mindestens eine dieser Maßnahmen zur Qualitätssteuerung auf der Ebene der Einrichtungen anzuwenden bzw. angewendet zu haben. Da dieses auf den ersten Blick ermunternde Ergebnis stark beeinflusst ist durch die Nennung »sonstiger Maßnahmen«, lohnt es sich, diese freien Nennungen etwas genauer unter die Lupe zu nehmen. Hierzu wurden die freien Nennungen kategorisiert. Abbildung 7 zeigt, auf welche Kategorien sich diese Nennungen verteilen:

- Etwa jede vierte freie Nennung führt eine »eigene Konzeption« an, wobei jedoch unklar bleibt, was darunter zu verstehen ist.
- Bei weiteren neun Prozent der Nennungen verhält es sich ähnlich. Hier taucht der Begriff des »eigenen Qualitätsmanagements« auf, ohne dass dieses konkretisiert oder näher erläutert wird.

Fasst man die ersten beiden Kategorien zusammen, ergeben sich 33 Prozent an Äußerungen, bei denen es den Trägervertretern offenbar schwer fällt, die Maßnahmen zur Qualitätssteuerung verständlich zu benennen. Dies weckt Zweifel an der Richtigkeit (Validität) und Aussagekraft dieser Angaben.

- Neben den im Fragebogen aufgelisteten kommen weitere spezifische Verfahren zur Qualitätssteuerung zur Anwendung. Hierzu zählen z. B. das Qualitätssiegel »Blauer Elefant« oder der EFQM-Ansatz.
- Eine weitere Gruppe von Nennungen betrifft einzelne Maßnahmen wie Eltern- oder Mitarbeiterbefragungen, die nicht in ein umfassenderes System des Qualitätsmanagements eingebettet sind.
- In anderen Nennungen wird die Teilnahme an bzw. der Kontakt zu Modellprojekten angesprochen. Offen bleibt jedoch, inwiefern

der Träger konkrete Maßnahmen, die in solchen Projekten entwickelt werden, tatsächlich umsetzt.
- Schließlich werden auch Qualitätsmaßnahmen der jeweiligen Trägerverbände angeführt.
- Daneben bleibt eine Restkategorie von Nennungen, die sich nicht diesen Kategorien zuordnen lassen.

Insgesamt zeigen auch diese Daten, dass die Träger von Kindertageseinrichtungen häufig recht unsystematisch in die Qualitätssteuerung einsteigen. Dies ist jedoch auch der Tatsache geschuldet, dass bislang entsprechend feld- und organisationsspezifische Verfahren zur Qualitätsfeststellung und Qualitätsentwicklung fehlten. Die Daten zeigen andererseits aber auch die hohe Sensibilität der Träger für das Thema Qualitätsmanagement und einen dringenden Bedarf nach handhabbaren und effektiven Instrumenten zur Qualitätssteuerung.

Künftige Herausforderungen an den Träger von Kindertageseinrichtungen

Die bundesweite Trägerbefragung wurde nicht allein dazu durchgeführt, den Stand der Trägerarbeit zu beschreiben. Vielmehr wurden auch Trends erfasst, die sich bereits abzeichnen, jedoch noch kaum ihren Niederschlag gefunden haben in der praktischen Arbeit. So gaben die befragten Mitarbeiter bzw. Repräsentanten der Träger auch ihre Einschätzungen zu den erwarteten Veränderungen der Trägeraufgaben ab. Konkret wurde anhand einer Liste zentraler Aufgaben- und Verantwortungsbereiche eines Trägers erfragt, ob die Bedeutung der jeweiligen Aufgabe in der Zukunft abnehmen, ob sie gleich bleiben oder ob sie zunehmen wird (➛ Abbildung 10).

Den größten Bedeutungszuwachs erwarten die befragten Trägervertreter für den Bereich des Qualitätsmanagements. Bei vier weiteren Aufgaben mit starkem Entwicklungscharakter (Dienstleistungsentwicklung, Konzeptionsentwicklung, Leitbildentwicklung, Finanzplanung) rechnen die Befragten ebenfalls mehrheitlich mit einer steigenden Wichtigkeit. Alle anderen Aufgaben behalten nach Ansicht der meisten Befragten ihre Bedeutung. Keine der Aufgaben wird nach der vorherrschenden Auffassung der Trägermitarbeiter an Bedeutung verlieren. Diese Befunde bestätigen den hohen Informationsbedarf, der bei den Trägern von Kindertageseinrichtungen hinsichtlich der Qualitätssteuerung sowie entsprechender Methoden und Instrumente besteht. Darüber hinaus machen sie deutlich, dass sich die Tätigkeit des Trägers mehr und mehr von einer reinen Verwaltung von Einrichtungen und Personal hin zu planerischen und gestalterischen Aufgaben verschiebt.

Diesen Beobachtungen entspricht übrigens auch der von den Trägermitarbeitern geäußerte

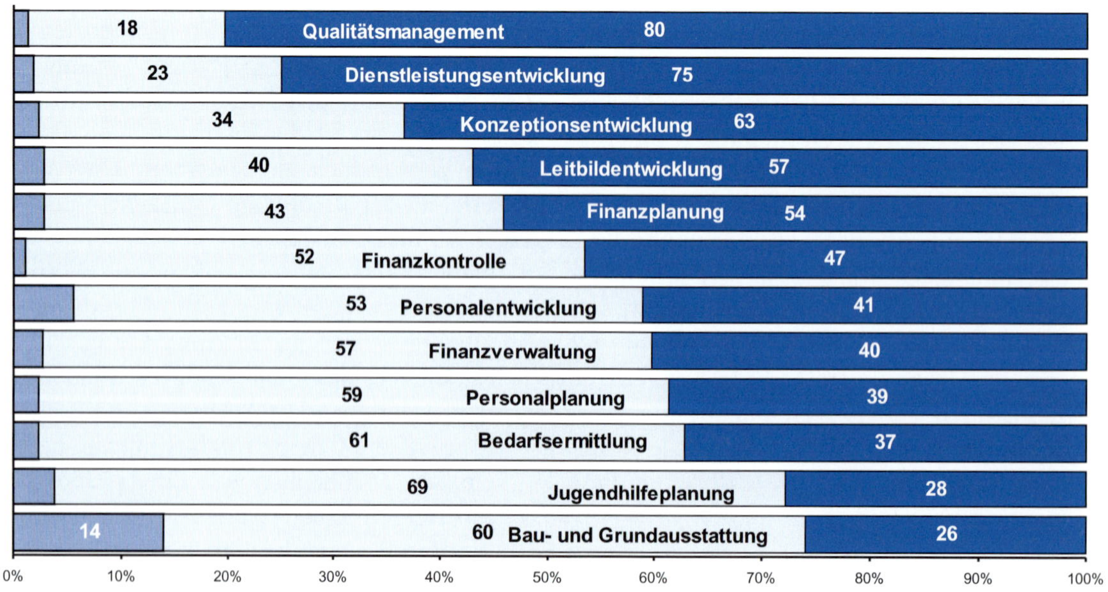

Abb. 10: Erwartete Veränderung der Bedeutung ausgesuchter Trägeraufgaben (schwarze Balken: Anteile für die erwartete Zunahme; weiße Balken: Anteile für die erwartete Konstanz; graue Balken: Anteile für die erwartete Abnahme, jeweils in Prozent)

Bedarf an Fortbildung. Fragt man nach der Relevanz unterschiedlicher Fortbildungsthemen, lässt sich ausmachen, wo Wissensdefizite bestehen. Den Themen »Pädagogische Konzeption«, »Personalführung«, »Zusammenarbeit mit den Eltern«, »Finanzierung/Betriebswirtschaft« und »Verwaltung und Organisation« wird durchweg eine hohe Bedeutung zugesprochen. Gleich an nächster Rangposition innerhalb der Liste mit insgesamt 20 Themen folgt das Qualitätsmanagement.

Mit dieser Befragung wurde die Erkenntnis gewonnen, dass die Träger von Kindertageseinrichtungen einen echten Bedarf an Methoden und Verfahren zur Qualitätssteuerung verspüren und aufgeschlossen sind für entsprechende Innovationen. Daneben bietet der vorliegende Datensatz eine Fülle von Informationen über die deutsche Trägerlandschaft, die bei der Implementierung solcher Verfahren zu berücksichtigen sind.

Teil II

Trägerprofil

Pamela Oberhuemer, Inge Schreyer, Kirsten Hanssen

Kapitel 5
Das Trägerprofil – ein mehrdimensionales Konzept

Entwicklung und Validierung des Trägerprofils

Eine zentrale Aufgabe des TQ-Projekts war die Konzeptualisierung eines **Trägerprofils.** Es sollten Aufgabendimensionen der Trägerverantwortung für Tageseinrichtungen identifiziert werden, die bei der heterogenen Trägerlandschaft in Deutschland *trägerübergreifende Gültigkeit* haben. Daraufhin sollten möglichst generalisierbare Qualitätskriterien formuliert werden, die Aspekte der Konzeptqualität, Prozessqualität, Kontext-, Struktur- und Angebotsqualität berücksichtigen und diese – soweit möglich – operationalisieren.

Der Konzeptualisierung lag ein Verständnis der Steuerungsaufgabe des Trägers als *entwicklungsorientiertes Management* zugrunde (vgl. Grunwald, 2001, S. 214ff.). Der Begriff Entwicklung bedeutet dabei die Verbesserung der Problemlösefähigkeit einer Organisation – ebenso der Aufbau zusätzlicher Ressourcen, die ein flexibles Eingehen auf Ungeplantes ermöglichen. Der Begriff *Management* wird aus entwicklungsorientierter Perspektive als das Gestalten von Rahmenbedingungen für eigenverantwortliches und selbst organisiertes Handeln der Akteure (Fachkräfte, Eltern, Kinder) verstanden.

Für die nähere Bestimmung der wesentlichen Aufgabendimensionen des Trägerprofils war es entscheidend, das Erfahrungs- und Expertenwissen von Vertretern der gesamten Bandbreite der freien und öffentlichen Träger von Kindertageseinrichtungen gleich zu Projektbeginn einzubeziehen. Zu diesem Zweck wurde im Frühjahr/ Sommer 2000 eine entsprechende *Fachgruppe* (➛ vgl. Anhang E – Mitglieder des Projektbeirats und der Expertengruppen) ins Leben gerufen. In einem diskursiven Verfahren wurden 10 Aufgabendimensionen bestimmt (siehe unten), die die Grundlage für die weitere Ausarbeitung des Qualitätskatalogs bildeten. Bestätigt wurde die Auswahl dieser Dimensionen durch die Ergebnisse der bundesweiten Befragung von 2318 Rechtsträgern (➛ Kapitel 4).

Eine erste Fassung des Qualitätskatalogs wurde im September 2001 vorgelegt. Diese wurde in einer Reihe von insgesamt 36 Workshops in Bayern (München, Nürnberg), Bremen, Rheinland-Pfalz (Mainz), Sachsen (Dresden), Sachsen-Anhalt (Halle, Magdeburg) und Thüringen (Jena) mit Rechtsträgern verschiedener Trägerorganisationen auf ihre Praxisrelevanz überprüft (➛ Kapitel 3 für eine ausführlichere Beschreibung der Workshops). Auf Grund der Rückmeldungen aus den Workshops und Erprobungsphasen wurde der Qualitätskatalog entsprechend modifiziert. Insbesondere die formulierten Qualitätskriterien bzw. Qualitätsstandards wurden eingehend überprüft, damit sie als validierte Grundlage für die Entwicklung des Instruments der Selbstevaluation (➛ Kapitel 8) gelten konnten.

Die TQ-Dimensionen im Überblick

Das Trägerprofil gliedert sich in 10 Aufgabendimensionen. Diese werden als **TQ-Dimensionen** bezeichnet und im Folgenden kurz beschrieben.

TQ-Dimension 1: Organisations- und Dienstleistungsentwicklung

Hauptziel der Organisations- und Dienstleistungsentwicklung ist die strukturell-organisatorische Anpassung und Positionierung des Trägers im System der Kindertageseinrichtungen. Organisations- und Dienstleistungsentwicklung ist darauf ausgerichtet, die Effektivität (➛ vgl. Anhang D – Glossar) und Effizienz (➛ vgl. Anhang D – Glossar) der Trägerleistungen zu optimieren. Grundlegend ist die Entwicklung bzw. Weiterentwicklung des Angebots- und Leistungsprofils des einzelnen Trägers und der Einrichtungen in seiner Verantwortung. Dazu gehört eine stärkere bedarfs- und marktgerechte sowie betriebswirtschaftliche Ausrichtung des Trägers. Im Mittelpunkt steht die Aufgabe, den Bedarf an Bildungs-, Erziehungs- und Betreuungsangeboten der Träger an regionale Gegebenheiten, Adressatenwünsche und gesellschaftliche Rahmenbedingungen anzupassen. Wesentliche Aufgabenbereiche sind die Einbindung von Management- und Umsetzungsstrategien, die auf eine Verbesserung sowohl der Selbstorganisation des Trägers als auch des Leistungsangebots der Kindertageseinrichtungen zielen.

TQ-Dimension 2: Konzeption und Konzeptionsentwicklung

Eine Konzeption wird als eine einrichtungsspezifische, schriftlich fixierte Beschreibung der Grundsätze, Ziele und Leistungen (Bildung, Erziehung, Betreuung) einer Tageseinrichtung definiert. Die Träger und auch die einzelnen Kindertageseinrichtungen verfügen bisher über eine relativ große Autonomie bezüglich ihrer Bildungs- und Erziehungskonzeption, auch wenn zurzeit in einzelnen Bundesländern eine stärkere Regulierung der pädagogischen Arbeit durch (verbindliche) staatliche Rahmenvorgaben in der Form von Bildungsplänen und -vereinbarungen eingeleitet wird. Auf Grund von Veränderungen im sozialen Kontext der Bildung, Erziehung und Betreuung und auch aktueller fachwissenschaftlichen Erkenntnisse über Bildungsqualität bedarf die Konzeption einer kontinuierlichen Fortschreibung und Weiterentwicklung. Die Verantwortung des Trägers liegt vorwiegend in der Sicherung der notwendigen zeitlichen, personellen und materiellen Rahmenbedingungen für eine gelingende Entwicklung und Umsetzung der Konzeptionsziele und -vorhaben durch die pädagogischen Fachkräfte. Eine weitere Trägeraufgabe liegt im Bildungscontrolling (➛ vgl. Anhang D – Glossar), d. h. in der Steuerung von Bildungsmaßnahmen durch Planungs- und Evaluationsstrategien. Dazu gehören auch Strategien zur Beteiligung von Eltern in Konzeptionsfragen.

TQ-Dimension 3: Qualitätsmanagement

Die Aufgaben des Qualitätsmanagements sind in erster Linie Qualitätssicherung und Qualitätsentwicklung. Durch Qualitätssicherung wird die Stabilität der Arbeitsprozesse gefördert und Risiken abgebaut. Um Innovationen und Innovationsbereitschaft zu fördern, gehört es zudem zu den Trägeraufgaben, Arbeitsprozesse weiter zu entwickeln oder gegebenenfalls neu zu gestalten. Die Einführung von Instrumentarien der Qualitätsverbesserung fördert die Dynamik der Trägerarbeit. Grundlage eines Qualitätsmanagements sind die Klärung und Entwicklung von Qualitätszielen und die Formulierung von verbindlichen Standards. Auf diesem Weg werden Arbeitsabläufe transparenter gemacht und Träger in die Lage versetzt, ihre Arbeit zu überprüfen (Selbstkontrolle). Die Vergewisserung über die eigene Arbeit schafft Handlungssicherheit und trägt zur Fehlervermeidung bei.

TQ-Dimension 4: Personalmanagement

In den Aufgabenbereich des Trägers gehören Personalplanung, Personalführung (➛ vgl. Anhang D – Glossar), Personalentwicklung (➛ vgl. Anhang D – Glossar), Personalcontrolling (➛ vgl. Anhang D – Glossar) und Personalverwaltung. Voraussetzung für ein gelingendes Personalmanagement ist ein Personalkonzept sowie verbindlich geregelte Formen der Kompetenzzuschreibung und Zusammenarbeit zwischen Träger und Einrichtung (Leitung, Mitarbeiterteam). Zur Trägeraufgabe gehört auch ein klarer Blick für die vielfältigen Anforderungen an die Fachkräfte, damit diese entsprechend unterstützt werden können in ihren Bildungs-, Erziehungs- und Betreuungsaufgaben.

TQ-Dimension 5: Finanzmanagement

Finanzmanagement ist für die Träger von Kindertageseinrichtungen eine Kernaufgabe, die sich tendenziell komplexer gestaltet. Je nach Bundesland und Trägerschaft ist die Finanzierung von Kindertageseinrichtungen unterschiedlich geregelt. In der Regel teilen sich die Länder, die Jugendämter bzw. Gemeinden, die freien Träger und die Eltern die Ausgaben, allerdings auch hier länder- bzw. trägerspezifisch in verschiedenem Maße.

Im Bereich des Finanzmanagements ist die Autonomie des Trägers eingegrenzt, da diverse gesetzliche Vorgaben einzuhalten sind. Gleichzeitig sind Träger bestrebt, die Kindertageseinrichtungen in ihrer Verantwortung bedarfsgerecht und kostendeckend zu betreiben. In Trägerverantwortung liegt z. B. die Erstellung eines Finanzierungskonzepts, die effiziente Verwaltung der Finanzen sowie die Beschaffung – soweit möglich und nötig – von zusätzlichen finanziellen Mitteln.

TQ-Dimension 6: Familienorientierung und Elternbeteiligung

Durch die Vorgaben des KJHG sind die Träger verpflichtet, das Leistungsangebot der Tageseinrichtungen an den Bedürfnissen der Familien zu orientieren (§ 22 Abs. 2 SGB VIII). Familien sind sehr verschieden mit Blick auf ihre Lebensbedingungen und Ansprüche an die Kindertagesbetreuung. Diese Vielfalt bedarf einer strukturellen und konzeptionellen Flexibilität. Wichtig ist der Begriff der Bildungs- und Erziehungspartnerschaft mit der Betonung auf die gemeinsame Bildungs- und Erziehungsaufgabe von Tageseinrichtung und Familie im Hinblick auf das Wohlergehen der Kinder. Es ist eine Aufgabe der Träger, die Rahmenbedingungen für eine gelingende Zusammenarbeit zwischen Eltern und pädagogischem Personal zu sichern. Dazu gehört, dass die Eltern an möglichst vielen Entscheidungen teilhaben und zu diesem Zweck ein funktionierendes Kommunikationssystem zwischen Einrichtung und Familien besteht.

TQ-Dimension 7: Gemeinwesenorientierte Vernetzung und Kooperation

Vernetzung und Kooperationen zwischen verschiedenen Partnern sind sowohl im KJHG festgeschrieben (§ 78 und § 80 SGB VIII), als auch in den Empfehlungen der Trägerorganisationen (➛ vgl. Anhang A – Empfehlungen und Vorgaben der Trägerorganisation). Ziel einer funktionierenden Vernetzung ist es, zwischen verschiedenen Partnern den Austausch von Informationen möglich zu machen sowie die Zusammenarbeit zu fördern, um damit letztendlich Effizienz und Effektivität in der Bildungs- und Erziehungsarbeit zu steigern. Aufgabe des Trägers ist es hier vor allem, die Vernetzungsbestrebungen anzuregen, die Kindertageseinrichtungen in ihren Vernetzungsaufgaben (z. B. bei Kontakten zu familienbezogenen Diensten, Fachdiensten usw.) zielbewusst zu unterstützen sowie die Tageseinrichtungen in relevanten regionalen Gremien zu vertreten und Kontakte zu Wissenschaft, Politik, Wirtschaft und Kultur zu pflegen.

TQ-Dimension 8: Bedarfsermittlung und Angebotsplanung

Nach den Empfehlungen des 10. Kinder- und Jugendberichtes (BMFSFJ, 1998) ist es erforderlich, alle Beteiligten (Eltern, Träger, pädagogische Fachkräfte, Kinder) in den Prozess der Jugendhilfeplanung im Bereich von Tageseinrichtungen einzubeziehen. Die Gesamtverantwortung der Planungsprozesse liegt bei den Trägern der öffentlichen Jugendhilfe, doch sollten Bedarfsermittlung und Angebotsplanung bzw. -entwicklung im Kontext der regionalen Jugendhilfeplanung für Kindertageseinrichtungen von allen beteiligten Trägern mitgestaltet werden. Die geforderte Planungsabstimmung zwischen öffentlichen und freien Trägern trägt dazu bei, Planungsprozesse bedarfsgerecht und vorausschauend zu gestalten sowie eine effiziente und sichere Bedarfsdeckung zu erreichen und Angebote an der Nachfrage auszurichten und zu optimieren. Zu den Aufgaben der einzelnen Träger gehört es, den Bedarf in ihrem Einzugsbereich durch Nutzen von sozialstrukturellen Daten der (über)örtlichen Jugendhilfeplanung und durch eigene Bedarfsanalysen zu ermitteln. Die Angebotsplanung und -entwicklung sollte unter Beteiligung von Einrichtungsleitungen, Mitarbeitern, Eltern und Kindern gestaltet werden und mit anderen Trägern sowie mit den (über)örtlichen Entscheidungsinstanzen abgestimmt werden. Träger sind dazu aufgefordert, eigene Angebotsperspektiven für ihre Kindertageseinrichtungen zu entwickeln und sich für deren Umsetzung einzusetzen.

TQ-Dimension 9: Öffentlichkeitsarbeit

Öffentlichkeitsarbeit strebt die Bildung positiver öffentlicher Beziehungen an. Ziel aus Sicht des Trägers ist es vor allem, sich und die Tageseinrichtungen in seiner Trägerschaft bekannt zu machen und sich in der Öffentlichkeit und in der Trägerlandschaft zu positionieren. Eine wichtige Aufgabe des Trägers ist es, dafür zu sorgen, dass sich seine Mitarbeiter mit der Einrichtung und mit ihrer Arbeit identifizieren können (Corporate Identity). Die Darstellung des Trägers und seiner Einrichtungen in der Öffentlichkeit wird dadurch erleichtert, dass ein einheitliches und wieder erkennbares Design verwendet wird (Corporate Design). Der Träger sollte sich außerdem als Lobby für Kinder verstehen und versuchen, die Öffentlichkeit für kinder- und familienpolitische Fragen zu sensibilisieren.

TQ-Dimension 10: Bau und Sachausstattung

Eine gelungene und vielseitige Entwicklung der Kinder hängt u. a. von der Ausstattung der Kindertageseinrichtung ab. Der Träger hat im Bereich Bau relativ viele Vorschriften und Gesetze zu beachten. Jedoch liegt es in seiner Entscheidung, zum einen dafür zu sorgen, dass die Arbeiten ökonomisch und ökologisch sinnvoll durchgeführt werden und zum anderen darauf zu achten, dass auch die jeweilige pädagogische Konzeption berücksichtigt wird. In die Trägerverantwortung fällt ebenfalls die Prüfung der vorhandenen baulichen Situation, die Planung und Durchführung des (Um)Baus bzw. der Sanierung. Wünsche von Eltern und Kindern sind in die Planungen mit einzubeziehen. Hinsichtlich der Sachausstattung einer Kindertageseinrichtung sind eine regelmäßige Überprüfung sowie die Berücksichtigung von Wünschen des Personals, der Eltern und der Kinder erforderlich; ebenso wichtig ist, dass verantwortlich gewirtschaftet und die Buchführung sorgfältig gehandhabt wird.

Strukturierung der TQ-Dimensionen

Auf der Grundlage fachwissenschaftlicher Analysen wurden die 10 TQ-Dimensionen nach 4 Strukturierungsmerkmalen systematisiert und ausdifferenziert. Es wurden (1) *Qualitätsziele* für die jeweilige Aufgabendimension formuliert, (2) dimensionsspezifische *Trägeraufgaben* näher bestimmt, (3) relevante Maßnahmen und Verfahren der *Qualitätssteuerung* beschrieben, und (4) exemplarische *Qualitätskriterien* bzw. Qualitätsstandards ausgearbeitet.

Qualitätsziele

Bei der Bestimmung der Qualitätsziele waren zwei Fragen von Bedeutung: Was ist die Vision des Trägers mit Blick auf eine »gute« Kindertagesbetreuung und ein optimales Leistungsangebot? Was sind dimensionsrelevante Ziele zur Umsetzung dieser Vision?

Eine Reihe von kontextuellen Bedingungen tragen zur näheren Bestimmung des Trägerprofils und damit zur Zielbeschreibung eines einzelnen Trägers mit Blick auf Qualitätsentwicklung und Qualitätssicherung im System der Kindertageseinrichtungen bei (➛ Abbildung 1). Dies sind einerseits *normative* Anforderungen wie gesetzliche Vorgaben sowie Rahmenvorgaben der eigenen Trägerorganisation. Zugleich bestimmen sich ständig verändernde *situative* Anforderungen die Arbeit des Trägers. Dazu zählen zum Beispiel:

- die Auswirkungen gesellschaftlicher Veränderungsprozesse auf die Familien- und Kinderpopulation im Einzugsbereich (z.B. Zuzug von Migrantenfamilien, Zunahme der Erwerbstätigkeit bei Müttern von unter

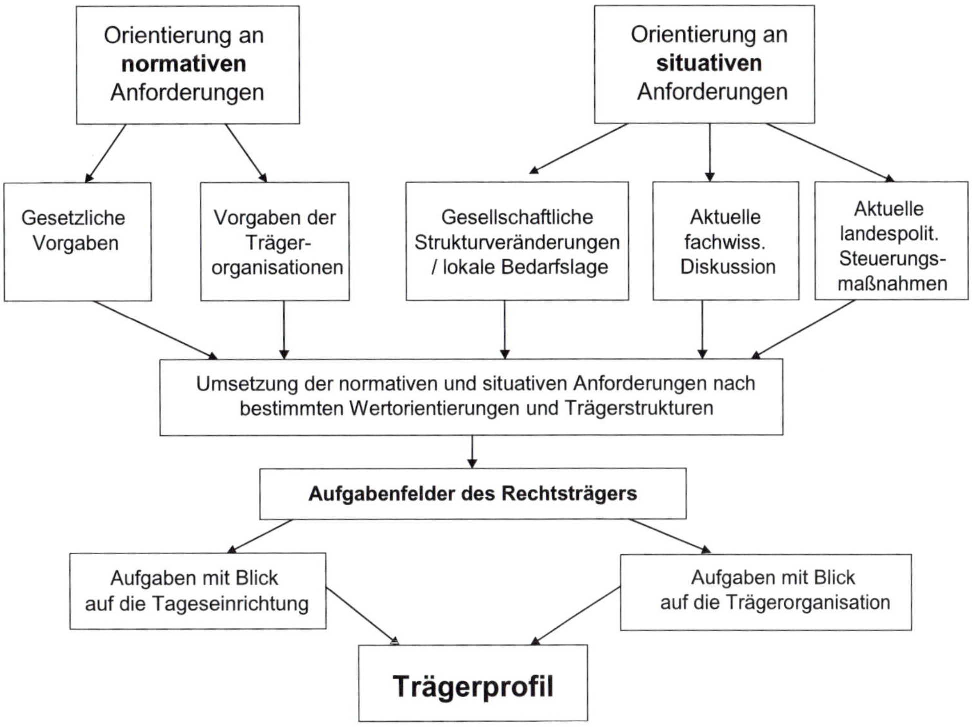

Abb. 1: Kontextuelle Bestimmung des Trägerprofils in Tageseinrichtungen für Kinder

3-Jährigen) – mit entsprechend veränderten Erwartungen an das Leistungsangebot der Kindertageseinrichtungen;
- die aktuelle fachwissenschaftliche Diskussion (z. B. die Kinder- und Jugendberichte; die Qualitätsdebatte; die Initiativen zur Neubestimmung des Bildungsauftrags);
- aktuelle landespolitische Steuerungsinitiativen (z. B. die Einführung von Bildungsplänen und -vereinbarungen; die Aufnahme von unter 3-Jährigen in Kindergärten).

Diese diversen Anforderungen werden im Rahmen unterschiedlicher Trägerstrukturen und -wertorientierungen interpretiert und implementiert. In diesem komplexen Kontext werden die Qualitätsziele des jeweiligen Trägers bestimmt. Auch die im Rahmen des Projekts formulierten Qualitätsziele sollten immer auf ihre Gültigkeit für die spezifischen regionalen Bedingungen im Wirkungskreis des Trägers überprüft werden.

Trägeraufgaben

Wie werden die gesetzlichen Zielvorgaben und die Qualitätsziele des Trägers konkret verwirklicht? Was soll im Rahmen der jeweiligen trägerspezifischen Strukturen geleistet werden? Diese Fragen sind entscheidend für die nähere Bestimmung der Aufgabenbereiche innerhalb der 10 TQ-Dimensionen. Für jede Dimension werden spezifische *Trägeraufgaben* aufgeführt und erläutert. Hier hat der Träger die Möglichkeit, sich einen Überblick über die ausgewählten Schwerpunkte der Trägerarbeit zu verschaffen und diese mit seiner aktuellen Trägerarbeit zu vergleichen. Die übergreifenden Aufgaben des Trägers, die in vielen Dimensionen ihre eigene Ausgestaltung erfahren, beziehen sich dabei auf die Fragen der organisatorischen und konzeptionellen Modifikation des Angebots, der Delegierung vereinbarter Aufgaben, der Partizipation der Beteiligten (Fachpersonal, Eltern, Kinder) an Kommunikations- und Entscheidungsprozessen, der öffentlichen Bekanntmachung des Angebots, der Qualifizierung der Fachkräfte für das breite Aufgabenspektrum der Kindertageseinrichtungen sowie der Überprüfung und Evaluation der Leistungserbringung.

Qualitätssteuerung: Maßnahmen und Verfahren

Wie können die beschriebenen Trägeraufgaben umgesetzt werden? Mit welchen Steuerungsmöglichkeiten können Qualität und Effektivität (➛ vgl. Anhang D – Glossar) der Trägerarbeit gesichert werden? Zur Qualitätssicherung und Qualitätsentwicklung bedarf es sowohl der Festlegung von Qualitätsstandards als auch von Verfahren und Maßnahmen, die dazu beitragen, die angestrebten Ziele zu realisieren. Diesen Prozess zu steuern bedeutet, Instrumente, Verfahren und Maßnahmen zu nutzen, um Abläufe in der Trägerorganisation allgemein, aber auch einzelne Arbeitsabläufe zu optimieren oder neu zu gestalten.

Grundlegende Aspekte sind dabei die Kommunikationsstrukturen innerhalb des Trägers und seine Bereitschaft zur Weiterentwicklung. Festgelegte Kommunikationsstrukturen können für Transparenz sorgen und damit zur Information aller an der Trägerarbeit Beteiligten, zum Austausch von Wissen und dem Erkennen von Mängeln beitragen. Maßnahmen der Qualitätssteuerung in diesem Bereich sind z. B. Mitarbeitergespräche, Dienstbesprechungen, aber auch Festlegungen wie Stellen- und Aufgabenbeschreibungen. Weitere Steuerungsverfahren einer effektiven, d. h. auf die Erreichung der Qualitätsziele ausgerichteten Trägerarbeit, sind Delegierung (z. B. Verantwortungsübertragung), Beteiligung (z. B. von Mitarbeitern an Entscheidungen) sowie Controlling (➛ vgl. Anhang D – Glossar). Controlling bedeutet, auf der Grundlage von vereinbarten Zielen die Erreichung dieser Ziele zu überprüfen. Als weitere Instrumente der Qualitätssteuerung sind Evaluation (➛ vgl. Anhang D – Glossar), Planung und Qualifizierung zu nennen.

Die Verfahren und Maßnahmen werden in dem Abschnitt Qualitätskatalog bei jeder der 10 TQ-Dimensionen stichwortartig ausgewiesen (➛ Kapitel 7). Hier gilt, dass dies keine abschließende Aufzählung oder Auswahl an Steuerungsmöglichkeiten ist, allerdings können Träger Anregungen für die effektive und qualitative Ausgestaltung ihrer Arbeit erhalten. Als ausgewiesenes Instrument der Qualitätssteuerung ist das im Projekt entwickelte Instrument zur Selbstevaluation zu nennen, das diesem Qualitätshandbuch beigefügt ist (➛ Kapitel 8).

Exemplarische Qualitätskriterien

Bei der Formulierung der Qualitätskriterien bzw. Qualitätsstandards fließen Aspekte der Konzept-, Prozess-, Kontext-, Struktur- und Angebotsqualität in möglichst konkreter Form ein. Auch wenn die Vielfalt der Trägerschaften und Trägerstrukturen in Deutschland der Operationalisierung gewisse Grenzen setzt, ist es trotzdem im Projektverlauf gelungen, Qualitätsmerkmale der Trägeraufgabe herauszuarbeiten, die für Träger verschiedener Provenienz – ob öffentliche oder freie Träger, ob für eine oder für viele Tageseinrichtungen zuständig – von Bedeutung sind.

Im nächsten Kapitel werden diese Qualitätskriterien für alle 10 TQ-Dimensionen im Überblick dargestellt. Im Kapitel 7, das den Kern des Qualitätshandbuchs für Träger bildet, wird der ausführliche Qualitätskatalog zu allen 10 Dimensionen vorgestellt.

Kapitel 6
TQ-Kriterienkatalog

TQ-Dimension 1: Organisations- und Dienstleistungsentwicklung

1 Der Träger verfügt über ein Leitbild seiner Arbeit.
2 Der Träger verfügt über ein Leitbild für die Arbeit in der Kindertageseinrichtung.
3 Managementkonzepte und -strategien werden vom Träger für seine Arbeit festgelegt.
4 Die Umsetzung von Managementkonzepten und -strategien in der Trägerarbeit ist gesichert.
5 Verantwortungsbereiche und Entscheidungskompetenzen zwischen Träger, Einrichtungsleitung sowie Mitarbeiterinnen und Mitarbeitern sind verbindlich geklärt.
6 Verfahren der gegenseitigen Informationsvermittlung zwischen Träger, Einrichtungsleitung sowie Mitarbeiterinnen und Mitarbeitern sind verbindlich geklärt.
7 Der Träger nutzt Verfahren der Evaluation für die Überprüfung seiner Arbeit.
8 Der Träger nutzt Verfahren der Evaluation zur Überprüfung der Einrichtungsarbeit.
9 Der Träger informiert sich über Anliegen und sich abzeichnende Probleme der Kindertageseinrichtung.
10 Der Träger fördert die Veränderungs- und Entwicklungsbereitschaft der Mitarbeiterinnen und Mitarbeiter.
11 Der Träger koordiniert die Umsetzung sowohl von Organisations- als auch von Einrichtungszielen.

TQ-Dimension 2: Konzeption und Konzeptionsentwicklung

1 Der Träger informiert die Leitung und das Einrichtungsteam über die relevanten rechtlichen Vorgaben.
2 Der Träger informiert die Leitung und das Einrichtungsteam über die trägerspezifischen Grundsätze und Leitziele zu Bildungs-, Erziehungs- und Betreuungsaufgaben von Kindertageseinrichtungen.
3 Der Träger versichert sich, dass jede Kindertageseinrichtung eine eigene Konzeptionsschrift hat.
4 Der Träger überprüft die Konzeptionsschrift der Kindertageseinrichtung auf trägerspezifische und andere relevante Vorgaben.
5 Der Träger sorgt dafür, dass sich die Konzeption an der aktuellen Lebenssituation von Kindern und Familien im Einzugsgebiet orientiert.
6 In der Konzeptionsschrift wird das Leistungsangebot der Kindertageseinrichtung beschrieben.
7 In der Konzeptionsschrift werden Grundsätze des Bildungsauftrags und der sozialintegrativen Aufgaben von Kindertageseinrichtungen dargelegt.
8 Der Träger sichert die zeitlichen Rahmenbedingungen für die Entwicklung und Aktualisierung der Einrichtungskonzeption.
9 Der Träger schafft Rahmenbedingungen zur Beteiligung von Eltern in Konzeptionsfragen.
10 Der Träger sorgt dafür, dass die Meinung der Kinder zu verschiedenen Aspekten des pädagogischen Angebots gehört wird.
11 Der Träger versichert sich, dass das Einrichtungsteam vielfältige Formen der Dokumentation und Präsentation pädagogischer Prozesse und Aktivitäten einsetzt.
12 Der Träger sichert die Teilnahme der Mitarbeiterinnen und Mitarbeiter an Fortbildungen über neuere pädagogisch-konzeptionelle Entwicklungen.
13 Der Träger sichert den Zugang des Personalteams zu Fachzeitschriften und Fachliteratur.
14 Der Träger unterstützt die Teilnahme an innovativen Projekten.
15 Der Träger sorgt für die Veröffentlichung der Konzeptionsschrift.

TQ-Dimension 3: Qualitätsmanagement

1 Der Träger verfügt über ein Konzept von Qualitätsmanagement für den Trägerbereich.
2 Qualitätsgrundsätze und -ziele der Trägerarbeit werden in Zusammenarbeit mit den beteiligten Mitarbeiterinnen und Mitarbeitern vereinbart.

3 Der Träger sorgt für verbindliche Qualitätsstandards für die verschiedenen Bereiche der Trägerarbeit.
4 Der Träger sorgt für die Überprüfung der vereinbarten Qualitätsziele im Trägerbereich.
5 Verfahren der Qualitätsverbesserung werden als feste Bestandteile in die Trägerarbeit einbezogen.
6 Der Träger sorgt für ein Konzept von Qualitätsmanagement für die Kindertageseinrichtung.
7 Qualitätsgrundsätze und -ziele der Einrichtungsarbeit werden in Zusammenarbeit mit den beteiligten Mitarbeiterinnen und Mitarbeitern vereinbart.
8 Qualitätsstandards für die Kindertageseinrichtung werden vom Träger in Zusammenarbeit mit der jeweiligen Einrichtung festgelegt.
9 Der Träger sorgt für verschiedene Dokumentationsformen über die Qualitätsprozesse in der Kindertageseinrichtung.
10 Verfahren der Qualitätsverbesserung werden als feste Bestandteile in die Einrichtungsarbeit einbezogen.

TQ-Dimension 4: Personalmanagement

1 Der Träger führt regelmäßige Erhebungen zu Personalstand und Personalstruktur in den Kindertageseinrichtungen durch.
2 Es gibt Arbeitsplatzbeschreibungen für die verschiedenen Funktionen / Berufsgruppen.
3 Der Träger nutzt verschiedene Strategien, um Personal für die Kindertageseinrichtung zu gewinnen.
4 Der Träger regelt die Beteiligungsstrukturen bei der Personalauswahl.
5 Es gibt eine schriftliche Vereinbarung zwischen Träger und Leitung über die Personalverantwortung für Mitarbeiterinnen und Mitarbeiter in der Kindertageseinrichtung.
6 Der Träger hat ein transparentes Personalentwicklungskonzept, das allen Mitarbeiterinnen und Mitarbeitern bekannt ist.
7 Der Träger sorgt dafür, dass zielorientierte Jahresgespräche mit den einzelnen Mitarbeiterinnen und Mitarbeitern durchgeführt werden.
8 Der Träger stimmt den Fortbildungsbedarf mit der Kindertageseinrichtung ab.
9 Der Träger informiert die Kindertageseinrichtung über verschiedene Fortbildungsangebote.
10 Der Träger sichert die Teilnahme der pädagogischen Fachkräfte an Fortbildungen.
11 Der Träger sorgt für entsprechende Schulung bei der Übernahme von Funktionsstellen.
12 Der Träger unterstützt Maßnahmen der Teamentwicklung.
13 Der Träger gewährleistet die Ausbildungsfunktion der Kindertageseinrichtung.
14 Der Träger hat ein differenziertes Konzept zur Anleitung von Praktikantinnen und Praktikanten.
15 Der Träger überprüft regelmäßig, ob die Ziele der Personalmanagementaufgaben erreicht werden.
16 Der Träger honoriert qualifizierte Praxis durch Leistungsanreize.

TQ-Dimension 5: Finanzmanagement

1 Dem Träger sind die rechtlichen Vorgaben bezüglich der relevanten Finanzierungsgrundlagen für Kindertageseinrichtungen bekannt.
2 Der Träger informiert sich über aktuelle Finanzierungsstrategien.
3 Der Träger bildet sich in Fragen des Finanzmanagements fort.
4 Es existiert ein schriftlicher und klar gegliederter Haushaltsplan.
5 Der Träger beteiligt die Kindertageseinrichtung an der Erstellung des Haushaltsplans.
6 Der Träger beteiligt die Elternvertretung bzw. die Eltern an der Erstellung des Haushaltsplans.
7 Der Träger sorgt für die vorschriftsmäßige Erledigung der Buchführung.
8 Der Träger überträgt der Kindertageseinrichtung Verantwortung über vereinbarte finanzielle Ressourcen.
9 Der Träger betreibt zur weiteren Mittelbeschaffung im Rahmen seiner gesetzlichen Möglichkeiten die Akquise von Spendern bzw. Sponsoren.
10 Der Träger sorgt dafür, dass bei finanziellen oder materiellen Zuwendungen von Sponsoren die jeweiligen Konditionen dokumentiert werden.

TQ-Dimension 6: Familienorientierung und Elternbeteiligung

1 Der Träger formuliert – gemeinsam mit dem pädagogischen Personal – fachliche Standards für die Zusammenarbeit mit Familien.
2 Der Träger überprüft in vereinbarten Abständen die formulierten Qualitätsstandards mit dem pädagogischen Personal bzw. mit der Einrichtungsleitung.
3 Der Träger sorgt dafür, dass Eltern nichtdeutschsprachiger Herkunft wichtige Informationen in ihrer Landessprache erhalten.
4 Der Träger führt regelmäßige Befragungen zu den Wünschen und Erwartungen der Eltern durch.
5 Der Träger versichert sich, dass die Eltern verschiedene Möglichkeiten haben, ihre Wünsche und Anliegen zu äußern.
6 Der Träger sorgt für die Beteiligung von Eltern bei der Angebotsentwicklung.
7 Der Träger informiert die Eltern schriftlich über ihre Möglichkeiten der Beteiligung im Elternbeirat / Elternausschuss.
8 Der Träger achtet darauf, dass es klar geregelte Formen der Kommunikation zwischen den pädagogischen Mitarbeiterinnen und Mitarbeitern und den Eltern gibt.
9 Der Träger versichert sich, dass die Eltern regelmäßig über die Entwicklung ihres Kindes informiert werden.
10 Der Träger unterstützt zwischen Kindertageseinrichtung und Eltern Formen der Zusammenarbeit, die das Selbsthilfepotential der Familien im Umfeld stärken.

TQ-Dimension 7: Gemeinwesenorientierte Vernetzung und Kooperation

1 Der Träger verfügt über ein Vernetzungskonzept.
2 Der Träger nutzt Angebote seines Trägerverbandes.
3 Der Träger kooperiert mit anderen Trägern.
4 Der Träger fördert die Kooperation mit anderen Kindertageseinrichtungen.
5 Der Träger fördert Kontakte zu Ausbildungsstätten.
6 Der Träger fördert Kontakte zu wissenschaftlichen Institutionen.
7 Der Träger fördert innovative Projekte in seiner Kindertageseinrichtung.
8 Der Träger kennt die soziale Infrastruktur in der Umgebung seiner Kindertageseinrichtung.
9 Der Träger unterstützt die Kindertageseinrichtung im Kontakt zu Ämtern.
10 Der Träger unterstützt die Kindertageseinrichtung im Kontakt zu Fachdiensten.
11 Der Träger unterstützt die Kindertageseinrichtung im Kontakt zu Schulen.
12 Der Träger unterstützt die Kindertageseinrichtung im Kontakt zu anderen sozialen und kulturellen Einrichtungen.
13 Der Träger vertritt die Angelegenheiten seiner Kindertageseinrichtung in kommunalen und (fach)politischen Gremien.
14 Der Träger sorgt für Kontakte zur Wirtschaft im Hinblick auf Finanzierungen.

TQ-Dimension 8: Bedarfsentwicklung und Angebotsplanung

1 Der Bedarfs- und Angebotsplanung liegt ein Planungskonzept zugrunde.
2 Der Träger sorgt für eine kontinuierliche Berichterstattung über den Bestand und die Nutzung der Kindertageseinrichtung.
3 Der Träger sorgt dafür, dass die Informationen über die wesentlichen Leistungen der Kindertageseinrichtung zur Verfügung stehen.
4 Der Träger unterstützt die Kindertageseinrichtung bei der Verwaltung der Einrichtungsdaten in Datenbanken.
5 Die Aktualisierung der Daten wird als dauerhafte Aufgabe in der Kindertageseinrichtung und bei dem Träger wahrgenommen.
6 Der qualitative und quantitative Bedarf zur Ausgestaltung des Leistungsangebots der Kindertageseinrichtung wird vom Träger in Zusammenarbeit mit der jeweiligen Einrichtung ermittelt.
7 Der Träger entwickelt Vorschläge zur Bedarfsdeckung und bringt diese in den (über)örtlichen Prozess der Kindertagesstättenplanung ein.
8 Die Ergebnisse von Elternbefragungen werden in der Angebotsplanung berücksichtigt.
9 Wünsche, Bedürfnisse und Interessen der Kinder werden bei der Angebotsplanung berücksichtigt.

TQ-Dimension 9: Öffentlichkeitsarbeit

1 Der Träger verfügt über ein Konzept zur Öffentlichkeitsarbeit.
2 Das Konzept zur Öffentlichkeitsarbeit ist auf unterschiedliche Zielgruppen ausgerichtet.
3 Der Träger unterstützt die Kindertageseinrichtung bei der Öffentlichkeitsarbeit.
4 Der Träger sorgt dafür, dass die mit der Öffentlichkeitsarbeit betrauten Mitarbeiterinnen und Mitarbeiter hierfür qualifiziert sind.
5 Der Träger betreibt regelmäßige Medien- und Pressearbeit.
6 Der Träger sorgt für aktuelles Informationsmaterial über die Kindertageseinrichtung.
7 Der Träger sorgt für ein einheitliches und wiedererkennbares Erscheinungsbild der Kindertageseinrichtung.
8 Der Träger stellt sich als potentieller Arbeitgeber für angehende Fachkräfte dar.
9 Der Träger bezieht öffentlich Stellung zu aktuellen kinder- und familienpolitischen Themen.
10 Der Träger sorgt für die Weiterentwicklung des Konzepts zur Öffentlichkeitsarbeit.

TQ-Dimension 10: Bau und Sachausstattung

1 Der Träger kennt die Vorschriften für (Um)-Bau- bzw. Sanierungsmaßnahmen von Kindertageseinrichtungen.
2 Der Träger sorgt dafür, dass der bauliche Zustand der Kindertageseinrichtung regelmäßig überprüft wird.
3 Die Bauplanung wird auf die pädagogische Konzeption ausgerichtet.
4 Der Träger achtet beim (Um)Bau auf die Multifunktionalität der Kindertageseinrichtung.
5 Der Träger beteiligt die pädagogischen Fachkräfte an der Planung von Baumaßnahmen.
6 Der Träger beteiligt die Eltern an der Planung von Baumaßnahmen.
7 Der Träger beteiligt die Kinder an der Planung von Baumaßnahmen.
8 Der Träger sorgt dafür, dass die von den Baumaßnahmen betroffenen Personen hinreichend informiert sind.
9 Der Träger stellt die Kontrolle der (Um)Bau- bzw. Sanierungsmaßnahmen durch kompetentes Personal sicher.
10 Der Träger veranlasst die regelmäßige Überprüfung von Sachausstattung und Spielgeräten im Innen- und Außenbereich.
11 Bei der Feststellung des Bedarfs an Sachausstattung werden die Wünsche der pädagogischen Fachkräfte miteinbezogen.
12 Bei der Feststellung des Bedarfs an Sachausstattung werden die Wünsche der Eltern miteinbezogen.
13 Bei der Feststellung des Bedarfs an Sachausstattung werden die Wünsche der Kinder miteinbezogen.
14 Der Träger stellt der Kindertageseinrichtung einen vereinbarten Betrag für Ausgaben zur Verfügung.
15 Bei Anschaffungen werden sowohl pädagogische als auch betriebswirtschaftliche Aspekte berücksichtigt.

Kapitel 7
Trägerqualität – zehn Dimensionen

Kirsten Hanssen

TQ-Dimension 1: Organisations- und Dienstleistungsentwicklung

Einführung

Organisationsentwicklung und Dienstleistungsorientierung bedeuten für die Träger von Kindertageseinrichtungen, den vielfältigen Herausforderungen von wirtschaftlichen, politischen, gesellschaftlichen und fachlichen Anforderungen durch entsprechende Veränderungen in der Organisation Rechnung zu tragen und diesen Veränderungsprozess zu gestalten. Für die einzelnen Träger bedeutet dies, ihr Profil unter Berücksichtigung neuer Bedingungen strukturell anzupassen und sich im System der Kindertageseinrichtungen zu positionieren.

Zum einen sind die Träger gefordert, sich mit den strukturellen Herausforderungen wie dem Wandel im Wohlfahrtssystem, den knapperen öffentlichen Mitteln und kommunalen Reformen zu beschäftigen. Zum anderen müssen sich Träger an gesellschaftlichen Veränderungen, der stärkeren Adressaten- und Dienstleistungsorientierung in der Jugendhilfe, den fachlichen Diskussionen um den Bildungs-, Erziehungs- und Betreuungsauftrag von Kindertageseinrichtungen und der Professionalisierung, der in diesem Feld Tätigen ausrichten.

Die Entwicklung in der Jugendhilfe zu dienstleistungsorientiertem Denken und stärkerer Berücksichtigung der Lebenswelt der Adressaten wird im Kinder- und Jugendhilfegesetz deutlich. Die Grundsätze der Förderung von Kindern in Tageseinrichtungen beschreibt § 22 des KJHG. Die nähere Erläuterung in den Absätzen 2 und 3 zeigt die Orientierung an den Bedürfnissen der Adressaten, also Erziehungsberechtigten und Kindern auf.

> **§ 22 SGB VIII (KJHG):**
> **Grundsätze der Förderung von Kindern in Tageseinrichtungen**
>
> (2) Die Aufgabe umfasst die Betreuung, Bildung und Erziehung des Kindes. Das Leistungsangebot soll sich pädagogisch und organisatorisch an den Bedürfnissen der Kinder und ihrer Familie orientieren.
> (3) Bei der Wahrnehmung ihrer Aufgaben sollen die in den Einrichtungen tätigen Fachkräfte und anderen Mitarbeiter mit den Erziehungsberechtigten zum Wohle der Kinder zusammenarbeiten. Die Erziehungsberechtigten sind an den Entscheidungen in wesentlichen Angelegenheiten der Tageseinrichtung zu beteiligen.

Neben den gesetzlichen Voraussetzungen durch das KJHG wirken sich auch Verwaltungsreformen im kommunalen Bereich auf die Trägerarbeit aus. Insbesondere die Empfehlungen des Verbandes für kommunales Management (KGSt) (➛ Anhang D – Glossar) zur neuen Steuerung sind als Orientierungsrahmen im kommunalen Bereich zu verstehen. Eine Analyse der KGSt beschäftigt sich mit den Funktionsmängeln der Kommunalverwaltungen und deren Behebung durch neue Steuerungsmodelle. Ziel ist es, die Kommunalverwaltungen zum »öffentlichen Dienstleistungsunternehmen« umzuwandeln. »Die Umwandlung ist ein Prozess, der auf den schrittweisen Aufbau einer unternehmensähnlichen, dezentralen Führungs- und Organisationsstruktur sowie die Aktivierung dieser Struktur durch Wettbewerb hinausläuft.« (KGSt-Bericht 5/1993, S. 15).

Die Vorgaben des KJHG sowie Auswirkungen von Verwaltungsreformen betreffen öffentliche und freie Träger und die Ausgestaltung der konkreten Trägeraufgaben bezogen auf Kindertageseinrichtungen. Träger positionieren sich zu den gesellschaftlichen Veränderungen und neuen Anforderungen im System der Kindertageseinrichtungen in ihren jeweiligen Leitbildern (➛ Anhang A – Empfehlungen und Vorgaben der Trägerorganisationen). In einem Leitbild sind Ziele und Orientierungen der Trägerarbeit festgeschrieben. Unterschieden werden kann zwischen Leitbildern, die für die gesamte Trägerorganisation und ihre Ausrichtung gelten und Leitbildern, die die Funktion als Träger von Kindertageseinrichtung beschreiben. Vielfach werden diese allgemeinen Orientierungsvorgaben um spezifische einrichtungsbezogene Vorgaben ergänzt (➛ Konzeption – Konzeptionsentwicklung). Der Orientierungsrahmen auf der Trägerebene spannt sich vom umfassenden Unternehmens- oder Verbandsleitbild vornehmlich freier Träger bis zu Leitvorstellungen im Rahmen der gesetzlichen Grundlagen öffentlicher Träger (vgl. Graf & Spengler, 2000, S.43ff).

Was bedeutet Organisationsentwicklung für Träger von Kindertageseinrichtungen?

Die strukturelle Anpassung erfordert vielfältige Veränderungen von Organisationsstrukturen. Zum Beispiel sind Verwaltungsstrukturen, Betriebsführungs- und Finanzierungskonzepte zu überprüfen und gegebenenfalls neu zu organisieren. Des Weiteren geht es darum, Steuerungsmaßnahmen, Planungsprozesse und Evaluationsstrategien in der Trägerarbeit zu verankern. Gesellschaftliche Veränderungen wie der Rückgang der Kinderzahlen oder veränderte Ansprüche von Eltern an die Kindertageseinrichtung ziehen eine verstärkte Binnendifferenzierung des pädagogischen Angebotes nach sich, um für aktuelle soziokulturelle und familienbezogene Kontexte die erforderliche Bildungs- und Erziehungsqualität zu gewährleisten. Diese Entwicklungen wirken bis in das Berufsfeld der im System der Kindertageseinrichtungen Beschäftigten und gehen mit neuen Arbeits- und Qualifikationsanforderungen (➛ Personalmanagement) einher.

Organisationsentwicklung zielt auf die Bewältigung von Problemen (z. B. Mängel, veränderte Aufgabenstellung, neue Erkenntnisse) in Organisationen, die durch Anforderungen aus der organisationsrelevanten Umwelt entstehen. Die Trägeraufgabe der Organisationsentwicklung umfasst sowohl Bereiche der Selbstorganisation des Trägers, also seine eigenen Strukturen, als auch die Bereitstellung der Strukturen für die Kindertageseinrichtungen.

Organisationsentwicklung (OE)
umfasst »alle geplanten Schritte und Maßnahmen, die darauf gerichtet sind, wesentliche Aspekte einer Organisation, nämlich Arbeitsabläufe, kommunikative Prozesse, Strukturen, die Organisationskultur oder -dynamik eines Unternehmens oder ihr Gesamtgefüge unter maßgeblicher Beteiligung der MitarbeiterInnen in Richtung auf vorgegebene Ziele hin zu optimieren.« (Engelhardt, 1996, S. 64)

Bezugs- und Ansatzpunkte der Organisationsentwicklung können in verschiedenen Bereichen der Trägerorganisation liegen. Gegenstand von Veränderung können sein:

- »die Ziele, die Philosophie, der Auftrag, die Mission, die offiziellen Werte, Leitbilder und Konzepte;
- die Sozialstruktur, d. h. die normative (formelle) Struktur in der Form von Aufbau- und Ablauforganisation sowie Kommunikations- und Verhaltensstruktur (informelle) Struktur;
- die Technologie, d. h. die konkreten Methoden und Abläufe der Arbeit;
- die Beteiligten, d. h. die MitarbeiterInnen und je nach Kontext die KundInnen/ NutzerInnen, besonders im Sozial- und Gesundheitsbereich;
- die Austauschbeziehungen mit relevanten UmweltakteurInnen« (Engelhardt, 1996, S. 66).

Die Ziele von Organisationsentwicklung betreffen die Erhaltung oder Steigerung der Flexibilität der Organisation in ihrer Aufgabenausführung, die Förderung von Innovationsbereitschaft sowie die Lernfähigkeit der Organisation. Weitere Ziele sind z. B., mehr Entfaltungs- und Entwicklungsmöglichkeiten sowie Handlungs- und Entscheidungsspielraum für Organisationsmitglieder zu ermöglichen und mehr Mitwirkung an Beratungs- und Entscheidungsprozessen zu fördern.

Welche Bedeutung hat Dienstleistungsorientierung?

Durch die Vorgaben des KJHG (§ 22 Abs. 2) sind Träger verpflichtet, ihr Leistungsangebot an den Bedürfnissen der Kinder und ihrer Familien auszurichten. Diese Orientierung an der Nachfrageseite stellt die Träger von Kindertageseinrichtungen vor die Aufgabe, ihr Angebot entsprechend auszugestalten (vgl. BMFSFJ, 1998, S. 190).

Dienstleistungsorientierung bedeutet darüber hinaus, die beteiligten Erziehungsberechtigten an Entscheidungsprozessen teilhaben zu lassen. Die Anforderung an Organisationen besteht darin, »ihre Nachfragebedingungen zum Ausgangspunkt organisatorischen Wandels zu nehmen« (Flösser & Otto, 1996, S. 183). Die Anpassung des Trägerprofils und der Betreuungs-, Erziehungs- und Bildungsangebote an Bedarfslagen der regionalen Gegebenheiten und Adressatenwünsche sowie gesellschaftlichen Veränderungen sind vorrangige Ziele.

Andererseits müssen die Voraussetzungen innerhalb der Organisation geschaffen werden, damit eine bedarfsgerechte Orientierung umgesetzt werden kann. Erweitert wird die Dienstleistungsorientierung um die Anwendung und Übertragung von Management-Verfahren auf den Bereich der sozialen Dienstleistung. Solche Verfahren »zielen prinzipiell darauf ab, die Effizienz (➛ Anhang D – Glosssar) und Effektivität (➛ Anhang D – Glosssar) der sozialen Dienstleistung zu optimieren und zu steigern« (Bauer, 1996, S. 25). Marktgerechte und betriebswirtschaftliche Orientierung werden damit zunehmend auch für Träger sozialer Dienstleistungen wie Kindertageseinrichtungen wichtig. Allerdings ist die (wirtschaftliche) Effizienzsteigerung kein primäres Ziel und »soll nicht auf Kosten der Qualität erfolgen« (vgl. ebd.). Qualitätssteuerung gilt deshalb als »Managementaufgabe im Sozialbereich«.

Der Träger als »Lernende Organisation«

»Eine lernende Organisation ist eine Organisation, in der kollektive – organisationale Lernprozesse mit einer bestimmten Regelmäßigkeit auf Dauer stattfinden und institutionell (durch Instrumente, Methoden, Gewohnheiten, Regeln, u. a.) verankert sind.« (Hoffmann, 2000, S. 62)

Organisations- und Dienstleistungsentwicklung einer Organisation bezieht sich auf ihre jeweilige Kultur, Struktur und Gestaltung sowie die Fähigkeit, diese Bereiche einer Organisation zu verändern und sich als Träger an den neuen Anforderungen auszurichten. Um Veränderungen innerhalb der Organisation anzuregen und nicht nur unmittelbare Probleme zu lösen, ist es hilfreich, Prozesse des organisationalen Lernens einzuführen. Solche Prozesse tragen zur ständigen Verbesserung von Fähigkeiten zur Problemlösung und Zielerreichung bei. In den Blick zu nehmen sind hierbei insbesondere Beziehungs- und Kommunikationsstrukturen der Organisation. Die Kommunikation stellt eine entscheidende Fähigkeit einer Organisation dar um Probleme zu lösen, sich Umgebungsveränderungen anzupassen, aber auch die eigene Umwelt aktiv zu beeinflussen (vgl. Hoffmann, 2000).

Das Lernen einer Organisation findet statt, »wenn mehrere Mitglieder einer Organisation zusammenkommen, um ihre jeweils individuelle Wahrnehmung, Wissensbestände, Meinungen, Vorstellungen, Ideen oder Wünsche im Bezug auf ein spezifisches Ereignis, Thema oder Problem in einer für alle Beteiligten einseh- und verstehbaren Form in die Gruppe einzubringen« (ebd. S. 63). Die Lernprozesse beziehen sich dabei auf drei verschiedene Ebenen, zunächst auf die Ebene des unmittelbaren Lösens von Problemen, eine weitere Ebene ist die der Reflexion und Veränderung handlungsrelevanter Werte, Normen und Theorien in einer Organisation, die dritte Eben betrifft die Verbesserung des Lernens selbst. Um Lernprozesse zu gestalten, sind verschiedene Methoden und Werkzeuge wie z. B. Gruppenarbeit (vgl. Gamber, 1996), Projektmanagement oder Zukunftswerkstätten (vgl. Lipp & Will, 2001) hilfreich.

Qualitätskatalog: Organisations- und Dienstleistungsentwicklung

Qualitätsziele aus Trägersicht

- Anpassung und Positionierung des Trägers im System der Kindertageseinrichtungen
- Effektivität und Effizienz der Trägerarbeit optimieren
- Angebots- und Leistungsprofil des Trägers (weiter)entwickeln
- Bedarfs- und marktgerechte sowie betriebswirtschaftliche Ausrichtung des Trägers stärken.

Trägeraufgaben

Organisationsentwicklung

- Leitbild
- Managementkonzept
- Führungskonzept
- Qualitätspolitik
- Kommunikationsstrategien
- Evaluationsstrategien.

Voraussetzung für eine effektive Organisationsentwicklung ist ein Leitbild der Trägerarbeit. Das Leitbild stellt die Grundlage der Trägerarbeit und seiner Ausrichtung im Sinne einer Trägerphilosophie dar. Managementkonzepte für die verschiedenen Trägeraufgaben (z. B. Sozialmanagement, Sozialmarketing, Qualitätsmanagement, Beschwerdemanagement) auszuwählen und umzusetzen sind wichtige Entscheidungen für die Entwicklung der Trägerorganisation. Auch die Wahl eines Führungskonzeptes gehört in diesen Bereich. Die Dezentralisierung und Verbreitung der Verantwortungsebene und Prozesse der Zielvereinbarung (Führen mit Zielvereinbarung, Überprüfen von Zielen) in der Trägerarbeit einzuführen, sind entscheidende Elemente einer modernen Trägerstruktur. Die Qualitätspolitik eines Trägers sollte generelle Qualitätsziele vorgeben und eine Grundorientierung vermitteln, die eine Handlungsnorm für die Umsetzung von Qualität in der Trägerarbeit bedeutet (➛ Qualitätsmanagement). Um die Trägerarbeit effektiv zu gestalten, sind Kommunikationsstrategien wichtig. Hierbei geht es insbesondere darum, durch Beteiligung von Mitarbeitern und Mitarbeiterinnen den Informationsfluss und die Transparenz innerhalb der Trägerorganisation und zu den Einrichtungen, aber auch zu weiteren Beteiligten wie z. B. Eltern zu gewährleisten. Die Evaluationsstrategien dienen der Überprüfung und Weiterentwicklung von Organisationszielen und -abläufen.

Dienstleistungsentwicklung

- Selbstanalyse
- System-Umweltanalyse
- Zielperspektiven entwickeln

Die Absicht einer Selbstanalyse ist es, sich der eigenen organisatorischen Stärken und Schwächen der Trägerarbeit (z. B. im Bereich der Finanzen, des Personals, der Dienstleistungsqualität, der Mitarbeitermotivation sowie der Mitarbeiterqualifikation) bewusst zu werden. Dazu gehört es, das Selbstverständnis und Kollektivbewusstsein der Organisation bei Mitarbeitern und Mitarbeiterinnen, Ehrenamtlichen und Leitungspersonen zu ermitteln, sowie das externe Image bei aktuellen und potentiellen Adressaten/Nutzern im Blick zu haben. Stichworte hierzu sind Corporate Identity (➛ Anhang D – Glossar) und Image in der Öffentlichkeit (➛ Öffentlichkeitsarbeit). Neben der Verdeutlichung der Organisationspotentiale sind Bedarfs- und Marktanalysen hinsichtlich der Adressatenorientierung und der eigenen Positionierung wichtige Schritte in der System-Umweltanalyse. Für die Entwicklung der Organisation als Anbieter von dienstleistungsorientierter Kindertagesbetreuung sind verbindliche Zielperspektiven und neue Dienstleistungen in Anknüpfung an vorhandene Stärken und Ressourcen zu entwickeln. Um die Wettbewerbsfähigkeit im System der Kindertageseinrichtungen im Sinne der Anbieterpluralität aufrecht zu erhalten und auszubauen, gilt es insbesondere in die Funktionsbreite und Flexibilität der Trägerorganisation zu investieren.

Qualitätssteuerung: Maßnahmen und Verfahren

- Leitbild- und Konzeptionsentwicklung zu allen Bereichen der Trägerarbeit
- Delegieren von Verantwortung
- Kommunikations- und Informationsstrukturen festlegen (z. B. Mitarbeitergespräche, Beschwerdemanagement)
- Zielvereinbarungen mit Mitarbeitern und Mitarbeiterinnen
- Controlling (➛ Anhang D – Glossar)

Exemplarische Qualitätskriterien

1 Der Träger verfügt über ein Leitbild seiner Arbeit.
2 Der Träger verfügt über ein Leitbild für die Arbeit in der Kindertageseinrichtung.
3 Managementkonzepte und -strategien werden vom Träger für seine Arbeit festgelegt.
4 Die Umsetzung von Managementkonzepten und -strategien in der Trägerarbeit ist gesichert.
5 Verantwortungsbereiche und Entscheidungskompetenzen zwischen Träger, Einrichtungsleitung sowie Mitarbeiterinnen und Mitarbeitern sind verbindlich geklärt.
6 Verfahren der gegenseitigen Informationsvermittlung zwischen Träger, Einrichtungsleitung und Mitarbeiterinnen und Mitarbeitern sind verbindlich geklärt.
7 Der Träger nutzt Verfahren der Evaluation für die Überprüfung seiner Arbeit.
8 Der Träger nutzt Verfahren der Evaluation zur Überprüfung der Einrichtungsarbeit.

9 Der Träger informiert sich über Anliegen und sich abzeichnende Probleme der Kindertageseinrichtung.

10 Der Träger fördert die Veränderungs- und Entwicklungsbereitschaft der Mitarbeiter und Mitarbeiterinnen.

11 Der Träger koordiniert die Umsetzung sowohl von Organisations- als auch von Einrichtungszielen.

Pamela Oberhuemer

TQ-Dimension 2: Konzeption – Konzeptionsentwicklung

Konzeption und Bildungsauftrag

Eine Konzeption (➛Anhang D – Glossar) ist ein »handlungsleitendes gedankliches Grundgerüst zur Beschreibung und Koordination der Leistungen einer Organisation« (Gerull, 1999, S. 75). Im Folgenden wird eine Konzeption als schriftlich fixierte Beschreibung des Bildungsauftrags und des sonstigen Leistungsangebots einer Kindertageseinrichtung definiert.

In Deutschland ist der Ausbau des Systems der Tageseinrichtungen für Kinder in eine komplexe Geschichte eingebettet. Heute sind Kindertageseinrichtungen in einem Rechtsrahmen der Subsidiarität (➛Anhang D – Glossar) und Regionalität eingeordnet. Sie sind in föderalen Strukturen und in einem pluralen Jugendhilfesystem verortet, bei dem Träger-, Konzeptions- und Einrichtungsvielfalt konstituierende Merkmale sind. Dies hat die Form von staatlichen Vorgaben in Konzeptionsfragen maßgeblich geprägt.

Der (pädagogische) Auftrag von Tageseinrichtungen wird im SGB VIII (KJHG) demnach sehr allgemein formuliert.

§ 22 SGB VIII (KJHG):
Grundsätze der Förderung von Kindern in Tageseinrichtungen

(1) In Kindergärten, Horten und anderen Einrichtungen, in denen sich Kinder für einen Teil des Tages oder ganztags aufhalten (Tageseinrichtungen), soll die Entwicklung des Kindes zu einer eigenverantwortlichen und gemeinschaftsfähigen Persönlichkeit gefördert werden.
(2) Die Aufgabe umfasst die Betreuung, Bildung und Erziehung des Kindes. Das Leistungsangebot soll sich pädagogisch und organisatorisch an den Bedürfnissen der Kinder und ihrer Familien orientieren.

Auf eine Konkretisierung dieser Vorgaben wird auf Bundesebene verzichtet. Dies ist Aufgabe der Länder. Bisher waren aber auch auf der Länderebene Vorgaben zu pädagogisch-konzeptionellen Fragen in Kindertageseinrichtungen eher zurückhaltend. Mit ausführlichen Empfehlungen für Kindergärten bildete Bayern bisher eine Ausnahme (4. DVBayKiG, ➛ vgl. Anhang C – Kita-Gesetze der Bundesländer). Diese staatliche Zurückhaltung in konzeptionellen Fragen korrespondiert mit einer weit gehenden Autonomie der Träger und der einzelnen Kindertageseinrichtung in der Ausgestaltung ihrer Bildungs- und Erziehungskonzeption.

Im Unterschied zu den meisten europäischen Ländern hat Deutschland kein (nationales) Rahmenkonzept für die pädagogische Arbeit (vgl. OECD, 2001; Oberhuemer, 2003; Fthenakis, 2003). Seit der Vorlage der Empfehlungen des Forum Bildung (2001) und des Bundesjugendkuratoriums (BMFSFJ, 2001) und nicht zuletzt seit Erscheinen der ersten Ergebnisrunde der PISA-Studie (Baumert et al., 2001) gibt es allerdings eine rege Diskussion über die Einführung von verbindlicheren Bildungsstandards für Kindertagesstätten. Es ist anzunehmen, dass in den nächsten Jahren eine Reihe von Bildungsplänen verabschiedet wird. Bayern erprobt in den Jahren 2003–2004 die Erstfassung eines Bildungs- und Erziehungsplans für Kinder bis zur Einschulung. Ob es zu länderübergreifenden Bildungsstandards kommt – wie derzeit für das schulische Bildungssystem vorgesehen – bleibt eine noch offene Frage. Auch wenn verbindliche Bildungsstandards auf Länderebene eingeführt werden, müssen diese in trägerspezifischen Vorgaben und einer Einrichtungskonzeption konkretisiert werden.

Trägerspezifische Orientierungsvorgaben beziehen sich auf den rechtlichen Rahmen, geben Auskunft über das Leitbild des Trägers und formulieren Grundsätze für die pädagogische Arbeit in Tageseinrichtungen. Zahlreiche Rahmenkonzeptionen, Positionspapiere, Stellungnahmen und Handbücher geben hierzu Informationen und Hinweise (➛Anhang A – Empfehlungen und Vorgaben der Trägerorganisationen für ausgewählte Beispiele).

Die *Einrichtungskonzeption* konkretisiert die rechtlichen und trägerspezifischen Rahmenvorgaben und präsentiert sie in einer auf die Einrichtung zugeschnittenen Form, z. B. als Einrichtung in kirchlicher Trägerschaft, als Montessori-Kindertagesstätte, als Einrichtung, die sich der Reggio-Pädagogik verpflichtet fühlt usw. Die Konzeption dient der einrichtungsinternen Klärung und Konsensbildung über pädagogische Leitprinzipien der Bildungs- und Erziehungsarbeit sowie über die konkrete Umsetzung von rechtsverbindlichen Rahmenvorgaben. Gleichzeitig wird Transparenz nach außen ermöglicht. Die Konzeption macht sichtbar, was Eltern von der Tageseinrichtung erwarten können.

Konzeptionsentwicklung – eine kontinuierliche Aufgabe

Konzeptionsentwicklung
ist »... gleichermaßen als ein *Reflexions- und Innovationsprozess* zu sehen. Sie bietet die Chance, die pädagogische Arbeit (z. B. Situationen, Ziele, Handlungen, Bedingungen) grundsätzlich zu reflektieren, neu zu überdenken und zu verbessern. Damit leistet sie einen wesentlichen Beitrag zur Professionalisierung und zur Qualitätssicherung der Einrichtungen.« (Schlummer & Schlummer, 2003, S. 121)

Im Sinne einer lebensweltbezogenen Orientierung der Jugendhilfe – wie bereits im Achten Jugendbericht verankert (BMJFFG, 1990) –, ist es Aufgabe von Träger und Tageseinrichtung mittels der Konzeption zu zeigen, wie sich die Tageseinrichtung um kind- und familienorientierte Antworten auf die aktuelle Lebenssituation von Familien im sozialen Umfeld bemüht. So gesehen kann eine Konzeption keine einmalige Festlegung von Bildungs- und Betreuungsleistungen sein. Sie setzt eine kontinuierliche Modifizierung und Fortschreibung voraus (vgl. z. B. Hollmann & Benstetter, 2000). Darüber hinaus können aktuelle wissenschaftliche Erkenntnisse oder gesellschaftliche Veränderungen zu neuen Schwerpunkten in der Konzeption führen.

Auch wenn die pädagogischen Fachkräfte für die Ausarbeitung, Konkretisierung und Weiterentwicklung der Einrichtungskonzeption verantwortlich sind, sollte dies – auch im Sinne der gesetzlich geforderten Kind- und Familienorientierung – unter möglichst breiter Beteiligung der Eltern und Kinder stattfinden.

Welche Verantwortung hat der Träger?

Bei der Aufgabendimension Konzeption und Konzeptionsentwicklung liegt die Verantwortung des Trägers auf zwei Ebenen. Zum einen ist der Träger für die Sicherung der notwendigen zeitlichen, personellen und materiellen Rahmenbedingungen zuständig, die für eine gelingende Entwicklung und Umsetzung gesetzlicher Bildungsvorgaben und der einrichtungsspezifischen Konzeptionsziele notwendig sind. Zum anderen ist auch Bildungscontrolling (➔ Anhang D – Glosssar) Trägeraufgabe, d. h. die Steuerung von Bildungsmaßnahmen durch Planungs- und Evaluationsstrategien. Dazu gehören auch Strategien zur Beteiligung von Eltern in Konzeptionsfragen. In Trägerverantwortung liegt auch die Prüfung der Konzeption vor der Weitergabe an Eltern und die (Fach)Öffentlichkeit. Der Träger hat sowohl Informationspflicht als auch Entscheidungskompetenz in konzeptionellen Fragen.

Im Folgenden wird ein aktueller Aspekt des Bildungscontrollings beispielhaft hervorgehoben und begründet. Wie lässt sich das Engagement des Trägers in interkulturellen Fragen festmachen? Im Sinne der kritischen Selbstreflexion werden hierzu einige Leitfragen formuliert.

Bildungscontrolling: Beispiel – Interkulturelles Engagement des Trägers und der Kindertageseinrichtung

In Fachkreisen gehört interkulturelle Erziehung – verstanden als Dialog und Austausch zwischen Menschen verschiedener Herkunftskulturen – seit vielen Jahren zu einer der unbestritten wichtigen Aufgaben von Kindertageseinrichtungen. Nicht selten aber fehlt ein ausdrücklicher Hinweis auf die Zusammenarbeit mit Familien nichtdeutscher Herkunft in den Träger- und Einrichtungskonzeptionen (vgl. Oberhuemer, 2001a, S. 17). Dabei wäre ein öffentliches Bekenntnis zur multikulturellen Dimension der Bildungs- und Erziehungsarbeit eine klare gesellschaftspolitische Positionierung mit Blick auf die sozialintegrative Aufgabe von Kindertagesstätten. Hier hat der Träger eine bedeutende Steuerungsfunktion, indem er darauf achtet, dass diese Facette der Bildungs- und Erziehungsarbeit zum sichtbaren Profil der Einrichtung gehört. Darüber hinaus kann der Träger darauf hinwirken, dass Migrantenfamilien einen chancengerechten Zugang zu den Bildungs- und Betreuungsangeboten in seiner Verantwortung haben.

Folgende Leitfragen bieten Anhaltspunkte für eine Reflexion der Trägerrolle in Bezug auf die interkulturelle Bildungs- und Erziehungsarbeit der Kindertageseinrichtung (vgl. auch Oberhuemer et al., 2001; Ulich & Oberhuemer, 2003, S. 161ff).

Interkulturelle Praxis:
Leitfragen zur Reflexion der Trägerrolle

1. Wird interkulturelles Engagement in Träger- und Einrichtungskonzeption explizit formuliert?
2. Werden die pädagogischen Fachkräfte bei der Vertretung interkultureller Praxis in der Öffentlichkeit mit Argumentationshilfen durch den Träger unterstützt?
3. Werden Familien mit Migrationshintergrund durch den Träger aktiv angeworben?
4. Erfolgen trägerübergreifende Absprachen über die besondere Bedarfslage von Migrantenfamilien im Rahmen der Jugendhilfeplanung?
5. Sind die Familiensprachen und -kulturen der Kinder für Eltern und Besucher in der Einrichtung optisch präsent? (Begrüßungsformeln, Posters mit verschiedenen Schriftzeichen usw.)
6. Hat jede Einrichtung in Trägerverantwortung ein explizites Sprachförderungskonzept?
7. Finden differenzierte, sprachanregende Angebote regelmäßig statt?
8. Wird Mehrsprachigkeit als Bildungschance gesehen und aktiv unterstützt?
9. Werden bilinguale Fachkräfte (Gruppenleitung, Zweitkräfte, Zusatzkräfte) gezielt eingestellt?
10. Werden Migrantenfamilien gezielt in die Informationspolitik und Programmgestaltung einbezogen?
11. Werden Migranteneltern aktiv für den Elternbeirat angeworben?
12. Wird die interkulturelle Kompetenz der Fachkräfte durch die Teilnahme an entsprechenden Fortbildungsangeboten fachlich gesichert?
13. Sorgt der Träger für Kontakte zu interkulturell orientierten Kommunikationszentren und Bildungsangeboten?
14. Werden Kontakte mit sozialen Diensten und Beratungsstellen für Migranten gepflegt?
15. Beteiligt sich der Träger an interkulturellen Aktivitäten der Tageseinrichtung?
16. Beteiligt sich der Träger in kommunalpolitischen Fragen mit Blick auf Migrantenfamilien und -kinder?

Qualitätskatalog: Konzeption – Konzeptionsentwicklung

Qualitätsziele aus Trägersicht

- Profilbildung und Leistungstransparenz nach außen mit Blick auf den Bildungs-, Erziehungs- und Betreuungsauftrag der Tageseinrichtung
- Zieltransparenz und Aufgabenregulierung nach innen hinsichtlich der Umsetzung der pädagogischen Konzeption
- Kontinuierliche inhaltsorientierte Auseinandersetzung mit aktuellen und sich abzeichnenden Anforderungen an die Kindertageseinrichtung
- Positionierung in der Trägerlandschaft in bildungspolitischen, sozialpolitischen und familienpolitischen Fragen
- Umsetzung der Zielvorgaben des KJHG: Kind- und Familienorientierung, Bildungsauftrag und Dienstleistungsauftrag, individuelle Bedarfsorientierung und Gemeinwesenorientierung.

Trägeraufgaben

Konzeptionsgrundlagen kennen und vermitteln

- Kenntnisnahme und Vermittlung der relevanten rechtlichen Vorgaben auf Bundes- und Landesebene (z.B. auch Bildungspläne), gegebenenfalls auch auf europäischer Ebene
- Kenntnisnahme und Vermittlung von Vorgaben und Empfehlungen der Trägerorganisation zu Konzeptionsfragen
- Bereitstellung der relevanten Dokumente in der Einrichtung
- Weitergabe von Informationen an Leitung und Einrichtungsteam über relevante politische Entscheidungen auf kommunaler, Landes- und Bundesebene
- Sich informieren über die soziodemographischen Entwicklungen im Einzugsgebiet (→ Bedarfsentwicklung und Angebotsplanung)
- Weitergabe von Informationen über die Ergebnisse von Modellversuchen und innovativen Praxisprojekten.

Der Träger ist verpflichtet, sich über die relevanten rechtlichen Vorgaben bezüglich des Bildungs-, Erziehungs- und Betreuungsauftrags der Tageseinrichtungen in seiner Verantwortung zu informieren und diese dem Personal bekannt zu machen bzw. zu vermitteln. Das Gleiche gilt für konzeptionsrelevante Positionspapiere und Empfehlungen der Trägerorganisationen auf regionaler, Landes- und Bundesebene. Voraussetzung ist eine klare Kommunikationsstruktur und ein kontinuierlicher Informationsfluss mit der Kindertageseinrichtung und auch innerhalb der eigenen Verbandsstrukturen (wenn Mitglied eines Trägerverbandes).

Entwicklung und Weiterentwicklung einer Einrichtungskonzeption fordern und fördern

- Sicherung der zeitlichen Rahmenbedingungen für die Entwicklung sowie die regelmäßige Überprüfung und Aktualisierung der Einrichtungskonzeption
- Überprüfung der Umsetzung von rechtlichen und trägerspezifischen Zielvorgaben (Bildungscontrolling)
- Unterstützung des Einrichtungsteams bei regelmäßigen Analysen der Lebenssituation von Kindern und Eltern im Umfeld (➛ Bedarfsentwicklung und Angebotsplanung)
- Sicherung eines Beteiligungsverfahrens für Eltern in Fragen der Konzeptionsentwicklung
- Abstimmungsprozesse mit der Einrichtung mit Blick auf einen Abgleich der Konzeptionsziele mit den gegebenen Ressourcen und Rahmenbedingungen
- Sicherung der Teilnahme der pädagogischen Mitarbeiter und Mitarbeiterinnen an Fortbildungen über neuere Entwicklungen in der pädagogischen Arbeit und über Verfahren der Konzeptionserstellung
- Bereitstellung von Ressourcen für die Abonnierung von Fachzeitschriften und den Erwerb neuer Fachliteratur
- Bereitschaft zur Mitwirkung an innovativen Projekten

Zentrale Aufgabe des Trägers ist die Sicherstellung der notwendigen zeitlichen, personellen und materiellen Rahmenbedingungen für die Entwicklung und Umsetzung einrichtungsspezifischer Konzeptionsziele und -vorhaben und für deren schriftlichen Fixierung. Hierfür müssen sowohl konzeptionelle Entwicklungsarbeiten berücksichtigt werden als auch die regelmäßige Überprüfung und Anpassung der Konzeptionsziele und des Leistungsangebots an sich ändernde kontextuelle Bedingungen (Lebens- und Arbeitssituation der Familien im Umfeld, Erwartungen der Eltern an die Tageseinrichtung usw.). Bildungscontrolling ist eine weitere Kernaufgabe. Dazu gehört die Überprüfung der Umsetzung von rechtlichen und trägerspezifischen Zielvorgaben. Zudem sind Forderungen nach Transparenz der pädagogischen Arbeit gestiegen und damit auch die Anforderungen an die Planungs-, Dokumentations- und Evaluationsaufgaben des Personals. Es ist Aufgabe des Trägers, die notwendige Reflexionszeit (»Verfügungszeit«) sowohl für die einzelnen Fachkräfte als auch für die Entwicklungsarbeit im Team verbindlich zu regeln. Auch die Sicherstellung eines Beteiligungsverfahrens für Eltern in Konzeptionsfragen liegt in Trägerverantwortung.

Konzeption sichtbar machen

- Informationspflicht den Eltern gegenüber (➛ Elternbeteiligung / Familienorientierung)
- Zielvereinbarungen mit dem Einrichtungsteam über vielfältige Formen der Dokumentation und Vermittlung pädagogischer Prozesse (Beobachtungen zur Einschätzung der Lernerfahrungen von Kindern, Darstellung von Projektarbeiten durch Fotos, Texte, Videoaufnahmen usw.)
- Aufbereitung der Konzeptionsschrift für Öffentlichkeitsarbeit (➛ Öffentlichkeitsarbeit)

In der Konzeptionsschrift werden die für den Träger wichtigen Grundsätze schriftlich fixiert. Trägeraufgabe ist die Gewährleistung von Informationsstrukturen und -strategien, die die Transparenz der Bildungs- und Erziehungskonzeption der Einrichtungen in seiner Verantwortung nach außen fördern. Dabei geht es im Wesentlichen darum, die pädagogischen Fachkräfte in der Vermittlung und Darstellung ihrer Arbeit zu unterstützen. Zentrale Zielgruppe dabei sind die Eltern, deren Kinder die Tageseinrichtung schon besuchen. Weitere Zielgruppen sind u. a. Familien, die sich über einen möglichen Besuch informieren wollen, Ausbildungsstätten, Grundschulen sowie die interessierte Öffentlichkeit.

Qualitätssteuerung: Maßnahmen und Verfahren

- Regelung der Aufgabenverantwortung zwischen Träger und Einrichtung mit Blick auf die Planung, Dokumentation und Evaluation der einrichtungsspezifischen Konzeption
- Gemeinsame Formulierung von konzeptionsbezogenen Zielvereinbarungen mit der Leitung / mit dem Einrichtungsteam
- Festlegung von Beteiligungsformen für Eltern bezüglich Konzeptionsfragen (z. B. Kindergartenausschuss/ Elternbeirat, Qualitätszirkel)
- Einbindung externer Kompetenzen in die Konzeptionsberatung (z. B. Fachberatung)
- Qualifizierung des pädagogischen Personals in Konzeptionsfragen (z. B. Umgang mit Verfahren der Beobachtung und Einschätzung kindlicher Lern- und Bildungsprozesse; Umgang mit Verfahren der Selbstevaluation und Teamevaluation)
- Sicherung von Trägerkompetenzen durch Beratung und Qualifizierung.

Exemplarische Qualitätskriterien

1 Der Träger informiert die Leitung und das Einrichtungsteam über die relevanten rechtlichen Vorgaben.

2 Der Träger informiert die Leitung und das Einrichtungsteam über die trägerspezifischen Grundsätze und Leitziele zu Bildungs-, Erziehungs- und Betreuungsaufgaben von Kindertageseinrichtungen.

3 Der Träger versichert sich, dass jede Kindertageseinrichtung eine eigene Konzeptionsschrift hat.

4 Der Träger überprüft die Konzeptionsschrift der Kindertageseinrichtung auf trägerspezifische und andere relevante Vorgaben.

5 Der Träger sorgt dafür, dass sich die Konzeption an der aktuellen Lebenssituation von Kindern und Familien im Einzugsgebiet orientiert.

6 In der Konzeptionsschrift werden Grundsätze des Bildungsauftrags und der sozialintegrativen Aufgaben von Kindertageseinrichtungen beschrieben.

7 In der Konzeptionsschrift wird das Leistungsangebot der Kindertageseinrichtung dargelegt.

8 Der Träger sichert die zeitlichen Rahmenbedingungen für die Entwicklung und Aktualisierung der Einrichtungskonzeption.

9 Der Träger schafft Rahmenbedingungen zur Beteiligung von Eltern in Konzeptionsfragen.

10 Der Träger sorgt dafür, dass die Meinung der Kinder zu verschiedenen Aspekten des pädagogischen Angebots gehört wird.

11 Der Träger versichert sich, dass das Einrichtungsteam vielfältige Formen der Dokumentation und Präsentation pädagogischer Prozesse und Aktivitäten einsetzt.

12 Der Träger sichert die Teilnahme der Mitarbeiterinnen und Mitarbeiter an Fortbildungen über neuere pädagogisch-konzeptionelle Entwicklungen.

13 Der Träger sichert den Zugang des Personalteams zu Fachzeitschriften und Fachliteratur.

14 Der Träger unterstützt die Teilnahme an innovativen Projekten.

15 Der Träger sorgt für die Veröffentlichung der Konzeptionsschrift.

Kirsten Hanssen

TQ-Dimension 3: Qualitätsmanagement

Einführung

Die Diskussion um den Nachweis von Qualität und Wirksamkeit sozialer Dienstleistungen (➛ Anhang D – Glossar) betrifft auch Kindertageseinrichtungen. Träger von Kindertageseinrichtungen werden zunehmend mit Legitimationsanforderungen im Hinblick auf eine rationelle Aufgabenerfüllung konfrontiert. »Gefordert werden von Trägern und Einrichtungen der Jugendhilfe eine stärkere Ausrichtung des Handelns an nachvollziehbaren Qualitäts- und Wirksamkeitskriterien sowie kontinuierlich praktizierte Verfahren zur Beurteilung und Aufrechterhaltung qualitativ hochwertiger und wirksamer (effektiver) Leistungen« (Merchel, 1999, S. 11). Die Forderung nach Qualitätsmanagement basiert für den Bereich der Kindertageseinrichtungen noch nicht auf rechtlichen Regelungen, allerdings können »die für den Bereich der teilstationären und stationären Hilfen zur Erziehung geschaffenen Neuregelungen der §§ 78a ff KJHG [...] sich mittelfristig auch auf die Anbieter von Kindertagesbetreuung auswirken, insbesondere hinsichtlich der Leistungs- und Qualitätsentwicklungsvereinbarungen.« (Bundesarbeitsgemeinschaft der Landesjugendämter, 2000, S.4).

Indem Qualitätsmanagement als ein Aufgabenbereich eines Trägers von Kindertageseinrichtungen aufgenommen wird, soll dieser Entwicklung Rechnung getragen werden, aber auch die Möglichkeit geschaffen werden, dass Träger in eigener Verantwortlichkeit Qualitätskriterien entwickeln und überprüfen können. Konkrete Motive für Qualitätsmanagement von Seiten des Trägers können verschiedene Zielrichtungen haben, z. B. finanzielle Ressourcen optimiert einsetzen zu können, Argumentationshilfen für Entscheidungen gegenüber Kostenträgern zu erhalten, Wettbewerbsvorteile zu erzielen, Leistungsfähigkeit herauszustellen sowie Handlungssicherheit in Bezug auf die Aufgabenerfüllung für das Personal zu erhöhen. Die Ziele des Qualitätsmanagements sind demnach vielfältig und reichen in alle Aufgabenbereiche des Trägers hinein.

Was ist Qualitätsmanagement?

Qualitätsmanagement soll dazu beitragen, dass durch bestimmte Verfahren die Güte der eigenen Arbeit besser nachgewiesen werden kann. Die Feststellung der Güte der Arbeit »führt zu höherer Legitimation (gegenüber dem Dienstherrn oder Zuschussgeber) und größerer Arbeitszufriedenheit« (Kulbach, 1996, S. 368).

Durch Qualitätsmanagement soll einerseits die Qualität der Trägerleistung sichergestellt und andererseits Prozesse der Qualitätsentwicklung eingeleitet werden. Qualitätsmanagement ist dabei als ein umfassendes Planungs-, Informations- und Kontrollsystem zu verstehen. Grundlagen für die Planung sind z. B. Bedarfs- und Bestandsanalysen. Ein umfassendes Informationssystem bezieht sich auf die Kommunikations-, Kooperations- und Vernetzungsformen zwischen Träger, Einrichtungsleitung und den jeweiligen Mitarbeitern. Strategisches Controlling dient z. B. der Optimierung der Aufgabenwahrnehmung, während operatives Controlling dazu beiträgt die Kostentransparenz zu erhöhen (vgl. Beck, 1999).

Die Aufgaben des Qualitätsmanagements sind in erster Linie die Qualitätssicherung und Qualitätsentwicklung. Durch Qualitätssicherung werden die Stabilität der Arbeitsprozesse gefördert und Risiken abgebaut. Um Innovationen zu ermöglichen und generell die Innovationsbereitschaft zu fördern, sind Arbeitsprozesse weiter zu entwickeln oder gegebenenfalls neu zu gestalten.

Was bedeutet Qualitätssicherung?

Qualitätssicherung

»umfasst alle Aktivitäten, die darauf zielen, die Erwartungen der Beteiligten zu erkunden und im Verhältnis zu den vorhandenen Ressourcen aufeinander abzustimmen sowie aus dem Ergebnis dieser Abstimmung verbindliche Qualitätsziele zu entwickeln; Qualitätssicherung umfasst ferner alle Maßnahmen und Aktivitäten, die dem Erreichen und Überprüfen der Qualitätsziele dienen« (Meinhold, 1995, S. 292).

Betrachtet man einzelne Arbeitsabläufen dient die Qualitätssicherung z. B. der Zielerreichung oder der Klarheit der Arbeitsabläufe. In der Zusammenarbeit mit Einrichtungen, Eltern und Kostenträgern kann Qualitätssicherung z. B. durch Zielvereinbarungen zur Angebotsoptimierung beitragen. Bezogen auf die Beteiligung von Mitarbeitern und Mitarbeiterinnen sind z. B. Entscheidungsprozesse und Entscheidungsverantwortung Gegenstand der Qualitätssicherung.

Was ist Qualitätsentwicklung?

Qualitätsmanagement umfasst nicht nur Qualitätssicherung, sondern auch die kontinuierliche Verbesserung von Qualität im Sinne der Qualitätsentwicklung. Ansatzpunkte für die Verbesserung von Qualität bieten die Beschreibung und Evaluierung der Leistungserbringung aus den Perspektiven der Ergebnis-, Prozess-, und Strukturqualität. Indikatoren der Ergebnisqualität können z. B. die »Erreichung des Versorgungsauftrages, die NutzerInnenzufriedenheit und die Zufriedenheit der Mitarbeiter [...] vor dem Hintergrund der Einhaltung des Kostenrahmens« sein (vgl. Bobzien et al., 1996, S.63). In der Perspektive der Prozessqualität werden die konkreten Arbeitsabläufe der Leistungserbringung Gegenstand der Beschreibung und Evaluierung, ebenso die Verwaltungs- und Organisationsvorgänge, in die die jeweiligen Arbeitsabläufe eingebunden sind. Strukturqualität bezieht sich auf die Rahmenbedingungen, unter denen der Träger und die Einrichtung ihre Leistung erbringen. Zu nennen sind hier der rechtliche Rahmen, die Ablauforganisation und Verwaltungsstruktur des Trägers sowie die Ressourcen der Einrichtung (personelle und sachliche Ausstattung, Finanzierung). Außerdem spielen die »vereinbarten Rahmenbedingungen wie Versorgungsauftrag und -struktur, Bedarf und Bedürfnisse der Zielgruppen und das Einzugsgebiet« eine entscheidende Rolle (vgl. ebd.).

Vor welchen Herausforderungen stehen die Träger von Kindertageseinrichtungen?

Für Träger von Kindertageseinrichtungen ist ihr Auftrag nicht allein durch die Bereitstellung der optimalen Zahl an Einrichtungsplätzen erreicht, vielmehr gilt es, die Vorgaben des Betreuungs-, Bildungs- und Erziehungsauftrages umzusetzen und in den Qualitätssicherungs- und Qualitätsentwicklungsprozess einzubeziehen. Die fachlichen inhaltlich-pädagogischen Anforderungen müssen berücksichtigt werden. Die Leistungserbringung als Ausgangspunkt von Qualitätsentwicklung ist sowohl auf den Träger zu beziehen als auch auf die Einrichtungen. Zwischen Träger und Einrichtungen sind insbesondere die Kommunikationsstrukturen, Beteiligung und Delegierung in den Blick zu nehmen (➛ Organisations- und Dienstleistungsentwicklung, ➛ Personalmanagement). Im Rahmen der Qualitätsentwicklung können die kontextuellen Strukturen der Trägerorganisationen und damit auch der Einrichtungen nicht unberücksichtigt bleiben. Gesellschaftliche, fachliche, rechtliche und politische Anforderungen müssen sowohl in der Umsetzung der Qualität als auch in den Prozessen, die zur Qualitätsentwicklung beitragen, berücksichtigt werden

Als Voraussetzung der Qualitätsentwicklung ist innerhalb der Trägerorganisation eine Qualitätskultur zu schaffen. Das heißt, im Einzelnen die Motivation zur kontinuierlichen Verbesserung bei Mitarbeitern und Mitarbeiterinnen auf Träger- und Einrichtungsseite zu fördern, Qualitätsbewusstsein und Adressatenorientierung zu steigern sowie kommunikative Prozesse für Fehleranalysen und Lösungen zu gestalten. Träger sollten für ihre Arbeit Qualitätsgrundsätze aufstellen und eine explizite Qualitätspolitik vertreten.

Welche Entwicklungen finden im System der Kindertageseinrichtungen statt?

Trägerverbände haben inzwischen qualitätspolitische Grundsätze (➛ Anhang A – Empfehlungen und Vorgaben der Trägerorganisationen) formuliert und Referenzmodelle (z.B. DIN EN ISO 9001 (➛ Anhang D – Glossar) / EFQM (➛ Anhang D – Glossar)) für Qualitätssicherung und -entwicklung benannt und so auf die Anforderungen im Bereich des Qualitätsmanagements reagiert.

Fast alle Wohlfahrtsverbände verfügen über bundesweit agierende Institute, die sich mit Qualitätsentwicklung und Zertifizierungsstrategien beschäftigen. Beispiele dafür sind:

- Bundesverband der Arbeiterwohlfahrt: »Gesellschaft für Organisationsentwicklung und

Sozialplanung« (GOS) – Strategie zum Qualitätsmanagement (unabhängige, verbandsspezifische Zertifizierung nach ISO, Qualifizierung von Leitungskräften)
- Evangelische Kirche Deutschlands: »Diakonisches Institut für Forschung und Qualitätsmanagement« (Beratung der Mitgliedseinrichtung für Zertifizierung nach DIN-ISO)
- Landesverbände des Paritätischen Wohlfahrtsverbandes: »Paritätische Gesellschaft für Qualität« (mehrstufiges Qualitätssiegel für Mitgliederorganisationen, erste Stufe soll Anforderungen der ISO 9001/9002 entsprechen)

(vgl. Boeßenecker, 2000; Gerull, 2000)

Der Bundesverband katholischer Tageseinrichtungen (KTK) hat ein Gütesiegel vorgelegt, das neben den Forderungen der DIN ISO 9000 christliche und fachliche Kriterien für die Arbeit von Kindertageseinrichtungen umfasst und die Grundlage für eine Zertifizierung bietet.

Auf kommunaler Ebene ist der KGSt-Bericht (2/2001) zum Kommunalen Qualitätsmanagement von Bildung, Erziehung und Betreuung in Kindertageseinrichtungen für Kinder als Orientierungsrahmen zu nennen, der eine Systematik zur Messung von Qualität beschreibt, jedoch kein konkretes Qualitätsmanagementkonzept empfiehlt und sich gegen Zertifizierung und für eine Selbstbewertung ausspricht (vgl. ebd., S. 17).

Qualitätskatalog: Qualitätsmanagement

Qualitätsziele aus Trägersicht

- Optimierung der Trägerleistung
- Transparenz der Arbeitsprozesse
- Effizienzverbesserung und Effektivitätskontrolle der Trägerarbeit
- Selbstkontrolle, Handlungssicherheit und Fehlervermeidung

Trägeraufgaben

Qualitätslenkung und Qualitätssicherung

- Klärung und Entwicklung von Qualitätszielen und Kriterien
- Schaffung von verbindlichen Standards für einzelne Arbeitsbereiche
- Beschreibung von Zielen und Arbeitsprozessen (z. B. Checklisten, Leitfäden oder Handbuch)

Die Grundlage des Qualitätsmanagements bilden Qualitätsziele und -kriterien, die durch Dokumentations- und Verbesserungsverfahren in ihrer Umsetzung überprüft und weiterentwickelt werden können. Qualitätsziele und -kriterien sind die Voraussetzung, um Qualitätsstandards zu formulieren, die in der Träger- und Einrichtungsarbeit gelten sollen. Zu Verbreitung und Umsetzung der Qualitätsstandards ist es hilfreich, sowohl die Qualitätsziele als auch die entsprechenden Arbeitsabläufe in Checklisten, Leitfäden oder in Handbüchern zu beschreiben. Auf diese Weise können die Informationen allen Mitarbeitern und Mitarbeiterinnen zur Verfügung gestellt werden.

Qualitätsplanung und kontinuierliche Verbesserung

- Festlegen von Verfahren für die Umsetzung und Überprüfung der Zielerreichung (z. B. Qualitätszirkel)
- Bewerten von Abläufen und Veränderungen
- Qualitätsstandards aktualisieren, anpassen

Die Einführung von Instrumentarien der Qualitätsverbesserung wie Qualitätszirkel (➤ Anhang D – Glossar) oder Verbesserungsprojekte fördern die Dynamik der Trägerarbeit. Dann gilt es, Arbeitsabläufe und Veränderung mit Hilfe von festgelegten Verfahren und verantwortlichen Personen (z. B. Qualitätszirkel, Qualitätsbeauftragte (➤ Anhang D – Glossar)) zu überprüfen und zu bewerten. Die Anpassung der Qualitätsstandards an die aktuelle Situation des Trägers ist ein weiterer Schritt im Rahmen des Qualitätsmanagements.

Qualitätssteuerung: Maßnahmen und Verfahren

- Dokumentation (➛ Anhang D – Glossar) von träger- und einrichtungsbezogenen Arbeitsprozessen
- Qualifizierung des Personals
- Beteiligung und Einbeziehung von beratenden Experten
- Überprüfen der Ziele des Qualitätsmanagements (Controlling (➛ Anhang D – Glossar), Evaluation (➛ Anhang D – Glossar))

Exemplarische Qualitätskriterien

1 Der Träger verfügt über ein Konzept von Qualitätsmanagement für den Trägerbereich.
2 Qualitätsgrundsätze und -ziele der Trägerarbeit werden in Zusammenarbeit mit den beteiligten Mitarbeiterinnen und Mitarbeitern vereinbart.
3 Der Träger sorgt für verbindliche Qualitätsstandards für die verschiedenen Bereiche der Trägerarbeit.
4 Der Träger sorgt für die Überprüfung der vereinbarten Qualitätsziele im Trägerbereich.
5 Verfahren der Qualitätsverbesserung werden als feste Bestandteile in die Trägerarbeit einbezogen.
6 Der Träger sorgt für ein Konzept von Qualitätsmanagement für die Kindertageseinrichtung.
7 Qualitätsgrundsätze und -ziele der Einrichtungsarbeit werden in Zusammenarbeit mit den beteiligten Mitarbeiterinnen und Mitarbeitern vereinbart.
8 Qualitätsstandards für die Kindertageseinrichtung werden vom Träger in Zusammenarbeit mit der jeweiligen Kindertageseinrichtung festgelegt.
9 Der Träger sorgt für verschiedene Dokumentationsformen über die Qualitätsprozesse in der Kindertageseinrichtung.
10 Verfahren der Qualitätsverbesserung werden als feste Bestandteile in die Einrichtungsarbeit einbezogen.

Pamela Oberhuemer

TQ-Dimension 4: Personalmanagement

Was ist Personalmanagement aus Trägersicht?

Träger von Kindertageseinrichtungen sind Arbeitgeber und damit verantwortlich für das Personal in ihren Einrichtungen. Zentrale Aufgaben des Personalmanagements sind Personalplanung und Personalführung, Personalentwicklung (➤ Anhang D – Glossar) sowie Personalcontrolling (➤ Anhang D – Glossar) und Personalverwaltung.

Ein erfolgreiches Personalmanagement setzt eine klar geregelte Zusammenarbeit zwischen Träger und Mitarbeiterteam voraus. Es ist Trägeraufgabe, die arbeitsteiligen Befugnisse und Verantwortlichkeiten zu klären. Die Einrichtungsleitung hat dabei eine Schlüsselrolle in der Umsetzung des Personalkonzepts. Gerade im Bereich Personalpolitik und Personalmanagement sind die Leitungskräfte zentrale Funktionsträger, die an gesamtbetrieblichen Planungs-, Entscheidungs- und Umsetzungsprozessen beteiligt sind. Hier ist die sorgfältige Personalauswahl von Trägerseite eine wichtige Voraussetzung für eine gut funktionierende Tageseinrichtung.

Anforderungen an das Personal: Was der Träger wissen sollte

Das berufliche Anforderungsprofil von Erzieherinnen und Erziehern unterliegt einem grundsätzlichen qualitativen Wandel. Die vielfältigen Lebensrealitäten von Kindern und Familien und die sehr unterschiedlichen Bedingungen des Aufwachsens in Familie, Nachbarschaft und Tageseinrichtung stellen neue Herausforderungen an eine differenzierende pädagogische Arbeit. Auch die Zielvorgaben des Kinder- und Jugendhilfegesetzes fordern ein Rollenverständnis bei den pädagogischen Fachkräften, das weit über das bisher gängige Berufsprofil in Ausbildung und Öffentlichkeit hinausgeht. Einschlägige Gremien weisen schon seit einigen Jahren auf die Erweiterung des Aufgabenspektrums des pädagogischen Personals in Kindertageseinrichtungen hin (vgl. BMFSFJ, 1998; AGJ, 1998; Forum Bildung, 2001), die meist in Forderungen nach einer Reform der Erzieherinnenausbildung münden.

Der soziokulturelle Kontext der Bildungs- und Erziehungsarbeit sowie aktuelle fachwissenschaftliche Kenntnisse über Entwicklungs- und Lernprozesse von Kindern (vgl. Fthenakis & Oberhuemer, in Druck) legen eine individualisierende und co-konstruktive Arbeit mit den Kindern (und Familien) nah, die die Chancen von sozialen Gruppenprozessen nutzt. Zudem werden in der aktuellen Bildungsdebatte spezifische fachliche Forderungen an den Beruf formuliert: Erzieherinnen und Erzieher sollen die Sprachentwicklung der Kinder effektiver begleiten, die lernmethodische Kompetenz fördern, naturwissenschaftliche Kenntnisse vermitteln, und einiges mehr.

Demzufolge sind die Anforderungen an das Berufsprofil der pädagogischen Fachkräfte vielseitig und komplex. Dazu gehören (vgl. Oberhuemer, 1998; 2001b):

- die Individualität der Kinder vor dem Hintergrund einer wachsenden Vielfalt von Entwicklungsbedingungen und Familienkulturen wahrnehmen und entsprechende Bildungs- und Lernprozesse anregen, begleiten und reflektieren;
- an der Entwicklung einer Einrichtungskonzeption mitwirken, diese gegebenenfalls mit staatlichen Bildungsvorgaben abstimmen und selbstbewusst nach außen darstellen;
- eine partnerschaftliche Beziehung zu den Eltern aufbauen, verbunden mit einem klaren Bild über die jeweils unterschiedlichen Kompetenzen, die beide Seiten in einen co-konstruktiven Bildungs- und Erziehungsprozess einbringen;
- die eigenen Einstellungen, pädagogischen Ziele und Arbeitsformen kontinuierlich und kritisch reflektieren;
- Mütter und Väter regelmäßig in einrichtungsbezogene Planungs- und Entscheidungsprozesse einbinden;
- zielgruppenorientierte Familienangebote organisieren sowie Elternnetzwerke unterstützen;

- Verbindungen zu Fach- und Beratungsdiensten, zu Ausbildungsstätten, Grundschulen und weiteren fachbezogenen und kulturellen Organisationen in der Region aufbauen und entsprechende Formen der Zusammenarbeit entwickeln;
- sich mit verschiedenen Ansätzen der Qualitätsentwicklung und Evaluation (Selbstevaluation, kollegiale Einzel- und Teamberatung, externe Evaluation) auseinander setzen und diese für die eigene Professionalisierung sowie die Weiterentwicklung der Einrichtung nutzen;
- sich in kommunalpolitischen Gremien für die Belange von Kindern engagieren;
- das Profil der Einrichtung kontinuierlich mit den Beteiligten vor Ort (Eltern, Träger, Jugendamt, Kommunalpolitikern, interessierten Bürgern) reflektieren und weiterentwickeln.

Es liegt in Trägerverantwortung, dieses Anforderungsprofil im Blick zu haben, damit das pädagogische Personal entsprechend in der Erfüllung der vielfältigen Aufgaben unterstützt werden kann. Dazu gehören zum Beispiel förderliche Arbeitsbedingungen, Klärung von Rechten und Pflichten der Mitarbeiterinnen und Mitarbeiter, Aufgabenbeschreibungen, transparente Kommunikationsstrukturen zwischen Träger und Einrichtung, ein klares Personalentwicklungskonzept sowie gezielte Qualifizierungsmaßnahmen.

Im Vergleich zum anspruchsvollen Katalog beruflicher Anforderungen sind die Bestimmungen des KJHG in Sachen Fachpersonal recht unverbindlich. Für die Fachkräfte in Kindertageseinrichtungen werden keine expliziten Forderungen mit Blick auf Ausbildungsniveau oder fachliche Richtung gestellt.

§ 72 Abs. 1 SGB VIII (KJHG):
Mitarbeiter, Fortbildung

Die Träger der öffentlichen Jugendhilfe sollen bei den Jugendämtern und Landesjugendämtern hauptberuflich nur Personen beschäftigen, die sich für die jeweilige Aufgabe nach ihrer Persönlichkeit eignen und eine dieser Aufgabe entsprechende Ausbildung erhalten haben (Fachkräfte) oder aufgrund besonderer Erfahrungen in der sozialen Arbeit in der Lage sind, die Aufgabe zu erfüllen. Soweit die jeweilige Aufgabe dies erfordert, sind mit ihrer Wahrnehmung nur Fachkräfte oder Fachkräfte mit entsprechender Zusatzausbildung zu betrauen. Fachkräfte verschiedener Fachrichtungen sollen zusammenwirken, soweit die jeweilige Aufgabe dies erfordert.

Fachlichkeit wird über »Persönlichkeit« und eine (unspezifizierte) »Ausbildung« definiert, die mit »besonderen Erfahrungen in der sozialen Arbeit« gleichgesetzt werden. Das Gesetz verzichtet damit auf eine klare und bundesweit geltende Reglementierung der Personalfrage. Dies bleibt Aufgabe der landesrechtlichen Regelungen, die bekanntlich sehr unterschiedlich sind (➛ Anhang B – Ausgewählte landesrechtliche Vorgaben). Auch bei den Empfehlungen der Trägerorganisationen gibt es wenige Orientierungsvorgaben in Personalfragen (➛ Anhang A – Empfehlungen und Vorgaben der Trägerorganisationen). Mit Blick auf berufsbegleitende Fortbildung und professionelle Entwicklung sind die Angaben im KJHG auch recht ungenau. Hier werden lediglich die Träger der öffentlichen Jugendhilfe mit der Fortbildung und Beratung der »Jugendamtsmitarbeiter« beauftragt.

§ 72 Abs. 3 SGB VIII (KJHG):
Mitarbeiter, Fortbildung

Die Träger der öffentlichen Jugendhilfe haben Fortbildung und Praxisberatung der Mitarbeiter des Jugendamts und des Landesjugendamts sicherzustellen.

Bei freiwillig Engagierten (Ehrenamtlichen) in ihrem Verantwortungsbereich haben sowohl öffentliche als auch freie Träger die Aufgabe, diese Personen fachlich zu unterstützen.

§ 73 SGB VIII (KJHG):
Ehrenamtliche Tätigkeit

In der Jugendhilfe ehrenamtlich tätige Personen sollen bei ihrer Tätigkeit angeleitet, beraten und unterstützt werden.

Weitere Rechtsvorschriften, die für den Bereich »Personalmanagement« relevant sind, sind zum Beispiel das Betriebsverfassungsgesetz (BetrVG), das Bundesdatenschutzgesetz (BDSchG) sowie die bundeseinheitlichen Tarifverträge (z. B. BAT) (➛ Anhang B – Ausgewählte landesrechtliche Vorgaben).

Weiterentwicklung des Personalmanagements

Personalentwicklung und Personalförderung sind Aspekte der Trägeraufgabe, die erst in den letzten Jahren differenziert diskutiert wurden.

Noch heute gibt es wenig verbindliche und – wie oben bereits angedeutet – kaum bundeseinheitliche Orientierungsvorgaben in Personalfragen. Hier gibt es grundsätzlich noch Entwicklungsbedarf. An dieser Stelle werden exemplarisch drei Themenfelder aufgegriffen, die zu einer weiteren Qualifizierung des Feldes beitragen können:

- Personalbedarfsplanung
- Aufgabenbeschreibungen
- Einstellung von Männern in Kindertageseinrichtungen

(1) Personalbedarfsplanung

In Fragen der Personalbedarfsplanung liegt es in Trägerverantwortung, die vorhandenen personellen Ressourcen mit dem vorauszusehenden Entwicklungsbedarf der Einrichtung zu vereinbaren. Folgende Leitfragen können dazu eine Orientierung bieten.

Personalbedarfsplanung: exemplarische Leitfragen

1. Über welche fachlichen Kenntnisse und Fähigkeiten, die für den Arbeitsbereich von Bedeutung sind, verfügen die Mitarbeiter und Mitarbeiterinnen?
2. Welche Konsequenzen ergeben sich aus den betrieblichen Anforderungen für die Stellenbeschreibungen und Stellenanforderungsprofile?
3. Wo sind bei den Mitarbeiter und Mitarbeiterinnen Potentiale vorhanden, die entwickelt und sinnvoll für eine qualifiziertere Tätigkeit genutzt werden können?
4. Welche künftigen Anforderungen sind zu erwarten und wie können die Mitarbeiter und Mitarbeiterinnen für Weiterbildung und Qualifizierung motiviert werden?
5. Wie lassen sich das Fähigkeits- und Interessenprofil der Mitarbeiter und Mitarbeiterinnen und das Anforderungsprofil der Stelle am besten in Einklang bringen?
6. Wie lassen sich Arbeitsqualität und Arbeitszufriedenheit verbessern?
7. Welche Maßnahmen sind geboten, um im Interesse der Mitarbeiter und Mitarbeiterinnen und zum Nutzen des Betriebes einen sowohl ökonomischen wie auch humanen Personaleinsatz zu erreichen?

(vgl. Schwarz & Beck, 1997, S. 19)

(2) Aufgabenbeschreibungen

Nur wenige Kindertageseinrichtungen verfügen über detaillierte Beschreibungen der Aufgabenfelder und -zuständigkeiten der Mitarbeiter und Mitarbeiterinnen. Ein großer kommunaler Träger in Hamburg – die Vereinigung Hamburger Kindertagesstätten e. V. – hat Stellenprofile für leitende Fachkräfte, für Erziehungsfachkräfte und für das hauswirtschaftliche Personal in Kindertageseinrichtungen formuliert. Als innovatives Beispiel wird die Aufgabenbeschreibung für Kita-Leiterinnen (KL), Leitungsvertreterinnen (LV) und Pädagogische Abteilungsleiterinnen (AL) im Anhang A (Empfehlungen und Vorgaben der Trägerorganisationen) dargestellt.

(3) Einstellung von Männern in Kindertageseinrichtungen

Eines der 40 Qualitätsziele des »Netzwerks Kinderbetreuung der Europäischen Union« (1996, S. 24) – mit Empfehlung zur Umsetzung bis 2006 – ist, dass 20 % des Personals in Kindertageseinrichtungen Männer sein sollten. In der OECD-Analyse der Kindertagesbetreuung und vorschulischen Bildung in zehn europäischen und zwei außereuropäischen Ländern (OECD, 2001) kann man nachlesen, wie Norwegen und Dänemark versuchen, mehr Männer für die Arbeit in Kindertageseinrichtungen zu interessieren. Ausgangspunkt ist die Überzeugung, dass Kinder in den ersten Lebensjahren vom Umgang mit beiden Geschlechtern profitieren, dass sie nicht nur weibliche, sondern auch männliche Rollenmodelle brauchen. Es werden verschiedene Maßnahmen durchgeführt, um junge Männer auf den Beruf aufmerksam zu machen und um die wenigen Männer, die im Beruf sind, zu unterstützen. In Norwegen wurde 1996 beispielsweise ein »Aktionsplan für die Anwerbung und Erhaltung von Männern in Kindertageseinrichtungen« verabschiedet. Diese Initiative sieht Maßnahmen auf der national-staatlichen, der regionalen (Land / Bezirk / Provinz), der lokalen (Kommune) und der institutionellen Ebene (Kita / Ausbildungsstätte) vor (Norwegian Ministry of Children and Family Affairs, 1998).

Diese Diskussion wird in Deutschland kaum geführt. Dabei ist dies eine Frage, die mit Blick auf eine geschlechtsbewusste Erziehung und das Recht der Kinder auf den Umgang mit Frauen und Männern in öffentlichen Institutionen wichtig ist. Bislang war aber der Erzieherberuf für Männer wenig interessant. Der Anteil von Männern ist in den westdeutschen Kindertageseinrichtungen zwar in den letzten Jahren leicht gestiegen (von 3,2 % im Jahr 1990 auf 5,4 % im Jahr 1998), in den ostdeutschen Bundesländern geht er aber leicht zurück (von 4,0 % im Jahr

1990 auf 3,6 % im Jahr 1998) und bleibt damit bundesweit auf einem niedrigen Niveau. Hier können Träger bei der Personaleinstellung neue Akzente setzen.

Qualitätskatalog: Personalmanagement

Qualitätsziele aus Trägersicht

- Fachkräfte, die die vielseitigen Aufgaben von Tageseinrichtungen (Kind-, Familien- und Gemeinwesenorientierung, Bildungs-, Erziehungs- und Betreuungsauftrag) qualifiziert bewältigen
- Leitungskräfte, die delegierte Aufgaben kompetent übernehmen und selbst initiativ sind
- Ein gut funktionierendes Personalteam
- Akzeptanz und Wertschätzung der Fachkräfte durch die Eltern
- Selbstbewusste Darstellung des Leistungsangebots nach außen
- Arbeitszufriedenheit und Motivation der Fachkräfte

Trägeraufgaben

Aufgabenbereich Personalplanung und -gewinnung

- Durchführung einer Bestandsanalyse zur Personalstruktur (Ausbildung, Alter, Geschlecht, individuelle und biographische Besonderheiten usw.)
- Erarbeitung eines bedarfsorientierten Planungskonzepts
- Festlegung von Strategien der Personalgewinnung
- Entscheidung über die Auswahlkriterien für spezifische Stellen
- Festlegung der Beteiligungsstrukturen bei Einstellungsgesprächen und der Personalauswahl
- Entscheidung über Stellenbesetzung(en)
- Einstellung von Personal

Personalbedarfsplanung und die damit verbundenen Aufgaben – z. B. die Analyse des Personal-Ist-Standes sowie ein bedarfsorientiertes Planungskonzept (➛ siehe »Personalbedarfsplanung: exemplarische Leitfragen«, S. 58) – gehören zum Kern der Trägerarbeit. Eine effektive Durchführung dieser Aufgaben kann nur in enger Zusammenarbeit mit den Leitungskräften der Tageseinrichtung gelingen.

Aufgabenbereich Personalführung und -aufsicht

- Klärung des Konzepts der Personalführung (z. B. Führungsstil, Beteiligungsstrukturen)
- Festlegung von Verfahren der Informationspolitik
- Festlegung von Rückmeldeverfahren (z. B. Mitarbeitergespräche)
- Konfliktmanagement, konstruktiver Umgang mit Fehlern
- Einführung von neuen Mitarbeitern und Mitarbeiterinnen
- Konzept für die Anleitung von Praktikantinnen und Praktikanten (inkl. Zusammenarbeit mit den Ausbildungsstätten)

Führungsqualität – auch Kenntnisse über die Auswirkungen verschiedener Führungsstile – ist nahezu synonym mit Trägerqualität. Eine zentrale Aufgabe jedes Personalführungskonzepts ist die Festlegung von transparenten Kommunikations-, Beteiligungs- und Entscheidungsstrukturen. Instrumente der Personalbeurteilung (z. B. Mitarbeitergespräche), des Konfliktmanagements (z. B. Teamsupervision) sowie der Einführung und Anleitung neuer Teammitglieder sind ebenso bei den Personalführungsaufgaben gezielt zu berücksichtigen.

Aufgabenbereich Personalentwicklung

- Erarbeitung eines Personalentwicklungskonzepts
- Erarbeitung von individuellen Personalentwicklungsprofilen
- Qualifizierung für die Übernahme von Funktionsstellen (Leitung, Praktikantenanleitung)
- Bestandsaufnahme von Fortbildungswünschen
- Beratung der Mitarbeiterinnen und Mitarbeiter in Fortbildungsfragen
- Mitentwicklung eines Fortbildungskonzepts für die Einrichtung

- Gewährleistung der personellen und materiellen Ressourcen für eine effektive Teilnahme an Fortbildungsveranstaltungen
- Entwicklung eines Konzepts für den Einsatz von Fachkräften mit »burn-out«-Symptomen
- Wahrnehmung der Ausbildungsfunktion der Tageseinrichtungen durch die Schaffung von Praktikantenstellen, die Sicherstellung einer qualifizierten Praktikantenanleitung sowie Kooperation mit Ausbildungsstätten
- Verabschiedungen

Personalentwicklung in Kindertageseinrichtungen fördert die Fach-, Sozial- und Managementkompetenz der Mitarbeiterinnen und Mitarbeiter. Sie umfasst Entwicklungsmaßnahmen der teamorientierten Laufbahnplanung sowie der individuellen Fort- und Weiterbildung mit Blick auf gegenwärtige und vorhersehbare strukturelle und inhaltliche Arbeitsplatzanforderungen. Dabei geht es aus Trägersicht angesichts ständiger Veränderungsprozesse um die kontinuierliche Sicherstellung einer Balance zwischen Mitarbeiterpotential und Anforderungen des Arbeitsfeldes.

Leistungsanreize können als Maßnahme zur Verankerung qualifizierter Praxis gesehen werden. Mögliche Leistungsanreize können sein: die Übertragung von Verantwortung für spezifizierte Aufgabenbereiche (z. B. Qualitätsbeauftragte), die Freistellung für definierte Aufgaben (z. B. für die Durchführung kollegialer Fortbildung), oder die Finanzierung von Weiterbildungsangeboten in nichtpädagogischen Bereichen (z. B. Betriebswirtschaft).

Aufgabenbereich Personalcontrolling

- Kontinuierliche Überprüfung der Qualifikations- und Ausbildungsstruktur bzw. der vorhandenen Kompetenzen
- Planung des Fort- und Weiterbildungsbudgets
- Analysen der Arbeitszufriedenheit
- Überprüfung der Fluktuationsrate
- Überprüfung der Krankheitsquote

Personalcontrolling ist eine Querschnittsfunktion des Trägers. Sie unterstützt die Planung, Steuerung, Kontrolle und Informationsversorgung aller Personalmaßnahmen – sowohl aus quantitativer als auch aus qualitativer Sicht.

Aufgabenbereich Personalverwaltung

- Arbeitsverträge, Stellen-/Aufgabenbeschreibungen
- Gehälter, Personalkostenzuschüsse
- Anträge der Mitarbeiter und Mitarbeiterinnen (Dienstbefreiung, Dienstreisen, Kuraufenthalte usw.)
- Urlaubsregelungen, Vertretungseinsätze
- Einstellungs- und Versetzungsvorschläge
- Beurteilung der Auszubildenden
- Jubiläen

Alle Maßnahmen der Personalverwaltung sind Teil der Trägerarbeit, wobei einzelne Aufgaben an die Leitung – mit klar umrissener Aufgabenverteilung – delegiert werden können.

Qualitätssteuerung: Maßnahmen und Verfahren

- Festlegung von Aufgaben (z. B. Stellen- und Aufgabenbeschreibungen; Geschäftsverteilungsplan)
- Festlegung von Entscheidungskompetenzen in Personalfragen (z. B. Delegierung von Personalführungsaufgaben an die Leitung bzw. an einzelne Mitglieder des Personalteams)
- Regelung der Kommunikationsstrukturen (z. B. Dienstbesprechungszeiten, turnusmäßige Mitarbeitergespräche)
- Beteiligung von Mitarbeiterinnen und Mitarbeitern an Entscheidungsprozessen (z. B. durch Vorschlagswesen / Rückmeldeverfahren)
- Sicherung von qualifizierter Fortbildung (z. B. durch Regelung für Freistellung und Kostenübernahme, Fortbildungsplanungsgespräche, Weitergabe von Fortbildungsprogrammen)
- Regelung von Personalentwicklungsmaßnahmen

Exemplarische Qualitätskriterien

1 Der Träger führt regelmäßige Erhebungen zu Personalstand und Personalstruktur in den Kindertageseinrichtungen durch.

2 Es gibt Arbeitsplatzbeschreibungen für die verschiedenen Funktionen / Berufsgruppen.

3 Der Träger nutzt verschiedene Strategien, um neues Personal für die Kindertageseinrichtung zu gewinnen.
4 Der Träger regelt die Beteiligungsstrukturen bei der Personalauswahl.
5 Es gibt eine schriftliche Vereinbarung zwischen Träger und Leitung über die Personalverantwortung für Mitarbeiterinnen und Mitarbeiter in der Kindertageseinrichtung.
6 Der Träger hat ein transparentes Personalentwicklungskonzept, das allen Mitarbeiterinnen und Mitarbeitern bekannt ist.
7 Der Träger sorgt dafür, dass zielorientierte Jahresgespräche mit den einzelnen Mitarbeiterinnen und Mitarbeiter durchgeführt werden.
8 Der Träger stimmt den Fortbildungsbedarf mit der Kindertageseinrichtung ab.
9 Der Träger informiert die Kindertageseinrichtung über verschiedene Fortbildungsangebote.
10 Der Träger sichert die Teilnahme der pädagogischen Fachkräfte an Fortbildungen.
11 Der Träger sorgt für entsprechende Schulung bei der Übernahme von Funktionsstellen.
12 Der Träger unterstützt Maßnahmen der Teamentwicklung.
13 Der Träger gewährleistet die Ausbildungsfunktion der Kindertageseinrichtung.
14 Der Träger hat ein differenziertes Konzept zur Anleitung von Praktikantinnen und Praktikanten.
15 Der Träger überprüft regelmäßig, ob die Ziele der Personalmanagementaufgaben erreicht werden.
16 Der Träger honoriert qualifizierte Praxis durch Leistungsanreize.

Inge Schreyer

TQ-Dimension 5: Finanzmanagement

Einführung

Kindertageseinrichtungen werden überwiegend aus öffentlichen Mitteln finanziert, an denen sich das jeweilige Bundesland, die Kommune und der Träger beteiligen. Elternbeiträge komplettieren die Finanzierung. Nach dem gesetzlich verankerten Subsidiaritätsprinzip (➛ Anhang D – Glossar) wird ein bedeutender Teil der Sozial- und Jugendhilfe durch die freien Träger (➛ Anhang D – Glossar) realisiert, was hauptsächlich mittels einer öffentlichen Förderung erfolgt. In den §§ 74 und 78 des KJHG werden die Grundlagen der Finanzierung normiert.

§ 74 Abs. 3 SGB VIII (KJHG): Förderung der freien Jugendhilfe

Über die Art und Höhe der Förderung entscheidet der Träger der öffentlichen Jugendhilfe im Rahmen der verfügbaren Haushaltsmittel nach pflichtgemäßem Ermessen. Entsprechendes gilt, wenn mehrere Antragsteller die Förderungsvoraussetzungen erfüllen und die von ihnen vorgesehenen Maßnahmen gleich geeignet sind, zur Befriedigung des Bedarfs jedoch nur eine Maßnahme notwendig ist. Bei der Bemessung der Eigenleistung sind die unterschiedliche Finanzkraft und die sonstigen Verhältnisse zu berücksichtigen.

§ 78b SGB VIII (KJHG): Voraussetzungen für die Übernahme des Leistungsentgelts

Wird die Leistung ganz oder teilweise in einer Einrichtung erbracht, so ist der Träger der öffentlichen Jugendhilfe zur Übernahme des Entgelts gegenüber dem Leistungsberechtigten verpflichtet, wenn mit dem Träger der Einrichtung oder seinem Verband Vereinbarungen über 1. Inhalt, Umfang und Qualität der Leistungsangebote (Leistungsvereinbarung), 2. differenzierte Entgelte für die Leistungsangebote und die betriebsnotwendigen Investitionen und 3. Grundsätze und Maßstäbe für die Bewertung der Qualität der Leistungsangebote sowie über geeignete Maßnahmen zu ihrer Gewährleistung (Qualitätsentwicklungsvereinbarung) abgeschlossen worden sind.

Detaillierte Modalitäten der Finanzierung wie z. B. die Höhe der Elternbeiträge, werden im § 90 des KJHG beschrieben (siehe unten). Neben diesen, für alle Bundesländer verbindlichen, gesetzlichen Regelungen ist die Finanzierung von Kindertageseinrichtungen je nach Land und Träger sehr unterschiedlich geregelt.

Zuschüsse der Länder

Die Länder werden vor allem durch den § 82 KJHG in die Verantwortung genommen.

§ 82 Abs. 2 SGB VIII (KJHG): Aufgaben der Länder

Die Länder haben auf einen gleichmäßigen Ausbau der Einrichtungen und Angebote hinzuwirken und die Jugendämter und Landesjugendämter bei der Wahrnehmung ihrer Aufgaben zu unterstützen.

In Landesgesetzen und Rechtsverordnungen der einzelnen Bundesländer werden außerdem die Aufgaben- und Finanzierungsverteilungen im Hinblick auf Kindertageseinrichtungen geklärt. Auch hier sind die finanziellen Beteiligungen unterschiedlich hoch und verschiedenartig geregelt: Zum Beispiel werden in Baden-Württemberg die bezuschussungsfähigen Kosten vom Land übernommen; in Bayern wird je ein Drittel der Gesamtkosten für neue Kindergärten von Staat, Kommune und freiem Träger getragen (Art. 23 BayKiG) (➛ Anhang C – Kita-Gesetze der Länder), außerdem übernimmt das Land förderfähige Personalkosten. In Mecklenburg-Vorpommern trägt das Land die angenommenen Betriebskosten, in Brandenburg existiert eine pauschale Finanzierung. Das Land Sachsen-Anhalt stellt den örtlichen Trägern der öffentlichen Jugendhilfe einen festgesetzten Betrag zur zweckgebundenen Finanzierung der Tagesbetreuung zur Verfügung, den diese an die Leistungsverpflichteten auszahlen. Zudem gewährt der örtliche Träger der öffentlichen Jugendhilfe aus eigenen Mitteln eine Zuwendung von 53 % der auf ihn entfallenen Landeszuwendung (§ 11, Abs. 1, 2 KiFöG) (➛ Anhang C – Kita-Gesetze der Länder).

Anteile der Jugendämter und/oder Gemeinden

In Baden-Württemberg, Bayern, Brandenburg, Mecklenburg-Vorpommern, Niedersachsen, Saarland, Sachsen-Anhalt und Schleswig-Holstein (Prott, 2001, S. 71) sind die Gemeinden verpflichtet, Kindertageseinrichtungen mitzufinanzieren, in Thüringen sind sie neben dem Land Hauptfinanzträger. Für die Einrichtungen, die sich in Trägerschaft von Gemeinden befinden, müssen diese auf jeden Fall den Trägeranteil aufbringen.

Das Jugendamt ist in fast allen Ländern örtlicher Träger der öffentlichen Jugendhilfe (➛ Anhang D – Glossar) und als solcher Hauptfinanzierungsträger. Der Mindestfinanzierungsanteil wird in der Regel durch die entsprechenden Kindertagesstättengesetze geregelt.

Eigenanteile der freien Träger

Die Eigenanteile der freien Träger sind durch § 74 KJHG geregelt.

§ 74 Abs. 1 SGB VIII (KJHG): Förderung der freien Jugendhilfe

Die Träger der öffentlichen Jugendhilfe sollen die freiwillige Tätigkeit auf dem Gebiet der Jugendhilfe anregen; sie sollen sie fördern, wenn der jeweilige Träger 1. die fachlichen Voraussetzungen für die geplante Maßnahme erfüllt, 2. die Gewähr für eine zweckentsprechende und wirtschaftliche Verwendung der Mittel bietet, 3. gemeinnützige Ziele verfolgt, 4. eine angemessene Eigenleistung erbringt und die Gewähr für eine den Zielen des Grundgesetzes förderliche Arbeit bietet. Eine auf Dauer angelegte Förderung setzt in der Regel die Anerkennung als Träger der freien Jugendhilfe nach § 75 voraus.

Die Höhe dieser Eigenleistung des Trägers wird im einzelnen in den Ländergesetzen bestimmt. Oftmals wird dies trägerspezifisch festgelegt. So bestimmt z. B. der § 18 des Dritten Gesetzes zur Ausführung des SGB VIII (2000) für Bremen, dass die Eigenleistungen der Träger »angemessen« sein müssen und »das Nähere über die Voraussetzungen, die Art, die Höhe und das Verfahren der Zuwendungen zu den Ausgaben für den Bau und die Ausstattung, zu den laufenden Ausgaben einer Tageseinrichtung und zu den Eigenleistungen der Träger durch die Stadtgemeinden nach Anhörung der freien Träger geregelt wird.« (➛ Anhang A – Empfehlungen und Vorgaben der Trägerorganisationen). Bislang waren mit »angemessenen Kosten« ca. 30 bis 40 % der laufenden Kosten der Kindertageseinrichtungen gemeint, Elternbeiträge mit eingerechnet.

Seit der Einführung des Rechtsanspruchs auf einen Kindergartenplatz häufen sich die Diskussionen, ob nicht die öffentlichen Zuschüsse erhöht werden müssen. Einige freie Träger argumentierten, dass sie Leistungen erbringen, zu der eigentlich die öffentliche Jugendhilfe verpflichtet ist (Prott, 2001, S. 70) und konnten so geringere Eigenbeteiligungen aushandeln. Viele freie Trägerorganisationen halten in ihren eigenen Richtlinien die Umsetzung der Finanzierung einer Kindertageseinrichtung fest (➛ Anhang A – Empfehlungen und Vorgaben der Trägerorganisationen).

Elternbeiträge

Elternbeiträge sind im § 90 des KJHG durch eine »Kann-Bestimmung« geregelt, d. h. die Erhebung von Beiträgen, auf deren Höhe in den Kindertagesstättengesetzen oder in Trägerrichtlinien (➛ Anhang A – Empfehlungen und Vorgaben der Trägerorganisationen) Bezug genommen wird, ist nicht zwingend vorgeschrieben.

§ 90 SGB VIII (KJHG): Erhebung von Teilnahmebeiträgen

(1) Für die Inanspruchnahme von Angeboten 1. der Jugendarbeit nach § 11, 2. der allgemeinen Förderung der Erziehung in der Familie nach § 16, Abs. 1, Abs. 2 Nr. 1 und 3. der Förderung von Kindern in Tageseinrichtungen nach §§ 22, 24 können Teilnahmebeiträge oder Gebühren festgesetzt werden. Landesrecht kann eine Staffelung der Teilnahmebeiträge und Gebühren, die für die Inanspruchnahme der Tageseinrichtungen für Kinder zu entrichten sind, nach Einkommensgruppen und Kinderzahl oder der Zahl der Familienangehörigen vorschreiben oder selbst entsprechend gestaffelte Beiträge festsetzen.
(3) Im Fall des Absatzes 1 Nr. 3 soll der Teilnahmebeitrag oder die Gebühr auf Antrag ganz oder teilweise erlassen oder vom Träger der öffentlichen Jugendhilfe übernommen werden, wenn die Belastung den Eltern und dem Kind nicht zuzumuten ist. [...].

In der Regel sind in den meisten Bundesländern die Elternbeiträge einkommensabhängig. Seit den 70er Jahren wurde die Beitragsfreiheit immer wieder diskutiert, doch durch die Sparzwänge vor allem im sozialen Bereich konnte dies nicht verwirklicht werden. In einigen Bundesländern werden in letzter Zeit neue Lösungen diskutiert, so übernimmt z. B. der saarländische Landtag seit August 2000 den Elternbeitrag für Kinder, die das letzte Kindergartenjahr vor dem Wechsel in die Grundschule besuchen (http://www.bildung.saarland.de/1501.htm).

Weitere zu finanzierende Kosten

Auch die zu finanzierenden Investitionskosten (➛ Anhang D – Glossar) und Betriebskosten (➛ Anhang D – Glossar) weisen hohe länderspezifische Unterschiede auf:

Investitionskosten

Nach einer Schätzung von Kreyenfeld et al. (2001) tragen freie Träger im Durchschnitt etwa 50 % der Investitionskosten. In Bayern gewährt der Staat Trägern von Horten Investitionszuschüsse von 25 % der förderfähigen Kosten. Das Land Thüringen trägt max. 50 % der Investitionskosten. In diesem Rahmen gewähren Land und Gemeinden den Trägern einen Zuschuss zu den Investitionskosten nach Maßgabe des Haushalts (§ 14, KitaG). In Rheinland-Pfalz übernehmen Träger und Jugendamt Bau- und Investitionskosten. Dazu besteht die Möglichkeit eines freiwilligen Landeszuschusses. Das Land Sachsen-Anhalt und die örtlichen Träger der öffentlichen Jugendhilfe fördern auf Antrag im Rahmen der verfügbaren Haushaltsmittel zur Erfüllung des Betreuungsbedarfs die Investitionskosten von Kindertageseinrichtungen (§ 12, KiFöG).

Betriebskosten

Diese setzen sich in der Regel aus den Personal- und Sachkosten zusammen, die beim Betrieb einer Tageseinrichtung für Kinder anfallen. Kreyenfeld et al. (2001) vermuten, dass freie Träger ca. 10 % der Betriebskosten aus eigenen Mitteln finanzieren. In Bayern werden z. B. förderfähige Personalkosten bei freien Trägern von Kindergärten mit 40 % durch den Freistaat bezuschusst und zum gleichen Anteil von der Kommune unterstützt. Der Freistaat Thüringen trägt die Kosten für Praktikanten und Praktikantinnen und 40 % bis 50 % der Kosten des sonstigen anerkannten Fachpersonals. In Rheinland-Pfalz übernimmt das Land 27,5 % bis 35 % der Personalkosten, wobei auf den Träger 10 % bis 15 % entfallen und bis zu 17,5 % durch Elternbeiträge abgedeckt werden; den noch verbleibenden Anteil übernimmt der Träger des Jugendamtes. Für die Sachkosten muss der Träger in Rheinland-Pfalz zu 100 % aufkommen. In Sachsen-Anhalt erstattet ein Leistungsverpflichteter einem freien Träger auf Antrag die Betriebskosten, abzüglich der Elternbeiträge und eines Eigenanteils von ca. 5 % der Gesamtkosten (§ 11, 4 KiFöG).

Neuere Entwicklungen

Der gesellschaftliche Wandel sowohl in den Familienstrukturen als auch auf dem Arbeitsmarkt hat bei der Kindertagesbetreuung zu geänderten Ansprüchen geführt. Nur flexible, auf unterschiedlichste Bedürfnisse ausgerichtete, Betreuungsangebote können diesen neuen Anforderungen gerecht werden. In Zukunft werden herkömmlich starre Modelle nicht mehr ausreichen, um dieser veränderten Nachfrage zu genügen. Dafür werden jedoch mehr als die vorgesehenen Finanzmittel nötig sein. In Deutschland wurden 1998 für die Betreuung von 3- bis 6-Jährigen 0,36 % des Bruttoinlandsprodukts ausgegeben (OECD, 2001, S. 189); Deutschland belegt damit in der europäischen Rangreihe einen Platz im letzten Drittel.

In diesen Zeiten knapper öffentlicher Mittel und äußerster Sparsamkeit im sozialen Bereich werden deshalb neue Modelle zur Finanzierung von Kindertageseinrichtungen verstärkt diskutiert. Als ein neueres Finanzierungsmodell kann beispielsweise das Hamburger Gutscheinmodell genannt werden: Hier »bezahlen« die Eltern die Leistungen einer Kindertageseinrichtung mit Gutscheinen, die sie von der Kommune erhalten. Die Kindertageseinrichtungen bekommen dann, abhängig von der Anzahl der Gutscheine, Zuschüsse von den Kommunen. In Hamburg z. B. erhalten die Eltern mit der Vergabe des so genannten »Kita-Gutscheins« das verbriefte Recht auf eine bestimmte Anzahl von Betreuungsstunden (http://www.kitas-hamburg.de/).

In Bayern wird im Rahmen eines mehrjährigen Modellprojektes ein neuer Weg zur Förderung von Kindertageseinrichtungen erprobt (http://www.iska-nuernberg.de). Eines der Ziele ist es, Ungerechtigkeiten der Förderung zu verringern, die sich aus der verschiedenen Auslastung der Einrichtungen ergibt. Dabei wird eine Umwandlung von der Gruppenförderung zur Pro-Kopf-Finanzierung in Betracht gezogen. Diese Förderung erfolgt als Leistungspauschale und berücksichtigt die Nutzungszeiten.

Welche Verantwortung hat der Träger?

Finanzmanagement ist ein Bereich, in dem der Träger insofern wenig Autonomie hat, da viele Gesetze und Vorschriften beachtet werden müssen. Trotz dieser Rahmenvorgaben ist es ein Ziel, Kindertageseinrichtungen bedarfsgerecht und kostendeckend zu betreiben. Dies setzt zunächst eine adäquate Bedarfsermittlung und Angebotsplanung voraus. Aufgrund unzureichender staatlicher Finanzierung impliziert »kostendeckend« aber auch innovative Bestrebungen beim Beschaffen von neuen Mitteln (z. B. Spenden, Social Sponsoring (➛ Anhang D – Glossar)); durch öffentliche Gelder wird in der Regel nur der Mindestbedarf gedeckt.

Viele Träger haben bereits damit begonnen, finanzielle Aufgaben in die Hände der Einrichtungsleitungen zu übergeben und damit den Übergang zur Budgetierung (➛ Anhang D – Glossar) eingeleitet. Hat sich der Träger dazu entschieden, muss er seiner Einrichtung zwar die entsprechenden Finanzmittel zur Verfügung stellen, die Gesamtverantwortung verbleibt jedoch weiterhin bei ihm. Durch Einsichtnahme in die schriftlichen Unterlagen der Einrichtungen kann er Einnahmen und Ausgaben verfolgen. Dies bedeutet, dass der Träger einerseits dafür sorgt, dass ihm selbst in seiner Eigenschaft und für seine Aufgabe als Rechtsträger genügend Finanzmittel zur Verfügung stehen. Andererseits muss er sich aber auch darum kümmern, dass für die Einrichtungen in seiner Verantwortung ausreichend Geld vorhanden ist, unabhängig davon, ob es als Budget (➛ Anhang D – Glossar) verwaltet wird oder nicht.

Ein Argument für die Budgetierung ist u. a., dass erfahrungsgemäß mit Geld, das eigenverantwortlich verwaltet wird, effizienter und sorgfältiger umgegangen wird als mit zugewiesenen Beträgen. Durch erweiterte Handlungsspielräume werden außerdem Eigeninitiative, Leistungsbereitschaft und Motivation zur Zielerreichung gefördert (vgl. Beck, 1999).

Der Prozess der Budgetierung (vgl. ebd.) umfasst zunächst die Vorausschätzung des Mittelbedarfs, sodann wird in einem Verhandlungsprozess zwischen einer Controlling-Institution und dem Budgetverantwortlichen das Budget und dessen zeitliche Verteilung festgelegt. Soll-Ist-Vergleiche erfolgen regelmäßig durch das Controlling, denen entweder eine Anpassung des Budgets an die Situation oder eine Anpassung der Steuerungsmaßnahmen an das Budget folgt. Als ein Verfahren zur Risikominderung bietet sich Finanz-Controlling (➛ Anhang D – Glossar) an, um gegebenenfalls bereits in Planungsphasen der Finanzierung kontrollieren und so die Steuerung der Umsetzung von Zielen gewährleisten zu können. Auch bei sozialen Organisationen sind Liquiditätssicherung und das Vorhalten einer Reserve probate Mittel, um finanzielle Engpässe zu vermeiden (vgl. ebd., S. 93ff).

Qualitätskatalog: Finanzmanagement

Qualitätsziele aus Trägersicht

- bedarfgerechtes, möglichst kostendeckendes, Betreiben der Kindertageseinrichtung
- effizientes Verwenden der Mittel
- Beschaffen von Mitteln

Trägeraufgaben

Finanzierungskonzept erstellen

- Kenntnisnahme der rechtlichen Vorgaben des Landes, Bundes, Trägerverbandes
- Kosten-Nutzen-Analyse (➛ Anhang D – Glossar) zur Kostenregulierung
- Haushaltsplan
- Finanz-Controlling

Um ein Finanzierungskonzept für seine Einrichtung zu erstellen, muss der Träger fundierte Kenntnisse über die gesetzlichen Bedingungen seines Landes bzw. die Vorgaben seines Trägerverbandes besitzen. Unter Berücksichtigung der entsprechenden Gesetze und der Ausgaben wie Sach-, Personal- und Verwaltungskosten und Einnahmen wie Zuschüssen und Spenden kann dann ein Kostenplan aufgestellt werden. Diese Aufgabe kann der Träger auch an entsprechend qualifizierte Mitarbeiter und Mitarbeiterinnen delegieren. Eine Kosten-Nutzen-Analyse dient dazu, geplante Vorhaben nicht nur auf ihre realen Kosten, sondern auch auf ihre Amortisierung und auf ihren langfristigen Nutzen zu prüfen. Bei der Erstellung des Haushaltsplans sollten Mitarbeiterinnen und Mitarbeiter einbezogen werden und dafür Sorge getragen werden, dass auch die Eltern für sie relevante Informationen erhalten.

Durch Finanz-Controlling wird vor allem die strukturelle Liquidität gesichert, d. h. es wird für eine ausgewogene Struktur der Finanzen gesorgt und gewährleistet, dass auch bei plötzlichen Risiken die Zahlungsfähigkeit gesichert ist.

Verwaltung der Finanzen

- Buchführungssystem
- Gewährleistung der Transparenz
- Förderung des Übergangs zur Budgetierung

Ein, vorzugsweise für alle Einrichtungen identisches, System der Buchführung dient der Überprüfung von Ausgaben und Einnahmen und erleichtert Vergleiche zwischen den Einrichtungen eines Trägers. Die Aufgabe des Trägers ist es, darüber zu entscheiden, ob er die Buchführung in die Hände qualifizierter Mitarbeiterinnen oder Mitarbeiter legt oder sie von externen Experten erledigen lässt. Wichtig ist in jedem Fall, dass die Finanzverwaltung transparent gestaltet wird, sodass die Mitarbeiterinnen und Mitarbeiter die Möglichkeit haben, Einsicht zu nehmen.

Der Träger entscheidet, ob er seinen Einrichtungen Budgetverantwortung gibt. Budgetierung wird als Teil eines neuen Steuerungskonzepts für dezentrale Finanz-Verantwortung gesehen und kann auch in Teilschritten eingeführt werden: Möglicherweise bindet der Träger Entscheidungsbefugnisse an die Höhe einer bestimmten Summe, an ein bestimmtes Ressort (z. B. nur Einkauf von Spielmaterialien), an Hierarchieebenen oder an eine vorher festgelegte Zeitspanne. Mitarbeiter und Mitarbeiterinnen, die mit der Budgetierung betraut sind, haben mehr Verantwortung und sollten deshalb auch bei der Festlegung der jeweiligen Ziele beteiligt sein und deren Durchsetzung vertreten können. Zudem muss der Träger dafür Sorge tragen, dass diejenigen Mitarbeiter und Mitarbeiterinnen, die für das Budget zuständig sind, durch ausreichende Qualifizierungsmaßnahmen geschult wurden.

Erschließung zusätzlicher Finanzquellen

- Begründung der erforderlichen Mittel
- Verwaltung der eingegangenen Gelder
- Herstellen von Kontakten zu potentiellen Sponsoren (➤ Gemeinwesenorientierte Vernetzung und Kooperation, ➤ Öffentlichkeitsarbeit)
- Aushandeln von konkreten Verträgen
- Akquise von Privatspendern

Bei der Erschließung zusätzlicher Mittel stellt sich bei öffentlichen Trägern das Problem, dass sie selbst nicht zu Spenden aufrufen dürfen. Gegebenenfalls kann das der Elternbeirat tun. Zwei weit verbreitete Möglichkeiten insbesondere für freie Träger, weitere Gelder einzuwerben, bestehen in Sponsoring (➤ Anhang D – Glossar) und Fundraising (➤ Anhang D – Glossar). Aufgabe des Trägers ist es, sowohl durch Kontakte zu verschiedensten Kooperationspartnern potentielle Sponsoren oder Spender anzusprechen als auch durch Öffentlichkeitsarbeit deren Aufmerksamkeit zu wecken.

In den Verträgen, die der Träger mit Sponsoren aushandelt, wird festgelegt, was für wie viel Geld oder Sachmittel geleistet werden muss und wie die Geldbeträge im einzelnen verwendet werden. Diese vertragliche Fixierung wird von allen Beteiligten gemeinsam verantwortet und soll beiderseitigen Nutzen bringen. Zudem muss beachtet werden, dass durch Sponsoring die Gemeinnützigkeit einer Institution nicht gefährdet wird (vgl. Rieder-Aigner, 1994). Auch eine mögliche Einflussnahme des Geldgebers auf den Gesponserten sollte kritisch betrachtet werden.

Der Träger kann weiterhin versuchen, über Spenden (Fundraising) zusätzliche Finanzmittel einzuwerben, ohne dass ein finanzieller oder materieller Gegenwert gefordert wird. Fundraising kann als ein Teil des Beschaffungsmarketings einer Non-Profit-Organisation verstanden werden.

Qualitätssteuerung: Maßnahmen und Verfahren

- Transparenz durch Dokumentation der Finanzkonzepte (Haushaltsplan, Kostenpläne, etc.)
- internes und externes Finanz-Controlling (Kosten-Nutzen-Analysen)
- Beteiligung von externen Experten
- Qualifizierung des Personals in Finanzfragen
- Qualifizierung der Trägerkompetenzen in Fragen des Finanzmanagements (z. B. neue Finanzierungsmodelle, Budgetierung, aktuelle Buchführungsmethoden, Finanzberatung).

Exemplarische Qualitätskriterien

1 Dem Träger sind die rechtlichen Vorgaben bezüglich der relevanten Finanzierungsgrundlagen für Kindertageseinrichtungen bekannt.
2 Der Träger informiert sich über aktuelle Finanzierungsstrategien.
3 Der Träger bildet sich in Fragen des Finanzmanagements fort.
4 Es existiert ein schriftlicher und klar gegliederter Haushaltsplan.
5 Der Träger beteiligt die Kindertageseinrichtung an der Erstellung des Haushaltsplans.
6 Der Träger beteiligt die Elternvertretung bzw. die Eltern an der Erstellung des Haushaltsplans.
7 Der Träger sorgt für die vorschriftsmäßige Erledigung der Buchführung.
8 Der Träger überträgt der Kindertageseinrichtung Verantwortung über vereinbarte finanzielle Ressourcen.
9 Der Träger betreibt zur weiteren Mittelbeschaffung im Rahmen seiner gesetzlichen Möglichkeiten die Akquise von Spendern bzw. Sponsoren.
10 Der Träger sorgt dafür, dass bei finanziellen oder materiellen Zuwendungen von Sponsoren die jeweiligen Konditionen dokumentiert werden.

Pamela Oberhuemer

TQ-Dimension 6: Familienorientierung und Elternbeteiligung

Was bedeutet Familienorientierung?

Die Erziehungsverantwortung der Eltern ist im Artikel 6 Abs. 2 des Grundgesetzes verfassungsrechtlich festgelegt. Dieses Vorrecht der Familie wurde auch im KJHG verankert.

§ 1 Abs. 2 SGB VIII (KJHG):
Recht auf Erziehung, Elternverantwortung, Jugendhilfe

Pflege und Erziehung der Kinder sind das natürliche Recht der Eltern und die zuvörderst ihnen obliegende Pflicht. Über ihre Betätigung wacht die staatliche Gemeinschaft.

Gleichzeitig setzt das KJHG auf die Entwicklung eines kind- und familienorientierten Angebots der Betreuung, Bildung und Erziehung. Familien haben dabei ein Wunsch- und Wahlrecht.

§5 Abs. 1 SGB VIII (KJHG):
Wunsch- und Wahlrecht

Die Leistungsberechtigten haben das Recht, zwischen Einrichtungen und Diensten verschiedener Träger zu wählen und Wünsche hinsichtlich der Gestaltung der Hilfe zu äußern. Sie sind auf dieses Recht hinzuweisen.

Für Kindertageseinrichtungen ist die Zielvorgabe der Familienorientierung im KJHG normiert.

§ 22 Abs. 2 SGB VIII (KJHG):
Grundsätze der Förderung von Kindern in Tageseinrichtungen

[...] Das Leistungsangebot soll sich pädagogisch und organisatorisch an den Bedürfnissen der Kinder und ihrer Familien orientieren.

Mit der gesetzlich geforderten Orientierung an den Bedürfnissen von Kindern und Eltern sind Träger verpflichtet, das Leistungsangebot der Einrichtungen in ihrer Verantwortung kontinuierlich zu überprüfen. Darüber hinaus sind sie gefordert, das Angebot strukturell und konzeptionell auf Wünsche und Erwartungen der Adressaten auszurichten. Diese sind sehr heterogen. Es sind Familien in diversen Lebenslagen und mit unterschiedlichen Ansprüchen an die Kindertagesbetreuung: ökonomisch gut situierte Familien und Familien, die in finanzieller Knappheit leben; gemeinsam erziehende und allein erziehende Mütter und Väter; erwerbstätige und arbeitslose Eltern; deutschsprachige Familien und Familien nichtdeutscher Herkunft. Die Aufzählung könnte mühelos fortgesetzt werden. All diese Familien haben unterschiedliche – manchmal sogar widersprüchliche – Erwartungen an die Tageseinrichtung. Wichtig ist dabei, dass die Eltern in ihren Anliegen ernst genommen und verstanden werden, um dann ein möglichst bedarfsgerechtes Angebot zu organisieren (vgl. Colberg-Schrader, 2003, S. 275).

Eltern brauchen zuverlässige, flexibel organisierte Tageseinrichtungen, die ihre diversen Lebensmuster, Wünsche und Bedürfnisse wahrnehmen und berücksichtigen.

Familienorientierung in diesem Sinne bedarf einer kontinuierlichen Abstimmung und offenen Zusammenarbeit zwischen Träger, Einrichtung und Erziehungsberechtigten.

Was bedeutet Elternbeteiligung?

Das KJHG legt fest, dass Eltern »an den Entscheidungen in wesentlichen Angelegenheiten« der Tageseinrichtung zu beteiligen sind.

§ 22 Abs. 3 SGB VIII (KJHG):
Grundsätze der Förderung von Kindern in Tageseinrichtungen

Bei der Wahrnehmung ihrer Aufgaben sollen die in den Einrichtungen tätigen Fachkräfte und anderen Mitarbeiter mit den Erziehungsberechtigten zum Wohl der Kinder zusammenarbeiten. Die Erziehungsberechtigten sind an den Entscheidungen in wesentlichen Angelegenheiten der Tageseinrichtung zu beteiligen.

In Deutschland sind Form und Ausmaß der Mitwirkung von Eltern in Tageseinrichtungen eng mit der Frage der Rechtsträgerschaft verknüpft.

In den Elterninitiativ-Einrichtungen zum Beispiel sind die Eltern selbst Einrichtungsträger. Elternbeteiligung in Management-Aufgaben (Vorstand) und auch in konzeptionellen Fragen ist sowohl selbstverständlich als auch notwendig bzw. verpflichtend. Eltern sind in diesem Fall selbständige Anbieter im System der Kindertagesbetreuung und haben die Funktion eines Arbeitgebers. Hier sind die pädagogischen Fachkräfte zugleich Kooperationspartner und Weisungsempfänger.

In allen Kindertageseinrichtungen sind bestimmte formale Aspekte der Elternmitwirkung und Elternbeteiligung gesetzlich geregelt.[1] Die »wesentlichen Angelegenheiten« beziehen sich sowohl auf strukturelle Merkmale des Angebots, (Öffnungszeiten, Elterngebühren, Raumgestaltung und -nutzung, Sachausstattung) sowie konzeptionelle Aspekte (Aufnahmekriterien, Einrichtungskonzeption, Formen der Zusammenarbeit mit den Eltern und anderen Stellen, Öffentlichkeitsarbeit). Inwieweit die Einrichtungskonzeption und das pädagogische Programm sich explizit nach den Bedürfnissen von einzelnen Familien und Familiengruppen richten, inwieweit die Eltern wirklich aktiv in die Gestaltung der täglichen Arbeit eingebunden werden, dies sind träger- und einrichtungsspezifische Entscheidungen.

Diskursive Verständigung über Bildung und Erziehung

Moderne Konzepte der Elternbeteiligung gehen von einem partnerschaftlichen Ansatz aus (vgl. Haberkorn, 2001; Textor, 2001). Eltern und Erzieherinnen bringen demnach unterschiedliche Kompetenzen in eine gemeinsame Aufgabe um das Wohl des Kindes ein. Sie akzeptieren sich gegenseitig als Experten, die eine jeweils andere und sich ergänzende Sichtweise der Lebens-, Lern- und Bildungsbiographie des einzelnen Kindes haben. Erziehungs- und Bildungspartnerschaft ruht auf einer »diskursiven Verständigung über Bildungsvorhaben« (Krug, 2002, S. 21), auf einer gemeinsamen Klärung über Erziehungsziele und -praktiken und auf den gegenseitigen Austausch von Information, Wissen und Expertise. Um sich effektiver an den Bedürfnissen von Kindern und Familien zu orientieren, ist es zum Beispiel hilfreich für die pädagogischen Fachkräfte, etwas über die Familiengeschichte zu wissen, über das Alltagsleben der Kinder in der Familie, über die Sprachpraxis in Migrantenfamilien, über die Alltagstheorien der Eltern über Lernen in der frühen Kindheit oder über ihre konkreten Vorstellungen von vorschulischer Bildung. Es sind aber nicht nur Informationen wichtig, sondern vor allem vielfältige Formen der Kommunikation mit Eltern, die sowohl Erzieherinnen als auch Eltern einen vertieften Einblick in die jeweilige »andere« Welt geben. In diesem Sinne können sich das Erfahrungswissen der Eltern und das Fachwissen der Erzieherinnen zum Wohl des Kindes ergänzen.

Allerdings gestaltet sich die Zusammenarbeit zwischen Einrichtungen und Familien nicht immer problemfrei. Eine Forschungsstudie hat gezeigt, dass sogar manche Erzieherinnen ein gespanntes Verhältnis mit Eltern als eine der wesentlichen Beeinträchtigungen ihrer Arbeit sehen (vgl. Dippelhofer-Stiem & Kahle, 1995). Auch der Umgang mit sich widerstreitenden Vorstellungen und Erwartungen ist eine professionelle Herausforderung (vgl. Hughes & MacNaughton, 2000).

Fachkräfte sind auf die Unterstützung des Einrichtungsträgers angewiesen, um diese Dimension der fachlichen Arbeit kompetent zu meistern. Denn gerade für die pädagogischen Fachkräfte ist eine gelingende Bildungs- und Erziehungspartnerschaft mit einem anspruchsvollen Anforderungsprofil verbunden. Zu diesem Anforderungsprofil gehören zum Beispiel:

- die Elternpopulation und die Familientraditionen im sozialen Umfeld bewusst wahrnehmen;
- unterschiedliche Lebenssituationen erkennen und verstehen lernen;
- die verschiedenartigen Rollen von Eltern und Fachkräften im Bildungs- und Erziehungsprozess erkennen und akzeptieren;
- die eigenen »Familienbilder« kritisch überprüfen;
- fähig sein, mit Diskrepanzen in der Wertung und Bewertung von Erziehungsfragen umzugehen;

1 Hier geht es im Wesentlichen um die Organisationsform der Gremien, die Träger zu bilden haben (z. B. Elternausschuss, Elternbeirat) sowie um eine Konkretisierung des Mitwirkungs- und Mitspracherechts (in welchen Angelegenheiten die Eltern sich beteiligen können) und des Initiativ-Rechts (in welchen Angelegenheiten Eltern auf eine Mitwirkung bestehen können).

- eine verstehende, angstfreie Atmosphäre schaffen zum Aufbau gegenseitigen Vertrauens;
- die eigenen professionellen Grenzen erkennen – in entsprechenden Fällen an Fachdienste mit therapeutischem und beratendem Auftrag weiterleiten;
- Eltern in der Bildung von Netzwerkgruppen unterstützen.

Eine Studie in den Bundesländern Bayern, Brandenburg und Nordrhein-Westfalen, das nur wenige Erzieherinnen mit ihrer Ausbildung im Hinblick auf die Kooperation mit Eltern zufrieden sind (Sturzbecher & Bredow, 1998, S. 228). Umso wichtiger ist es dann, dass die pädagogischen Fachkräfte die notwendige Unterstützung durch den Träger sowie durch eine qualifizierte Fortbildung und Fachberatung erfahren.

Qualitätskatalog: Familienorientierung und Elternbeteiligung

Qualitätsziele aus Trägersicht

- Eine gelingende Zusammenarbeit zwischen Träger, Eltern, pädagogischen Fachkräften und Gemeindevertretern zum Wohl der Kinder
- Vertrauen der Eltern in die fachlichen Kompetenzen der pädagogischen Fachkräfte
- Zufriedenheit der Eltern mit dem Dienstleistungskonzept der Einrichtung
- Stärkung der Eltern in ihrer Erziehungskompetenz
- Möglichst breite Beteiligung der Eltern an wichtigen Entscheidungen über die Tageseinrichtung
- Gezielte Berücksichtigung von Familien mit besonderem Unterstützungsbedarf (z. B. behinderte Kinder, Kinder mit gesundheitlichen Problemen) (? Bedarfs- und Angebotsplanung)

Trägeraufgaben

Bereitstellung eines Leistungsangebots, das die Belange der Familien im Umfeld angemessen berücksichtigt

- Bestandsanalyse über die Lebens-, Arbeits- und Freizeitsituation von Familien im Umfeld
- Bedarfsanalyse über Wünsche und Erwartungen der Familien mit Blick auf Kindertagesbetreuung (➤ Bedarfsermittlung und Angebotsplanung)
- Formulierung von Standards für die Zusammenarbeit mit Familien

Um die gesetzlich geforderte Orientierung an Familienbedürfnissen sicherzustellen, sind seitens des Trägers eingehende Kenntnisse der Lebenssituationen der Familien im Umfeld Voraussetzung. Ebenso ist es Trägeraufgabe, die konkreten Wünsche der Eltern mit Blick auf die Bildungs- und Erziehungsarbeit zu erfahren, damit die Einrichtung das Leistungsangebot möglichst familiennah gestalten kann. Nicht zuletzt liegt es in Trägerverantwortung, sich mit dem Personalteam über Standards für die Zusammenarbeit mit Familien zu verständigen.

Unterstützung der pädagogischen Fachkräfte in einer partnerschaftlichen Zusammenarbeit mit Familien

- Sicherstellung der strukturellen (z. B. Zeitbudget), personellen und materiellen Rahmenbedingungen der Zusammenarbeit
- Gewährleistung von kindbezogener Dokumentation und Prozessevaluation
- Förderung von Qualifizierungsmaßnahmen (Fortbildung, Supervision / Teamentwicklung) hinsichtlich der Zusammenarbeit mit heterogenen Familien

Trägeraufgabe ist die Bereitstellung und Sicherung der strukturellen, personellen und materiellen Ressourcen für eine möglichst zielgruppenorientierte Zusammenarbeit mit Familien. Wichtig dabei ist die Förderung von kindbezogenen Dokumentations- und Evaluationsformen – als Rahmen für eine kontinuierliche Verständigung über das Wohlbefinden und Lernschritte des einzelnen Kindes (➤ Konzeption und Konzeptionsentwicklung). Trägeraufgabe ist es auch, die Qualifizierung seiner Mitarbeiterinnen und Mitarbeiter für den sensiblen und kompetenten Umgang mit Eltern in sehr unterschiedlichen Lebenslagen zu gewährleisten.

Sicherung eines wirksamen Kommunikationssystems zwischen Einrichtung und Familien

- Bildung eines Einrichtungsausschusses (Elternbeirat o. ä.)
- Vielfältige Formen der Information und des Austausches
- Festlegung von Rückmelde- und Beschwerdeverfahren

Der Träger ist durch Rechtsvorgaben verpflichtet, ein einrichtungsspezifisches Elterngremium einzuberufen, um das Mitspracherecht der Eltern zu sichern. Wie bereits angedeutet, sind die landesspezifischen Regelungen hier unterschiedlich. Zu einem wirksamen Kommunikationssystem zwischen Einrichtung und Familien gehören außerdem sehr differenzierte und zielgruppenorientierte Formen des Austausches und der Information. Wichtig dabei sind praktikable Verfahren für Rückmeldungen und auch Beschwerden der Eltern.

Gewährleistung von bedarfsgerechten und zielgruppenspezifischen Partizipationsformen von Familien

- Zeitliche Differenzierung der Familienangebote
- Inhaltliche Differenzierung der Familienangebote
- Zielgruppenspezifische Differenzierung der Familienangebote

Trägeraufgabe ist es, sicherzustellen, dass möglichst vielfältige Angebote mit Blick auf die zeitliche Struktur, die inhaltliche Ausrichtung und die Zielgruppenorientierung bereitgestellt werden. So gehören zum Beispiel nicht nur Elternabende zum festen Angebot, sondern auch Möglichkeiten, sich morgens (z. B. Kaffeetisch) und nachmittags – oder auch am Wochenende zu treffen, je nach vorgesehener Aktivität und dem Zeitbudget der Eltern. Beispiele für eine zielgruppenspezifische Orientierung sind: besondere Angebote für Väter; deutsche Sprachkurse für türkische Mütter.

Stärkung des Selbsthilfepotentials der Eltern

- Kooperation mit Eltern-Initiativgruppen, Mütterzentren usw.
- Räume für Initiativgruppen zur Verfügung stellen (z. B. Sprachkurse für Migranteneltern)
- Tageseinrichtung als Kontakt- und Informationsbörse (z. B. Betreuungsnotfälle, Babysitter-Dienste)

Forschungsergebnisse verweisen darauf hin, dass Eltern die Kindertagesstätte nicht nur als Lebensorte für ihre Kinder schätzen, sondern sie auch als Treffpunkt und Kommunikationsort für sich selbst nutzen wollen. Durch die Initiierung und Unterstützung von Eltern-Netzwerken leistet der Träger einen wesentlichen Beitrag zur Stärkung des Selbsthilfepotentials der Eltern untereinander – und dadurch zur Stärkung der Gemeinde. Diese Unterstützung kann verschiedene Formen annehmen: die Kooperation mit Initiativ-Gruppen, die Bereitstellung von Räumlichkeiten für Elterntreffs, oder auch Vermittlungsdienste mit Blick auf Kinderbetreuung außerhalb des Einrichtungsangebots.

Qualitätssteuerung: Maßnahmen und Verfahren

- Aufgabenbezogene Zielvereinbarungen mit einzelnen Mitarbeiterinnen und Mitarbeitern
- Durchführung von Elternbefragungen
- Festlegung von familienfreundlichen Kommunikationsstrukturen zwischen Einrichtung, Eltern und Träger
- Beteiligung der Eltern durch Vorschlagswesen / Rückmeldeverfahren
- Festlegung von Informationssystemen für Eltern (z. B. Jahresbericht, Videoaufnahmen, Newsletter)
- Qualifizierung des Personals in Fragen der Zusammenarbeit mit Familien
- Regelung des Zeitbudgets für die Zusammenarbeit mit Familien

Exemplarische Qualitätskriterien

1 Der Träger formuliert – gemeinsam mit dem pädagogischen Personal – fachliche Standards für die Zusammenarbeit mit Familien.
2 Der Träger überprüft in vereinbarten Abständen die formulierten Qualitätsstandards mit dem pädagogischen Personal bzw. mit der Einrichtungsleitung.
3 Der Träger sorgt dafür, dass Eltern nichtdeutschsprachiger Herkunft wichtige Informationen in ihrer Landessprache erhalten.
4 Der Träger führt regelmäßige Befragungen zu den Wünschen und Erwartungen der Eltern durch.
5 Der Träger versichert sich, dass die Eltern verschiedene Möglichkeiten haben, ihre Wünsche und Anliegen zu äußern.
6 Der Träger sorgt für die Beteiligung von Eltern bei der Angebotsentwicklung.
7 Der Träger informiert die Eltern schriftlich über ihre Möglichkeiten der Beteiligung im Elternbeirat / Elternausschuss.
8 Der Träger achtet darauf, dass es klar geregelte Formen der Kommunikation zwischen den pädagogischen Fachkräften und den Eltern gibt.
9 Der Träger versichert sich, dass die Eltern regelmäßig über die Entwicklung ihres Kindes informiert werden.
10 Der Träger unterstützt Formen der Zusammenarbeit zwischen Kindertageseinrichtung und Eltern, die das Selbsthilfepotential der Familien im Umfeld stärken.

Inge Schreyer

TQ-Dimension 7: Gemeinwesenorientierte Vernetzung und Kooperation

Einführung

Häufig werden die Begriffe Vernetzung und Kooperation synonym verwendet: Mutschler (1998, S. 49ff) definiert Vernetzung z. B. als das »Erreichen einer bestimmten Qualität von Kooperation«, die dann gegeben ist, »wenn sie zur Gewohnheit oder Selbstverständlichkeit zu werden beginnt«. Die Entwicklung eines Netzwerkes ist der Prozess der Kooperation auf einen Zustand der Vernetzung hin«. Die Grundidee eines Netzwerkkonzeptes geht auf den englischen Anthropologen Barnes (1954) zurück, der die soziale Struktur in einem norwegischen Fischerdorf mit einem Fischernetz verglich. Menschen setzte er dabei mit Knoten gleich, die durch Linien und Bänder mit anderen Menschen in Verbindung stehen (vgl. Wunderlich & Jansen, 1997).

Vernetzung
»... meint die Zusammenarbeit und Kooperation von Menschen, die ein gemeinsames Ziel haben« (Klauth & Giesecke, 1997, S. 62).

Dieses gemeinsame Ziel soll für alle Beteiligten einen erkennbaren Nutzen haben und Arbeitserleichterung bringen. Vernetzung kann auf vielen Ebenen stattfinden: auf Stadtteilebene z. B. zwischen Bürgern und Initiativen, zwischen verschiedenen Trägern, zwischen Politik und Gemeinwesen oder zwischen Institutionen, die einen gemeinsamen Auftrag haben (z. B. Kindertageseinrichtungen und Schule). Jedoch auch innerhalb einer Institution muss Vernetzung stattfinden, denn als Voraussetzung für eine Vernetzung nach außen sollte gelten, zunächst über interne Strukturen und Zuständigkeiten genau informiert zu sein. Erst wenn innerhalb der Einrichtungen eines Trägers von Vernetzung gesprochen werden kann, ist der Grundstein gelegt für die Vernetzung nach außen.

Ebenso vielfältig wie die Orte, an denen Vernetzung stattfinden kann, sind die Funktionen von Vernetzung (Altena, 1997, S. 36ff). Vernetzung begünstigt z. B. das gegenseitige Kennenlernen und vereinfacht so auf Dauer die Kommunikation. Sie hilft, personelle und sachbezogene Ressourcen zielgerichteter einzusetzen, mögliche Konkurrenzgefühle abzubauen und kollegiale Beratungen aufzunehmen. Damit sich solche Nutzenpotentiale für die einzelnen Träger entwickeln können, sollte allerdings versucht werden, ein Mindestmaß an Organisiertheit und Dauer der Vernetzung zu gewährleisten.

Vernetzung kann also gesehen werden als eine Art Überbegriff für Kooperationen verschiedenster Art, aber auch als Bindeglied zwischen Arbeitsfeldern, Instanzen und Institutionen (Seckinger, 1997, S. 44ff). Funktionierende Beziehungssysteme, in denen Dauer, Häufigkeit und Ansprüche der Zusammenarbeit geregelt sind (Wunderlich & Jansen, 1997) und in denen konstruktive Kontakte und Kooperationsformen gepflegt werden müssen, können als Netzwerke bezeichnet werden. Hier werden an sich selbständige, organisatorische Einheiten zu einem neuen Ganzen verknüpft, das eine eigene Struktur und eine neue, eigene Kultur hat (vgl. Langnickel, 1997). Vorausgesetzt werden muss ein verbindliches und kontinuierliches Kommunikations- und Informationssystem sowie ganz grundsätzlich die Bereitschaft, mit anderen zusammenzuarbeiten. Außerdem ist Vernetzung als ein wichtiges Handlungselement von Gemeinwesenarbeit (➛ Anhang D – Glossar) zu verstehen.

Gemeinwesenarbeit
»[bedeutet] professionelle Tätigkeiten in einem bestimmten Sozialraum, die auf ökonomische und gesellschaftliche Ursachen von sozialen Problemen abzielen, die methoden- und trägerübergreifend sind und die der Selbstorganisation verschiedener Zielgruppen dienen« (Dölz, 1998, S. 16).

Eine Voraussetzung für Gemeinwesenarbeit liegt in erster Linie darin, Bürgern die Möglichkeit zu vielfältigem Engagement zu geben (vgl. Schmidt, 1995, S. 202f). Durch eine unterstützende Infrastruktur (Bürgerbüros, Nachbarschaftsläden) und durch die Kommunikation zwischen den verschiedenen Bürgeraktivitäten kann Gemeinwesenarbeit gewährleistet werden. Der Schwerpunkt bei einer wohlfahrtstaatlichen Gemeinwesenarbeit liegt also kurz gesagt in der Verbesserung des Dienstleistungsangebotes der in einem Wohnviertel tätigen Institutionen.

§ 80 Abs. 2 SGB VIII (KJHG): Jugendhilfeplanung

Einrichtungen und Dienste sollen so geplant werden, dass insbesondere 1. Kontakte in der Familie und im sozialen Umfeld erhalten und gepflegt werden können, 2. ein möglichst wirksames, vielfältiges und aufeinander abgestimmtes Angebot von Jugendhilfeleistungen gewährleistet ist, [...]

§ 81 SGB VIII (KJHG): Zusammenarbeit mit anderen Stellen und öffentlichen Einrichtungen

Die Träger der öffentlichen Jugendhilfe haben mit anderen Stellen und öffentlichen Einrichtungen, deren Tätigkeit sich auf die Lebenssituation junger Menschen und ihrer Familien auswirkt, insbesondere mit 1. Schulen und Stellen der Schulverwaltung, 2. Einrichtungen und Stellen des öffentlichen Gesundheitsdienstes und sonstigen Einrichtungen des Gesundheitsdienstes, 4. den Stellen der Bundesanstalt für Arbeit, 5. den Trägern anderer Sozialleistungen, 6. der Gewerbeaufsicht, 7. den Polizei- und Ordnungsbehörden, 8. den Justizvollzugsbehörden und 9. Einrichtungen der Ausbildung für Fachkräfte, der Weiterbildung und der Forschung im Rahmen ihrer Aufgaben und Befugnisse zusammenzuarbeiten.

Auf Vernetzung und Kooperation im Gemeinwesen wird im KJHG in den §§ 80 und 81 Bezug genommen.

Vernetzung und Kooperation im Gemeinwesen wurde in den Kindertagesstättengesetzen der meisten Bundesländer als bedeutsame Aufgabe erkannt. So wird in der Regel in den Ausführungsverordnungen zum KJHG eine Vernetzung der Kindertageseinrichtungen mit anderen Trägern, anderen Tageseinrichtungen und Grundschulen empfohlen. Ebenso wird auf die Zusammenarbeit mit Aus- und Fortbildungsträgern, Fachinstituten, Landesverbänden oder Landeskirchen hingewiesen.

Bei den verschiedenen Trägerorganisationen findet sich Kooperation und Zusammenarbeit als wichtiger Aspekt in den jeweiligen Grundsätzen oder Leitlinien wieder, die häufig sehr detaillierte Empfehlungen für die Kindertageseinrichtungen bzw. deren Sozialpartner enthalten. Auch kommunale Träger erkennen diese Aufgabe und sehen in Stadtteilorientierung und wechselseitiger Kooperation wichtige Elemente, die in ihrer Verantwortung liegen.

Welche Verantwortung hat der Träger?

Der Träger sollte sich und seine Einrichtung im sozialen Umfeld positionieren. Gemeinwesenorientierte Vernetzung gibt ihm die Möglichkeit, dies zu erreichen und von den daraus resultierenden Vorteilen zu profitieren. Als erster Schritt zur Erstellung bzw. Aufrechterhaltung eines funktionierenden Netzwerkes sollte zunächst eine Analyse stattfinden, die klärt, ob bereits ein Netzwerk existiert, und ob und in welcher Häufigkeit und Qualität Kontakte mit Kooperationspartnern stattfinden. Der nächste Schritt ist dann die Formulierung des Vernetzungsziels: Was soll Priorität haben, was müsste am bestehenden Netzwerk verändert werden? Erst dann kann zielgerichtet und effektiv an einer Vernetzung gearbeitet werden. In der Verantwortung des Trägers und in seinem eigenen Interesse liegt es also zunächst, ein funktionierendes Konzept für die Vernetzung zu erstellen. Die Durchführung und Aufrechterhaltung der Vernetzungsbestrebungen wird in der Regel dann abgegeben: In einem Forschungsprojekt in Bayern (Fthenakis et al., 1996a, S. 9) wurde festgestellt, dass mehr als die Hälfte der Trägervertreter (54,7 %, N=137) Vernetzungsaufgaben an die Trägerorganisation und knapp die Hälfte (44,5 %) an die Einrichtung delegieren. Dies betrifft vor allem die Vernetzung mit Verbänden, politischen oder kirchlichen Gremien.

Ein Träger hat die Möglichkeit, mit zahlreichen unterschiedlichen Kooperationspartnern zusammenzuarbeiten; als neuere Entwicklung gelten Kooperationsbestrebungen zwischen Jugendhilfe und Wirtschaft (vgl. Seehausen, 2000). Hier sind Träger aufgerufen, Unternehmen den Wert und die Bedeutung von flexiblen Kinderbetreuungsregelungen nahe zu bringen: Arbeitnehmer, die ihre Kinder gut aufgehoben wissen, zeigen mehr Engagement und Zufriedenheit im Beruf. In vielen Fällen ist die Kinderbetreuung sogar ein wichtiger Faktor für die Arbeitsplatzwahl, vor allem für (allein erziehende) Frauen, deren Chancen auf dem Arbeitsmarkt ohne entsprechende Kinderbetreuung deutlich eingeschränkt sind.

Innovation durch regionale Projektarbeit

Projekte bieten dem Träger die Möglichkeit, bestimmte Vernetzungsstrategien zusammen mit ausgewählten Vernetzungspartnern über eine vorher festgelegte Zeitspanne auszuprobieren. So können sich alle Beteiligten zunächst kennen lernen und austauschen. Ein zeitlich befristetes und inhaltlich konkretes Anliegen ist zudem leichter realisierbar als die allgemeine Aufforderung zur Kooperation. Bevor ein solches Projekt starten kann, müssen jedoch einige Voraussetzungen geklärt werden, damit die Projektarbeit erfolgreich ist: Nach detaillierter Diskussion der Ziele, die mit einer bestimmten Vernetzungsstrategie erreicht werden sollen, werden Schwerpunktbereiche und Zeitpläne festgelegt; zudem muss überlegt werden, wer welche Aufgaben übernehmen kann, ob Personen für die Projektarbeit freigestellt werden können. Dann erst folgt die Kontaktaufnahme mit Mitgliedern bevorzugter Institutionen / Organisationen sowie der Austausch der wechselseitigen Vorstellungen über ein derartiges Projekt. Möglicherweise dauert ein auf diese Weise konzipiertes Modellprojekt auch über die festgelegte Zeitspanne hinaus fort und bildet den Anfang für längerfristige Kooperationsbestrebungen mit verschiedenen Partnern.

Qualitätskatalog: Gemeinwesenorientierte Vernetzung und Kooperation

Qualitätsziele aus Trägersicht

- Informationsaustausch und Zusammenarbeit mit verschiedenen Partnern
- Vertreten und Präsentieren eigener Interessen durch Positionierung in der (Fach)Öffentlichkeit
- Steigerung von Effizienz und Effektivität durch Zusammenarbeit mit verschiedenen Partnern
- Gezielte Ressourcennutzung (z. B. durch Austauschsystem).

Trägeraufgaben

Vernetzung und Engagement im System der Kindertageseinrichtungen

- Vernetzungskonzept
- Kooperationsengagement
- Nutzung des Trägerverbandes
- Kooperation mit anderen Kindertageseinrichtungen / anderen Trägern
- Kontakte zu wissenschaftlichen und Ausbildungs-Institutionen
- Innovative Projekte

Die schriftliche Niederlegung eines Konzepts zur Vernetzung erleichtert die Kooperationsabsichten. Es ist Trägeraufgabe, die Einrichtungen in systemischer Weise und als Teil einer entsprechenden Region wahrzunehmen sowie deutlich zu machen, dass von seiner Seite die Bereitschaft zur Kooperation besteht. Durch Nutzen der Angebote des Trägerverbands bzw. der Fachberatung können z. B. sowohl Ressourcen gemeinsam genutzt als auch eigene Interessen dargestellt werden. Eine Kooperation mit anderen Trägern oder anderen Einrichtungen verbreitert das Angebot für die Eltern (z. B. Ferienöffnungszeiten). Durch das Aufrechterhalten des Kontaktes zu Ausbildungsstätten kann der Träger zum einen um Nachwuchs-Personal werben und zum anderen auch auf die Ausbildung selbst Einfluss nehmen. In innovativen Projekten können verschiedene Arten der Vernetzung und auch verschiedene Vernetzungspartner für einen vorbestimmten Zeitraum und/oder Bereich getestet werden.

Vernetzung im Bereich von Gemeinwesen und Politik

- Information über soziale Infrastruktur
- Unterstützen der Kindertageseinrichtung im Kontakt zu Ämtern, Fachdiensten, familienbezogenen Diensten und anderen sozialen und kulturellen Einrichtungen
- Unterstützen der Kindertageseinrichtung im Kontakt zu Schulen
- Präsenz in (fach)politischen und kommunalen Gremien (→ Bedarfsermittlung und Angebotsplanung)

Das Wissen über die soziale Infrastruktur im Umkreis der Kindertageseinrichtung ist Voraussetzung für Vernetzungsabsichten. Mit diesem Wissen kann der Träger bei Bedarf der Einrichtung zur Seite stehen und ihr Vorschläge machen zur Kontaktaufnahme mit verschiedenen Fachdiensten, wie beispielsweise dem Allgemeinen Sozialdienst, einer Erziehungsberatungsstelle oder auch dem Jugendamt. Eine besondere Stellung hat hier der Kontakt zu Grund- bzw. Hauptschulen: einmal beim Übergang von der Kindertageseinrichtung zur Grundschule und dann beim Hortbesuch der Kinder. Mittels Stadtteilarbeit, interkultureller Arbeit, Kontakten zu Kirchengemeinden im Umkreis o. ä. kann eine lebendige Kooperation im Gemeinwesen stattfinden. Ist der Träger zusätzlich in (fach)politischen und kommunalen Gremien präsent, eröffnen sich ihm Möglichkeiten, auf kommunalpolitische Belange Einfluss zu nehmen.

Vernetzung im wirtschaftlichen Bereich

- Kontakte zu Unternehmen im Umkreis der Einrichtung (➛ Öffentlichkeitsarbeit, ➛ Finanzmanagement)

Durch Kontakte des Trägers zu Unternehmen im Umkreis kann beispielsweise dafür gesorgt werden, dass einem solchen Unternehmen gegen Übernahme der Finanzierung Betreuungsplätze für die Kinder der in der Firma beschäftigten Eltern angeboten werden. Letztendlich kann so zum einen das Angebot in der Einrichtung verbessert werden und zum anderen kann den Arbeitnehmern die Sorge um einen Betreuungsplatz abgenommen werden. Kontakte zu Wirtschaftsunternehmen sind aber auch im Hinblick auf die Beschaffung zusätzlicher Mittel hilfreich (Sponsoring, ➛ Finanzmanagement).

Qualitätssteuerung: Maßnahmen und Verfahren

- Festlegung eines Kooperationskonzeptes mit entsprechenden Zielen, Partnern, Bereichen, Formen und Strukturen
- Delegierung einzelner Kooperationsaufgaben an Mitarbeiterinnen und Mitarbeiter
- Nutzen von Kommunikationsstrukturen zur Partizipation an Stadtteil- bzw. regionaler Arbeit
- Zur Verfügung stellen eigener Ressourcen bzw. Inanspruchnahme der Ressourcen anderer zur Erweiterung der Angebotsstruktur

Exemplarische Qualitätskriterien

1. Der Träger verfügt über ein Vernetzungskonzept.
2. Der Träger nutzt Angebote seines Trägerverbandes.
3. Der Träger kooperiert mit anderen Trägern.
4. Der Träger fördert die Kooperation mit anderen Kindertageseinrichtungen.
5. Der Träger fördert Kontakte zu Ausbildungsstätten.
6. Der Träger fördert Kontakte zu wissenschaftlichen Institutionen.
7. Der Träger fördert innovative Projekte in seiner Kindertageseinrichtung.
8. Der Träger kennt die soziale Infrastruktur in der Umgebung seiner Kindertageseinrichtung.
9. Der Träger unterstützt die Kindertageseinrichtung im Kontakt zu Ämtern.
10. Der Träger unterstützt die Kindertageseinrichtung im Kontakt zu Fachdiensten.
11. Der Träger unterstützt die Kindertageseinrichtung im Kontakt zu Schulen.
12. Der Träger unterstützt die Kindertageseinrichtung im Kontakt zu anderen sozialen und kulturellen Einrichtungen.
13. Der Träger vertritt die Angelegenheiten seiner Kindertageseinrichtung in kommunalen und (fach)politischen Gremien.
14. Der Träger sorgt für Kontakte zur Wirtschaft im Hinblick auf Finanzierungen.

Kirsten Hanssen

TQ-Dimension 8: Bedarfsermittlung und Angebotsplanung

Einführung

Bedarfsermittlung und Angebotsplanung sind als Aufgaben für Träger von Kindertageseinrichtungen im Rahmen der jeweiligen kommunalen Jugendhilfeplanung zu verorten. Jugendhilfeplanung ist für die öffentlichen Träger (➛ Anhang D – Glossar) von Kindertageseinrichtungen durch das KJHG und die Ausführungsgesetze (➛ Anhang C – Kita-Gesetze der Länder) der Länder als Fachplanung (Kindertagesstättenplanung) vorgeschrieben. Die Planungsverantwortung liegt bei den Trägern der öffentlichen Jugendhilfe (➛ Anhang D – Glossar). Die frühzeitige Einbindung der freien Träger (➛ Anhang D – Glossar) in alle Phasen der Kinder- und Jugendhilfeplanung sollte inzwischen eine Selbstverständlichkeit sein. Diese setzt die Bereitschaft der freien Träger zur Mitwirkung voraus.

§ 80 SGB VIII (KJHG):
Jugendhilfeplanung

(1) Die Träger der öffentlichen Jugendhilfe haben im Rahmen ihrer Planungsverantwortung
1. den Bestand an Einrichtungen und Diensten festzustellen,
2. den Bedarf unter Berücksichtigung der Wünsche, Bedürfnisse und Interessen der jungen Menschen und der Personensorgeberechtigten für einen mittelfristigen Zeitraum zu ermitteln und
3. die Befriedigung des Bedarfs notwendiger Vorhaben rechtzeitig und ausreichend zu planen; dabei ist Vorsorge zu treffen, daß auch ein unvorhergesehener Bedarf befriedigt werden kann.
(3) Die Träger der öffentlichen Jugendhilfe haben die anerkannten Träger der freien Jugendhilfe in allen Phasen ihrer Planung frühzeitig zu beteiligen. Zu diesem Zweck sind sie vom Jugendhilfeausschuß, soweit sie überörtlich tätig sind, im Rahmen der Jugendhilfeplanung des überörtlichen Trägers vom Jugendhilfeausschuß zu hören. Das Nähere regelt das Landesrecht.
(4) Die Träger der öffentlichen Jugendhilfe sollen darauf hinwirken, daß die Jugendhilfeplanung und andere örtliche und überörtliche Planung aufeinander abgestimmt werden und die Planung insgesamt den Bedürfnissen und Interessen der jungen Menschen und ihrer Familien Rechnung tragen.

Die Mitarbeit freier Träger an kommunalen Jugendhilfeplanungsprozessen sollte durch die Mitgliedschaft im Jugendhilfeausschuss bzw. in den entsprechenden JH-Unterausschüssen für Kindertageseinrichtungen gewährleistet werden.

§ 78 SGB VIII, KJHG:
Arbeitsgemeinschaften

Die Träger der öffentlichen Jugendhilfe sollen die Bildung von Arbeitsgemeinschaften anstreben, in denen neben ihnen die anerkannten Träger der freien Jugendhilfe sowie Träger geförderter Maßnahmen vertreten sind. In den Arbeitsgemeinschaften soll darauf hingewirkt werden, daß die geplanten Maßnahmen auf einander abgestimmt werden und sich gegenseitig ergänzen.

§ 71 SGB VIII, KJHG:
Jugendhilfeausschuß / Landesjugendhilfeausschuß

(2) Der Jugendhilfeausschuß befaßt sich mit allen Angelegenheiten der Jugendhilfe insbesondere mit der Erörterung aktueller Problemlagen junger Menschen und ihrer Familien sowie mit Anregungen und Vorschlägen für die Weiterentwicklung der Jugendhilfe,
1, der Jugendhilfeplanung und
2, der Förderung der freien Jugendhilfe.

Welche Bedeutung hat Jugendhilfeplanung für Träger von Kindertageseinrichtungen?

Die zentrale Aufgabe der Jugendhilfeplanung ist es, »längerfristige, zukunftsbezogene Strategien zur Lösung der komplexen Aufgaben der Jugendhilfe zu entwickeln« (Jordan & Reismann, 1998, S. 96).

Jugendhilfeplanung
»... ist ein ständiger Prozeß, der auf Binnenkorrekturen an Normen, fachlichen Standards und Abläufen sowie nach außen auf politische Willensbildung und Entscheidungsvorbereitung gerichtet ist. Jugendhilfeplanung sollte integrierte, präventive, bedarfsorientierte und zielgruppenbezogene Planung sein.« (Deutscher Verein für Öffentliche und Private Fürsorge, 1993, S. 529)

Jugendhilfeplanung allgemein sowie daraus entstehende Bedarfspläne für Kindertageseinrichtungen dienen als Steuerungsinstrumente für die politischen Entscheidungen im kommunalen Kontext. Die wesentliche Entscheidungsinstanz im Prozess der Jugendhilfeplanung ist der Jugendhilfeausschuss (vgl. Bundesarbeitsgemeinschaft der Landesjugendämter, 1998).

Für die Jugendhilfeplanung – in diesem Kontext insbesondere für die Kindertagesstättenplanung – bedeutet die Gesamtverantwortung für die Bedarfsplanung (➛ Anhang D – Glossar) der öffentlichen Träger einerseits die Berichterstattung und Planung für die eigenen Einrichtungen zu leisten und andererseits für die Einrichtungen der freien Träger einzufordern. Darüber hinaus soll die Planung mit den freien Trägern und den anderen Bereichen der Jugendhilfeplanung abgestimmt werden. Die öffentlichen Träger sind für eine bedarfsorientierte Gesamtplanung auf Informationen der freien Träger angewiesen, die über Infrastrukturdaten hinausgehen: wie z. B. Daten zu Dienstleistungs- und Nachfrageindikatoren (z. B. Wahlfreiheit der Eltern ➛ Familienorientierung und Elternbeteiligung).

Von Seiten der freien Trägerverbände gibt es für den Bereich der Jugendhilfeplanung wenige Empfehlungen oder Vorgaben. Allerdings gewinnen z. B. Elternbefragungen (➛ Anhang A – Empfehlungen und Vorgaben der Trägerorganisationen) als Grundlage der Bedarfsermittlung und Angebotsgestaltung zunehmend für freie wie für öffentliche Träger an Bedeutung.

Grundlagen der Jugendhilfeplanung

Grundlage der Jugendhilfeplanung ist die Festlegung eines Planungsverständnisses und Planungsmodells, zudem sollten die Zielsetzung und der Gegenstand der Planung bestimmt werden. Das Planungsverständnis kann z. B. gemeinwesenorientiert ausgerichtet sein. Dem konkreten Planungsmodell liegen z. B. zielorientierte, bereichsorientierte, sozialraumorientierte oder zielgruppenorientierte Planungsansätze zu Grunde. Das Planungsziel bezieht sich klassischer Weise auf die Bedarfsdeckung, kann sich aber auch auf die Veränderung, Erweiterung oder den Neubau von Einrichtungen richten. Planung sollte kleinräumig und indikatorengestützt sein. Die Fragestellungen oder Indikatoren der Planung richten sich auf die Infrastruktur, die Bedarfsträger und Nutzer der Einrichtungen, weitere Indikatoren betreffen die Nachfrage-, Organisations- und Personalsituation sowie Leistungsbilanzierung (Übersicht zu Indikatoren vgl. Postler & Schneider, 1994, S. 159). Zum gesamten Planungsprozess gehört die Klärung des Zeitbedarfs sowie des materiellen und personellen Bedarfs.

Welcher Bedarf besteht?

Neben diesen allgemeinen Grundlagen der Planung ergeben sich spezielle Anforderungen an die Kindertageseinrichtungsbedarfsplanung. Der Bedarf an Kindertagesbetreuung steigt sowohl in quantitativer wie qualitativer Sicht. Beim quantitativen Bedarf sind zunächst die Anzahl der Plätze für verschiedene Zielgruppen zu betrachten. Zum einen sind Bedarfsrichtwerte durch den »Rechtsanspruch auf einen Kindergartenplatz« für 3- bis 6-Jährige gestiegen. Nicht ausreichend sind Betreuungsangebote für unter 3- und über 6-Jährige, hier besteht nach wie vor ein erhöhter Bedarf. Regional gibt es unterschiedliche Entwicklungen auf die die jeweiligen Träger vor Ort reagieren müssen. Während vielfach das Angebot für die verschiedenen Altersgruppen ausgebaut wurde, gibt es durchaus Regionen, in denen aufgrund des Geburtenrückgangs ein Platzabbau stattfindet. Nach den Bevölkerungsvorausberechnungen des Statistischen Bundesamtes ist zwischen 1998 und 2012 bzw. 2014 mit einem Rückgang der Kinderzahlen in der Altersgruppe der 3- bis unter 6½-Jährigen in den alten Bundesländern um 22 % zu rechnen, während die Geburtenzahlen in den neuen Bundesländern wieder zunehmen und mit einer Steigerung um 50 % in der Altersgruppe zu rechnen ist (vgl. DJI, 2002, S. 38).

Des Weiteren werden neue Anforderungen an den Umfang, die Flexibilität und die Ausrichtung der Angebote der Kindertageseinrichtungen gestellt. Die Elternerwerbstätigkeit – insbesondere der Mütter – führt zu der Zunahme des Bedarfs an Ganztagesbetreuung. Nach wie vor steht in den neuen Bundesländern ein wesentlich höherer Anteil (98 %) von Ganztagesplätzen vor allem für 3- bis 6-Jährige zur Verfügung, das Regelangebot in den alten Bundesländern in diesem Bereich sind Teilzeitplätze mit 81 % (vgl. ebd., S. 61). Die Integration Behinderter, Angebote für Schulkinder, sowie interkulturelle Ausrichtung sind weitere Anforderungen an die qualitative Ausgestaltung der Kindertagesbetreuung, die noch nicht in ausreichendem Maße umgesetzt sind (vgl. BMFSFJ, 1998, S. 164).

Die Bedarfsermittlung und -planung ist stark von den gesetzlich vorgeschriebenen Versorgungsquoten der 3- bis 6-Jährigen und damit von der reinen Bedarfsdeckung geprägt. Neue Fragestellungen und Zieldefinitionen können dazu beitragen, flexiblere und nachfrageorientierte Angebote zu schaffen.

Fragestellungen oder Indikatoren der Planung, die für Träger von Kindertageseinrichtungen zunehmend wichtiger werden, beziehen sich auf die Beschreibung und Bilanzierung der Dienstleistungen und die pädagogischen Ziele der Einrichtungen. Indikatoren für die Dienstleistungen können z. B. die Funktionsbreite der Einrichtung beschreiben (➛ Gemeinwesenorientierte Vernetzung und Kooperation, ➛ Familienorientierung und Elternbeteiligung). Ebenso sollte der besondere Unterstützungsbedarf (z. B. Sprachförderung, gesundheitliche Beeinträchtigungen) von Familien im Umfeld der Einrichtung in der Planung berücksichtigt werden. Indikatoren zu pädagogischen Zielen (➛ Konzeption und Konzeptionsentwicklung) der Einrichtung tragen zur Überprüfung der Umsetzung bei und stehen so insbesondere für interne Planungsprozesse zur Verfügung.

Qualitätskatalog: Bedarfsermittlung und Angebotsplanung

Qualitätsziele aus Trägersicht

- Bedarfsorientierte und vorausschauende Planung
- Effiziente und sichere Bedarfsdeckung
- Nachfrageorientierte Angebotsoptimierung
- Planungsabstimmung zwischen öffentlichen und freien Trägern

Trägeraufgaben

Bedarfsermittlung

- Bedarfsermittlung unter Einbeziehung von Daten der (über)örtlichen Jugendhilfeplanung
- umfassende Ermittlung von Daten der Einrichtungen im Verantwortungsbereich des Trägers
- Ermittlung von Nutzer- bzw. Nachfrageverhalten der Einrichtungen
- Dauerberichterstattung

Zu den Aufgaben der einzelnen Träger gehört es, den Bedarf in ihrem Einzugsbereich durch Nutzen von sozialstrukturellen Daten der (über)örtlichen Jugendhilfeplanung und anhand der Durchführung eigener Bedarfsanalysen zu ermitteln. Daten der Einrichtung hinsichtlich Platzzahl, Auslastung, Personalsituation, Angebote und Leistungen sind wichtige Planungsdaten. Elternbefragungen ermöglichen, das Nutzer- und Nachfrageverhalten im Einzugsgebiet der jeweiligen Einrichtung zu ermitteln und in den weiteren Planungsprozess einzubeziehen. Eine kontinuierliche Berichterstattung über die wesentlichen Leistungen und Daten, die zu einer bedarfs- und nachfrageorientierten Ausrichtung gehören, erleichtern die zukünftige Planung. Einrichtungsdaten sollten dauerhaft in den Einrichtungen gepflegt werden.

Angebotsentwicklung

- Angebotsplanung in Zusammenarbeit mit der Einrichtung
- Personal-, Finanz- und Investitionsplanung für Angebotsgestaltung (➛ Finanzmanagement)
- Entwicklung eines Angebotsprofils
- Angebotserweiterung und/oder -umgestaltung

Die Angebotsplanung und -entwicklung sollte unter Beteiligung von Einrichtungsleitungen, Mitarbeitern, Eltern und Kindern gestaltet werden und mit anderen Trägern sowie mit den (über)örtlichen Entscheidungsinstanzen abgestimmt werden. Träger sind dazu aufgefordert, eigene Angebotsperspektiven für ihre Kindertageseinrichtungen zu entwickeln und sich für die Umsetzung einzusetzen. Ansatzpunkte für die Entwicklung eines trägerspezifischen Angebotes könnten dabei sein: Erweiterungen oder die Umgestaltung des Angebotes z. B. hinsichtlich Öffnungszeiten, Altersmischung oder Ausrichtung an anderen Bedürfnissen von Eltern und Kindern.

Angebotsregulierung

- Beratende Funktion der freien Träger in der kommunalen Planung
- Abstimmung der Fachplanung im Kontext der gesamten Jugendhilfeplanung

Nach den Empfehlungen des 10. Kinder- und Jugendberichtes ist es erforderlich, alle Beteiligten (Eltern, Kinder, Träger, pädagogische Fachkräfte) in den Prozess der Jugendhilfeplanung im Bereich von Tageseinrichtungen einzubeziehen (vgl. BMFSFJ, 1998). Die Gesamtverantwortung der Planungsprozesse liegt bei den Trägern der öffentlichen Jugendhilfe, doch sollten Bedarfsermittlung und Angebotsplanung, bzw. –entwicklung im Kontext der regionalen Jugendhilfeplanung für Kindertageseinrichtungen von allen beteiligten Trägern mitgestaltet werden. Für Träger bedeutet dies z. B., eigene Vorschläge zur Bedarfsdeckung in den Planungsprozess einzubringen. Zwischen öffentlichen und freien Trägern trägt die geforderte Planungsabstimmung dazu bei, Planungsprozesse bedarfsgerecht und vorausschauend zu gestalten und so eine effiziente und sichere Bedarfsdeckung zu erreichen und Angebote an der Nachfrage auszurichten und zu optimieren.

Qualitätssteuerung: Maßnahmen und Verfahren

- Bestands- u. Bedarfsanalysen (Sozialstruktur-Daten, Sozialraumanalyse, Elternbefragung)
- Trägerspezifische Planungsprozesse zu Bedarf und Angebot
- Daten- und Informationsaufbereitung (Datenbanken, Pflegen von Daten, Verkoppelung von Daten mit Zieldefinitionen)
- Indikatorenentwicklung (z. B. pädagogische Indikatoren /Dienstleistungsindikatoren)

Exemplarische Qualitätskriterien

1 Der Bedarfs- und Angebotsplanung liegt ein Planungskonzept zugrunde.
2 Der Träger sorgt für eine kontinuierliche Berichterstattung über den Bestand und die Nutzung der Kindertageseinrichtung.
3 Der Träger sorgt dafür, dass die Informationen über die wesentlichen Leistungen der Kindertageseinrichtung zur Verfügung stehen.
4 Der Träger unterstützt die Kindertageseinrichtung bei der Verwaltung der Einrichtungsdaten in Datenbanken.
5 Die Aktualisierung der Daten wird als dauerhafte Aufgabe in der Kindertageseinrichtung und bei dem Träger wahrgenommen.
6 Der qualitative und quantitative Bedarf zur Ausgestaltung des Leistungsangebots der Kindertageseinrichtung wird vom Träger in Zusammenarbeit mit der jeweiligen Einrichtung ermittelt.
7 Der Träger entwickelt Vorschläge zur Bedarfsdeckung und bringt diese in den (über)örtlichen Prozess der Kindertagesstättenplanung ein.
8 Die Ergebnisse von Elternbefragungen werden in der Angebotsplanung berücksichtigt.
9 Wünsche, Bedürfnisse und Interessen der Kinder werden bei der Angebotsplanung berücksichtigt.

Inge Schreyer, Andrea Michel

TQ-Dimension 9: Öffentlichkeitsarbeit

Einführung

Öffentlichkeitsarbeit

»[...] bedeutet im sozialen Bereich bewusstes, geplantes und dauerndes Bemühen, für die sozialen Belange Verständnis und Vertrauen in der Öffentlichkeit aufzubauen und zu pflegen. Sie will einen möglichst großen Teil der Gesellschaft erreichen, sie informieren und beteiligen, bestimmte Tatsachen oder Meinungen verbreiten, gewisse Tendenzen, Informationen oder auch Kontroversen in die öffentliche Kommunikation einbringen« (Deutscher Verein, 1993, S. 681).

Im Hinblick auf Kindertageseinrichtungen bedeutet dies zum einen die Arbeit mit Familien, Kommunalpolitik und der Presse, um öffentlichkeitswirksam als »Sprachrohr der Kinder« oder Lobby des Berufsstandes einzutreten. Zum anderen soll eine Kindertageseinrichtung auch als Begegnungsstätte verstanden werden und Informationen über den Alltag und die pädagogische Konzeption der Einrichtung bieten.

Öffentlichkeitsarbeit kann sowohl technisch als Instrumentarium zur Selbstbehauptung in der Mediengesellschaft gesehen werden als auch kritisch und strategisch-politisch als Teil der öffentlichen Meinungsbildung. Die Forderung nach Öffentlichkeitsarbeit wird hier weitgehend gleichgesetzt mit der Forderung, gemeinwesenorientiert zu arbeiten (➛ Gemeinwesenorientierte Vernetzung und Kooperation). Müller (1990) betont zudem vor allem die Wechselseitigkeit der Beziehung »Informieren der Öffentlichkeit – sich informieren über Öffentlichkeit«; von besonderer Wichtigkeit ist es, Wege für Rückmeldungen zu schaffen bzw. in einen Dialog zu treten. Ein weiteres wichtiges Anliegen der Öffentlichkeitsarbeit ist es, das Vertrauen bestimmter Zielgruppen zu wecken, zu festigen und in der Folge entsprechende zielgruppenspezifische Konzepte auszuarbeiten. Hierbei soll das soziale Umfeld über die Arbeits- und Funktionsweise einer Kindertageseinrichtung informiert werden (vgl. Lier et al., 2000) oder es gilt, zusätzliche finanzielle Mittel zu beschaffen. Öffentlichkeitsarbeit strebt vor allem die Herstellung positiver »öffentlicher Beziehungen« an.

Profilierung der Träger in der Öffentlichkeit

Zur sichtbaren Positionierung und Profilierung der Träger von Kindertageseinrichtungen in der Öffentlichkeit sind professionelle Wege zur Profilbildung nach innen und außen gefragt. Eine erprobte Methode hierfür ist das Konzept der *Corporate Identity* (➛ Anhang D – Glossar). Dieser Begriff beinhaltet den Zusammenhang zwischen Selbstverständnis und Verhalten eines Unternehmens sowie das daraus resultierende Unternehmensimage in der Öffentlichkeit. (vgl. Birkigt & Stadler, 1998).

Corporate Identity

meint »das widerspruchsfreie Zusammenwirken von
- Mitarbeiterverhalten (Corporate Behaviour)
- Unternehmenskommunikation nach innen und außen (Corporate Communication) und
- Erscheingungsbild (Corporate Design)
- auf der Basis des Identitätskerns (Unternehmensphilosophie, Corporate Philosophy)« (Kiessling & Spannagl, 1996, S. 12).

Das Konzept der Corporate Identity wurde ursprünglich im (erwerbs)wirtschaftlichen Zusammenhang entwickelt, wird aber in adaptierter Form auch bei so genannten Non-Profit-Organisationen angewandt, d.h. bei staatlichen oder privaten Organisationen oder Institutionen, die nicht aus erwerbswirtschaftlichen Gründen geschaffen wurden und deren Schwerpunkt im gemeinnützigen Bereich liegt, wie z.B. Verbände oder Wohlfahrtsorganisationen. Corporate Identity setzt sich zusammen aus den Visionen, die die Voraussetzung zur Gründung eines Unternehmens oder einer sozialen Institution waren; aus den Werten und Wertvorstellungen, die das Verhalten der Mitarbeiter prägen sowie aus dem Zweck und der Geschichte eines Unternehmens und aus seinem Leitbild (ebd., S. 14ff).

Die Entwicklung einer Corporate Identity kann durch verschiedene Konzepte unterstützt werden: Der Aspekt des *Corporate Behaviours* beschreibt Verhaltensweisen »im Innen- und im Außenverhältnis« (ebd., S. 18). Innerhalb einer Institution wird darunter vor allem das Verhalten der Vorgesetzten, Verhaltensweisen bei Kritikgesprächen sowie der Umgang miteinander bei Besprechungen verstanden. Im Außenverhältnis ist das Verhalten beim Gespräch mit Kunden, das Verhalten bei Fehlern, das Verhalten im Umgang mit konkurrierenden Geschäftspartnern gemeint. Obwohl diese Richtlinien ursprünglich für Wirtschaftsunternehmen entwickelt wurden, finden sie auch in Non-Profit-Organisationen Anwendung. *Corporate Communication* dient der Information und der Kontaktpflege und bezeichnet den kombinierten, zielgerichteten Einsatz aller Kommunikationsmaßnahmen. Corporate Communication wendet sich immer sowohl nach innen als auch nach außen und bindet die Organisation als Ganzes ein. Mittels des so genannten *Corporate Designs* kann erreicht werden, dass sich Einrichtungen eines Trägers mit einem einheitlichen Erscheinungsbild (z. B. gleiche Logos und Farben auf Briefpapier und Flyern), das das jeweilige Selbstverständnis der Organisation verkörpert, in der Öffentlichkeit bekannt machen.

Um diese Bekanntheit in der Öffentlichkeit weiter zu fördern, sind Marketing-Strategien nötig. Bei der Verbreitung und Bekanntmachung sozialer Ideen spricht man von Sozialmarketing oder Soziomarketing.

Sozial-Marketing

» [ist …] Planung, Organisation, Durchführung und Kontrolle von Marketingstrategien und -aktivitäten nichtkommerzieller Organisationen, die direkt oder indirekt auf die Lösung sozialer Aufgaben gerichtet sind« (Bruhns & Tilmes, 1994, S. 23).

Bezogen auf Träger und Kindertageseinrichtungen bedeutet dies, dass nach Möglichkeiten zur »Vermarktung« der Einrichtung gesucht werden soll und hierbei die Kindertageseinrichtung als Werbeträger gesehen werden kann: Ein wesentliches Ziel ist die Anwerbung von neuen Familien und ihrer Kinder. Durch kreativ angewandte Öffentlichkeitsarbeit, die als Führungsaufgabe einer Behörde oder Organisation verstanden wird (vgl. Marchal & Spura, 1981), sollen Vertrauen und Verständnis aufgebaut und gepflegt werden.

Öffentlichkeitsarbeit ist für einen Träger kein rechtlich verpflichtendes Aufgabengebiet. Allerdings haben einige Trägerorganisationen und auch Kommunen Empfehlungen bezüglich der Öffentlichkeitsarbeit formuliert. (➛ Anhang A – Empfehlungen und Vorgaben der Trägerorganisationen)

Internet und Homepage als eine Form der Öffentlichkeitsarbeit

Die Präsenz im Internet ermöglicht es dem Träger, sich und seine Einrichtungen mittels einer Homepage in der Öffentlichkeit mit Text und Bildern darzustellen. Für manche Träger bietet es sich zudem an, mit Anschrift und Telefonnummern in einem Verzeichnis der jeweiligen Stadt oder des jeweiligen Kreises zu erscheinen. Gerade für kleinere Träger oder für solche, die keinem größeren Verband angehören, ist dies eine gute Gelegenheit, sich bekannt zu machen.

Die Nutzung des Internets »vermittelt ein zukunftsorientiertes und innovatives Image der Einrichtung« (Lier et al., 2000, S. 175). Eine Darstellung im Internet empfiehlt sich besonders bei einem überregionalem Einzugsgebiet bzw. bei einer geplanten Vergrößerung des Einzugsbereichs oder zur besseren Erreichbarkeit bestimmter Zielgruppen. Durch Links (Internetverbindungen) zum entsprechenden Dachverband bzw. zur Einrichtung können alle Ebenen gut dargestellt werden. Interessenten können so unverbindlich Kontakt aufnehmen und sich erste Informationen holen. Eventuell können hier sogar Broschüren heruntergeladen oder bestellt werden. Interessierten Nutzern kann auch die Möglichkeit geboten werden, per e-mail Auskünfte anfordern zu können. Eine Voraussetzung in diesem Kontext ist, dass der Träger für die entsprechende Qualifizierung seiner Mitarbeiter und Mitarbeiterinnen sorgt, damit z. B. eine Internetseite gepflegt und aktualisiert werden kann. (➛ Anlage A – Empfehlungen und Vorgaben der Trägerorganisationen).

Qualitätskatalog: Öffentlichkeitsarbeit

Qualitätsziele aus Trägersicht

- Darstellung als Träger von Kindertageseinrichtungen
- Darstellung der Kindertageseinrichtung
- Positionierung in der Öffentlichkeit und der Trägerlandschaft

Trägeraufgaben

Konzept der Öffentlichkeitsarbeit erstellen

- Rahmenkonzept
- Zielgruppenorientierung
- Qualifizierungskonzept

Um ein Konzept zur Öffentlichkeitsarbeit zu erstellen, ist es zunächst nötig, Rahmenbedingungen und Ziele zu formulieren und festzuhalten. Dabei ist die Ausrichtung auf die relevanten Zielgruppen (Eltern, Familien) ein wichtiger Aspekt. Der Träger muss weiterhin darauf bedacht sein, zu klären, an welche Mitarbeiter bestimmte Aufgaben der Öffentlichkeitsarbeit übergeben werden können bzw. welche Qualifizierungsmaßnahmen für das Personal nötig sind.

Corporate Identity stärken

- Identifikation mit dem Träger
- Informationsaustausch
- Corporate Design

Die Darstellung und Positionierung des Trägers in der Öffentlichkeit wird von Mitarbeitern und Mitarbeiterinnen des Trägers und der Einrichtungen getragen. Deren Identifikation mit den Zielen der Trägerarbeit und auch mit dem Leitbild des Trägers ist eine wichtige Voraussetzung, um den Träger nach außen vertreten zu können. Diese Identifikation muss von »innen« geschaffen werden: Wesentlich ist hier z. B. eine funktionierende Kommunikation über alle Ebenen hinweg und auch die Anregung zum konstruktiven Umgang mit Kritik. Ein offener Arbeits- und Kommunikationsstil (Corporate Communication) trägt außerdem dazu bei, gemeinsame Positionen zu finden und sich dafür zu engagieren. Die Darstellung des Trägers und auch der Einrichtung nach außen wird erleichtert durch die Entwicklung und Verwendung desselben Logos und Schrifttyps auf allen Werbeträgern (Corporate Design). Dies begünstigt außerdem die leichte Wiedererkennbarkeit der Einrichtungen eines Trägers in der Öffentlichkeit.

Positionierung in der Öffentlichkeit

- Anbieter sozialer Dienstleistungen
- Anwerbung von qualifiziertem Personal
- Sensibilisierung der Öffentlichkeit für kinder- und familienpolitische Fragen

Zur Positionierung des Trägers in der Öffentlichkeit und in der Trägerlandschaft gehört es auch, dass er als Anbieter sozialer (professioneller und nachfragegerechter) Dienstleistungen in Erscheinung tritt. Zudem kann der Träger sich in seiner Eigenschaft als potentieller Arbeitgeber darstellen, mit dem Ziel, möglichst qualifiziertes Personal zu finden.

Die Positionierung des Trägers in der Öffentlichkeit geht allerdings über die bloße Darstellung seiner spezifischen Ausrichtung und seines Angebotes hinaus: Der Träger soll sich als Interessenvertreter der Kinder verstehen und Stellung beziehen zu kinder- und jugendpolitischen Fragen. Dazu gehört es, auf die Bedürfnisse von Kindern und Jugendlichen hinzuweisen und sich für entsprechend bedarfsgerechte Lösungen einzusetzen.

Qualitätssteuerung: Maßnahmen und Verfahren

- Delegierung von Aufgaben zur Öffentlichkeitsarbeit an Mitarbeiterinnen und Mitarbeiter
- Entwicklung von Informations- und Kommunikationsstrategien

- Qualifizierung des Personals bezüglich der Präsentation in der Öffentlichkeit (Pressemitteilungen, Internet)
- Qualifizierung der Trägerkompetenzen bezüglich der Aufgaben der Öffentlichkeitsarbeit

Exemplarische Qualitätskriterien

1 Der Träger verfügt über ein Konzept zur Öffentlichkeitsarbeit.
2 Das Konzept zur Öffentlichkeitsarbeit ist auf unterschiedliche Zielgruppen ausgerichtet.
3 Der Träger unterstützt die Kindertageseinrichtung bei der Öffentlichkeitsarbeit.
4 Der Träger sorgt dafür, dass die mit der Öffentlichkeitsarbeit betrauten Mitarbeiterinnen und Mitarbeiter hierfür qualifiziert sind.
5 Der Träger betreibt regelmäßige Medien- und Pressearbeit.
6 Der Träger sorgt für aktuelles Informationsmaterial über die Kindertageseinrichtung.
7 Der Träger sorgt für ein einheitliches und wiedererkennbares Erscheinungsbild der Kindertageseinrichtung.
8 Der Träger stellt sich als potentieller Arbeitgeber für angehende Fachkräfte dar.
9 Der Träger bezieht öffentlich Stellung zu aktuellen kinder- und familienpolitischen Themen.
10 Der Träger sorgt für die Weiterentwicklung des Konzepts zur Öffentlichkeitsarbeit.

Inge Schreyer

TQ-Dimension 10: Bau und Sachausstattung

Einführung

Der Aufgabenbereich »Bau« im Kontext von Kindertageseinrichtungen umfasst sowohl Neubauten als auch Umbauten und Sanierungen. In der Regel handelt es sich um vorhandene Gebäude, die veränderten Verhältnissen angepasst werden müssen bzw. die modernisiert werden müssen. Unter »Sachausstattung« wird die Anschaffung sowohl von Spielgeräten für draußen als auch von Spiel- und Lernmitteln für drinnen verstanden wie auch der Kauf von Möbeln, Geschirr etc. für die Tageseinrichtung. Dieser Bereich liegt meist in der Verantwortung der Leitung.

Pädagogische Aspekte bei Bau und Ausstattung einer Kindertageseinrichtung

Die Ausstattung einer Kindertageseinrichtung ist so gestaltet, dass sie den Kindern vielfältige Erfahrungen und Lernaktivitäten ermöglicht. Wichtig sind dabei Räume, die verschiedene Gestaltungsmöglichkeiten zulassen und eine Ausstattung mit Spielmaterial, das die Kinder zu Spiel- und Forschungstätigkeiten anregt. Räume sind sowohl benutzbar als differenzierte Lern- und Erfahrungszonen, sowie als Spiel- und Gruppenräume, aber auch als Ruheräume, in die Kinder sich zurückziehen können. Größere Bewegungsflächen für Ballspiele etc. sollten vom Gruppenraum aus und ohne Wegräumen von Gegenständen zugänglich sein. Bei der Gestaltung der Außenflächen einer Kindertageseinrichtung wird darauf geachtet, dass der natürliche Bewegungsdrang der Kinder angesprochen wird und die Kinder unterschiedliche Erfahrungen beim Spielen im Freien und bei Beschäftigungen im Garten (Pflanzen, Bauen, Spiele mit Wasser) machen können (vgl. Reidelhuber, 2000).

Ökologische Aspekte bei Bau und Ausstattung einer Kindertageseinrichtung

Bezüglich der Baumaterialien (Holz, Lacke, etc.) ist auf eine gute Verträglichkeit für Umwelt und Gesundheit zu achten. Das Sparen von Energie und Heizkosten ist ein wichtiger Punkt, der bereits bei der Wahl der Wärmedämmung eine besondere Rolle spielt. Bei der Auswahl der Bodenbeläge sollten sowohl baubiologische, als auch hygienische und praktische Gesichtspunkte berücksichtigt werden.

Weitere bedeutende Aspekte der Gestaltung von Außenanlagen sind die Pflanzung von heimischen Hölzern und der weit gehende Verzicht auf die Versiegelung von Außenflächen.

Für Möbel bieten sich nachwachsende Rohstoffe aus kontrolliertem Anbau an, bei deren Produktion auf den Einsatz von Pestiziden verzichtet wird und eine spätere Trennung und Wiederverwertbarkeit der Einzelkomponenten möglich ist. Eine möglichst lange Haltbarkeit ist, ebenso wie bei Spielmaterialien, ein entscheidendes Kaufkriterium. Beim Kauf von Bastel- und Spielmaterialien erhalten recyclingfähiges Papier und lösungsmittelfreie Klebstoffe den Vorzug und bei Stiften fällt die Wahl auf Mehrweg- und Nachfüllprodukte.

Im Zusammenhang mit Lebensmitteln und Ernährung dominieren Produkte aus der jeweiligen Region. Bei Lebensmitteln aus ökologischem Landbau kann zudem davon ausgegangen werden, dass weder synthetische Pestizide noch Düngemittel eingesetzt wurden. Schließlich sollte auch in einer Kindertageseinrichtung auf Mülltrennung geachtet werden (Biomüll, Papier, Kunststoffe, Glas, Metall, Aluminium, Restmüll). Es werden biologisch abbaubare Putzmittel verwendet und auf selten benutzte Spezialreinigungsmittel wird verzichtet.

Das Auswahlkriterium bei elektrischen Geräten ist in erster Linie die Energieeinsparung. Ein eventueller Mehrpreis macht sich schnell durch Einsparungen an Strom und Betriebsmitteln (z. B. Spül- und Waschmitteln) bezahlt. Der Stand-by-Modus von elektrischen Geräten wird vermieden. (Überblick siehe: Bayerisches Staatsministerium für Arbeit und Sozialordnung, Familie, Frauen und Gesundheit, 1997; http://www.umweltministerium.bayern.de/service/umwberat/kinderga.htm).

Sicherheitstechnische Aspekte bei Bau und Ausstattung einer Kindertageseinrichtung

Beim Bau und Betreiben öffentlicher Gebäude müssen Sicherheitsvorschriften beachtet werden, die im Einzelnen im Baugesetzbuch und im Raumordnungsgesetz festgehalten sind. Träger haben sich auf Sicherheitsmaßnahmen (z. B. DIN 18034, 1998) zu beziehen, die besagen, dass »Gefahren für Kinder möglichst ausgeschaltet werden sollen, aber auch ein ›Freiraum‹ belassen werden soll, damit Kinder und Jugendliche frühzeitig lernen, Gefahren zu erkennen, um sich entsprechende Verhaltensweisen anzueignen.«

Außerdem muss der Betreiber eines öffentlichen Gebäudes die Brandschutzvorschriften nach DIN 14096 beachten und die Einrichtung, seit 1997 verpflichtend, regelmäßig durch einen sicherheitstechnischen Dienst überprüfen lassen. Durch verschiedene Regelungen, wie z. B. die »Richtlinien für Kindergärten« (erarbeitet vom Bundesverband der Unfallkassen), die Normen für Kinderspielgeräte oder das Merkblatt für Spielgeräte wird weiterhin gewährleistet, dass die Kinder im Kindergarten und den Außenanlagen möglichst viele neue Erfahrungen machen können, ohne sich zu verletzen (➛ vgl. Anhang B – Ausgewählte landesrechtliche Vorgaben).

Auch die Bepflanzung und Gestaltung der Außenanlagen einer Kindertageseinrichtung verlangt Vorsicht: Hier ist darauf zu achten, dass keine giftigen oder dornigen Pflanzen gewählt werden, dass Bäume für Kletteraktionen ausreichend stark sind, dass Platten für Gehwege rutschfest sind, etc. Außerdem hat der Träger dafür Sorge zu tragen, dass die Außenanlagen regelmäßig gewartet werden (Kehren, Schneeräumen, Bäumeschneiden, etc.).

Eine weitere Pflicht des Trägers ist es, sich um die gesetzliche Unfallversicherung zu kümmern. Zuständig dafür sind die jeweiligen Gemeindeunfallversicherungsbehörden (Überblick siehe: http://www.dthg.de/Service/Adressen/A_GUV-VBG.htm), Landesausführungsbehörden, Eigenunfallversicherungen oder Berufsgenossenschaften.

Bau und Sachausstattung ist ein Bereich von Trägeraufgaben, der von sehr vielen Vorschriften und Gesetzen gekennzeichnet ist. Das KJHG hat die Überprüfung und die Erlaubnis zum Betrieb von Einrichtungen mit in das Gesetz aufgenommen.

§ 45 Abs. 3 SGB VIII (KJHG): Erlaubnis für den Betrieb einer Einrichtung

Sind in einer Einrichtung Mängel festgestellt worden, so soll die zuständige Behörde zunächst den Träger der Einrichtung über die Möglichkeiten zur Abstellung der Mängel beraten. [...]

§ 46 Abs. 2 SGB VIII (KJHG): Örtliche Prüfung

Die von der zuständigen Behörde mit der Überprüfung der Einrichtung beauftragten Personen sind berechtigt, die für die Einrichtung benutzten Grundstücke und Räume [...] während der Tageszeit zu betreten, dort Prüfungen und Besichtigungen vorzunehmen, [...]

Für jedes Bundesland existieren außerdem so genannte Landesbauordnungen (Überblick siehe: www.feuertrutz.de), die allgemeine Bauvorschriften sowie Vorgaben zu Brandschutz und Verkehrssicherheit enthalten, die bei der Bebauung eines Grundstückes beachtet werden müssen (➛ vgl. Anhang B – Ausgewählte landesrechtliche Vorgaben).

Darüber hinaus haben viele Kommunen eigene Richtlinien bezüglich des Baus und der Ausstattung von Kindertageseinrichtungen herausgegeben. Durch die Vorgaben einzelner Trägerorganisationen werden vorwiegend die räumlichen Beschaffenheiten einer Kindertageseinrichtung geklärt (➛ vgl. Anhang A – Empfehlungen und Vorgaben der Trägerorganisationen).

Welche Verantwortung hat der Träger?

Wegen der Pflicht zur Beachtung der zahlreichen Vorschriften und Gesetze bleibt einem Rechtsträger beim Bau bzw. Aus- oder Umbau einer Kindertageseinrichtung relativ wenig eigener Spielraum. Die Aufgaben und Pflichten, die für den Träger selbst hierbei anfallen, sind meist organisatorischer Art: Im Hinblick auf den Bau muss er sich mit Architekten und Bauleitern besprechen und (innerhalb der gesetzlichen Vorgaben) seine

Wünsche und Vorstellungen erläutern. Im Hinblick auf die Sachausstattung wird er die meisten der anfallenden Aufgaben (Einkäufe etc.) an die Einrichtungsleitung delegieren.

Beteiligung von Kindern an Bauvorhaben

In letzter Zeit wird immer mehr Wert auf die Beteiligung von Kindern bei der Ausgestaltung einer Kindertageseinrichtung gelegt. Im Rahmen ihrer Möglichkeiten sollten die Kinder die Chance bekommen, mitbestimmen zu können, wie ihre Tageseinrichtung aussehen soll. Um die Wünsche der Kinder zu erfahren, müssen zu allererst Informationen über deren Vorstellungen eingeholt werden. Am besten gelingt dies mit dem Führen von Wunsch- bzw. Mängellisten, in denen Ideen und Gedanken gesammelt werden können. Eine Begehung zusammen mit den Kindern kann die Bedeutung des Vorhabens erhöhen. Es kann davon ausgegangen werden, dass durch die eigene Beteiligung an bestimmten Arbeiten, wie z. B. die Gestaltung von Außenanlagen oder der Wände von Gruppenräumen, mehr Wertschätzung dafür aufgebracht wird. Die Folge wird ein sorgfältigerer Umgang mit Räumen und Gegenständen sein und Sachbeschädigungen werden seltener vorkommen. Außerdem erfahren die Kinder durch ihre Beteiligung Wertschätzung für ihre Leistungen und ihr Selbstwertgefühl wird gestärkt.

Beteiligung von verschiedenen Zielgruppen

Im Hinblick auf etwaige künftige Nutzungsänderungen sollten bei einem Neubau bereits Aspekte der Multifunktionalität mit bedacht werden. Wenn so nach einigen Jahren die Räume einer Kindertageseinrichtung auch für andere Zwecke genutzt werden sollen (Bürgertreff, Mütterzentrum, Jugendhaus, o. ä.), können Umbaukosten im Rahmen gehalten werden. Auf diese Weise ist es zudem bereits während der Nutzung als Kindertageseinrichtung möglich, die Räume abends oder am Wochenende anderen Gruppen zur Benutzung freizugeben.

Qualitätskatalog: Bau und Sachausstattung

Qualitätsziele aus Trägersicht

- Um- und Neubauten sowie Sanierungen durchführen (lassen), die ökonomisch und ökologisch sinnvoll sind
- Verantwortungsbewusstes Verwenden der Mittel
- Widerspiegelung der jeweiligen pädagogischen Konzeption.

Trägeraufgaben

Überprüfung der baulichen Situation

- Bauvorschriften
- Objektbegehungen
- Mängel- und Prioritätenliste

Ein erster Schritt ist die Feststellung des Bedarfes an Bau- oder Sanierungsarbeiten, wobei die Kenntnis der gesetzlichen Vorschriften als selbstverständlich vorausgesetzt werden sollte. Durch Objektbegehungen wird gewährleistet, dass Raumfläche und Anzahl der Räume auf Platzzahl, Alter der Kinder (Ruhe- und Aktionsbereiche) sowie die Anzahl der Mitarbeiter und Mitarbeiterinnen (Sozialräume) abgestimmt sind. Der Träger sorgt außerdem dafür, dass der Pflicht zu sicherheitstechnischen Überprüfungen nachgekommen wird. Vor allem zu Beginn der Planungsphase ist das Führen von Mängel- bzw. Prioritätenlisten hilfreich.

(Um)Bauplanung und -durchführung

- Festlegung baulicher Ziele und des Zeitplans
- Abstimmungen mit Genehmigungsbehörden, Versicherungen
- Planung im Hinblick auf Multifunktionalität und pädagogische Konzeption
- Einbeziehung der Wünsche von Personal/ Eltern/Kindern
- Finanzierung sichern (➝ Finanzmanagement)

- Auftragsvergabe
- Veranlassen der Bauabnahme

Ein erster Aspekt der Planungsphase ist es, Ziele und Zeitplan festzulegen sowie nötige Abstimmungen zu treffen. Zum einen soll die Planung ausgerichtet sein auf die jeweilige pädagogische Konzeption und zum anderen auch auf Multifunktionalität (Vorsehen von Räumen für andere, zukünftige Nutzungen). Wünsche des Personals sowie der Eltern und Kinder sollten im Rahmen der Möglichkeiten mit berücksichtigt werden. Die Planungsphase wird abgeschlossen durch Überprüfung und anschließender Bereitstellung der finanziellen Mittel (Eigenmittel, Zuschüsse etc.). Gegebenenfalls muss der Träger dafür sorgen, dass zusätzliche Mittel beschafft werden (➛ Finanzmanagement). Ist der Träger selbst der Bauherr, wird er auch die Durchführung des (Um)Baus begleiten und von der Auftragsvergabe über die Kontrolle der Arbeiten schließlich die Bauabnahme veranlassen.

Bedarfsfeststellung der Sachausstattung

- Regelmäßige Prüfung der Ausstattung und der Spielgeräte der Außenanlagen
- Einbeziehung von Wünschen des Personals, der Eltern, der Kinder
- Prüfung der Finanzen bzw. Sondermittel (➛ Finanzmanagement).

Zusätzlich zur gesetzlich vorgeschriebenen jährlichen Überprüfung der Kindertageseinrichtung durch einen sicherheitstechnischen Dienst muss auch die Ausstattung der Kindertageseinrichtung in regelmäßigen Abständen auf Ersatz bzw. Reparaturbedürftigkeit geprüft werden. In der Regel wird der Träger einen Mitarbeiter oder eine Mitarbeiterin der Kindertageseinrichtung dafür bestimmen. Gerade auch im Bereich von Neuanschaffungen ist es wesentlich, die Wünsche von Personal, Eltern und Kindern möglichst mit einzubeziehen. Vor dem Einkauf schließlich ist die Prüfung der vorhandenen Finanzmittel bzw. des dafür vorgesehenen Budgets wesentlich, wofür ebenfalls in der Regel vom Träger ein Verantwortlicher bestimmt worden ist.

Einkauf

- Verantwortliche Person bestimmen (➛ Finanzmanagement)
- Auswahl nach pädagogischen Gesichtspunkten (➛ Konzeption und Konzeptionsentwicklung).
- Ausgaben schriftlich fixieren

Sicherheitstechnische, pädagogische und ökologische Aspekte sollen als entscheidende Faktoren beim Einkauf von Ausstattungsmaterial gelten. In der Regel delegiert der Träger den Einkauf an einen Mitarbeiter oder eine Mitarbeiterin der Einrichtung. Hat er seiner Kindertageseinrichtung die Budgetverantwortung übergeben, liegen Einkauf und Buchhaltung in deren Hand und es kann erwartet werden, dass die jeweiligen Ausgaben dokumentiert werden, um ein größtmögliches Maß an Transparenz zu gewährleisten.

Qualitätssteuerung: Maßnahmen und Verfahren

- Regelung der Aufgabenverantwortung
- Beteiligung von Experten (Architekt, Sozialraumplaner, pädagogisches Personal) bei (Um)Baumaßnahmen
- Dokumentation der Bedarfsfeststellung.

Exemplarische Qualitätskriterien

1 Der Träger kennt die Vorschriften für (Um)Bau- bzw. Sanierungsmaßnahmen von Kindertageseinrichtungen.
2 Der Träger sorgt dafür, dass der bauliche Zustand der Kindertageseinrichtung regelmäßig überprüft wird.
3 Die Bauplanung wird auf die pädagogische Konzeption ausgerichtet.
4 Der Träger achtet beim (Um)Bau auf die Multifunktionalität der Kindertageseinrichtung.
5 Der Träger beteiligt die pädagogischen Fachkräfte an der Planung von Baumaßnahmen.
6 Der Träger beteiligt die Eltern an der Planung von Baumaßnahmen.
7 Der Träger beteiligt die Kinder an der Planung von Baumaßnahmen.
8 Der Träger sorgt dafür, dass die von den Baumaßnahmen betroffenen Personen hinreichend informiert sind.

9 Der Träger stellt die Kontrolle der (Um)Bau- bzw. Sanierungsmaßnahmen durch kompetentes Personal sicher.
10 Der Träger veranlasst die regelmäßige Überprüfung von Sachausstattung und Spielgeräten im Innen- und Außenbereich.
11 Bei der Feststellung des Bedarfs an Sachausstattung werden die Wünsche der pädagogischen Fachkräfte miteinbezogen.
12 Bei der Feststellung des Bedarfs an Sachausstattung werden die Wünsche der Eltern miteinbezogen.
13 Bei der Feststellung des Bedarfs an Sachausstattung werden die Wünsche der Kinder miteinbezogen.
14 Der Träger stellt der Kindertageseinrichtung einen vereinbarten Betrag für Ausgaben zur Verfügung.
15 Bei Anschaffungen werden sowohl pädagogische als auch betriebswirtschaftliche Aspekte berücksichtigt.

Teil III

Qualitätsentwicklung und Evaluation als Trägeraufgabe

Anna Spindler

Kapitel 8
Selbstevaluation der Trägerarbeit: Das TQ-Konzept

Das Instrument zur Selbstevaluation »Träger zeigen Profil« soll Träger dazu motivieren, Qualitätsfeststellung und Qualitätsentwicklung als zentrale Trägeraufgaben in ihrer alltäglichen Arbeit zu verankern. Rechtsträger können sich anhand des Instruments die Methode der Selbstevaluation leicht erschließen und selbstständig das gesamte Aufgabenspektrum ihrer Trägerarbeit beurteilen. Dieses Instrument kann damit den hohen Bedarf an handhabbaren und effektiven Instrumenten zur Qualitätssteuerung decken, der sich im Trägerbereich zeigt (➤ Kapitel 4). Die präsentierten Aufgabendimensionen (➤ Kapitel 5) und Qualitätskriterien (➤ Kapitel 6) bilden das Grundgerüst des modular aufgebauten Selbstevaluationsinstruments. Die Inhalte sind also speziell auf die Aufgaben und Verantwortungsbereiche von Rechtsträgern zugeschnitten. So können Träger zweifach profitieren: Bei der Durchführung der Selbstevaluation können detaillierte Informationen über die eigene Trägerarbeit gewonnen werden. So werden Entwicklungspotenziale sichtbar und können schließlich durch an die Trägersituation angepasste Steuerungsmaßnahmen gefördert werden. Das vorliegende Handbuch bietet Hintergrundinformationen, wie Träger ihre Managementaufgaben erfüllen und an veränderte Rahmenbedingungen anpassen können. Die Kombination von Handbuch und Selbstevaluationsinstrument bietet somit für Rechtsträger von Kindertageseinrichtungen die Chance, sich eine fachlich und methodisch fundierte Basis für eine Professionalisierung der Trägerarbeit zu schaffen.

Evaluation und Selbstevaluation

Der Begriff Evaluation bezeichnet die systematische Sammlung, Analyse und Interpretation von Informationen. Eine Evaluation wird durchgeführt, um einen Sachverhalt anhand von wissenschaftlichen Methoden zu bewerten (Spiegel, 1993). Dabei können beispielsweise Produkte evaluiert werden (etwa in Vergleichstests für Autokindersitze), spezifische Methoden und Techniken (unterschiedliche Lehr- und Trainingsmethoden), Zielvorgaben (z. B. die Ausbildungsziele Fachkompetenz und soziale Kompetenz bei der Weiterbildung von Führungskräften), umfassende Projekte und Programme (Informations- und Aufklärungskampagnen), Arbeitsprozesse (Beschwerdenmanagement bei Dienstleistungsunternehmen) und auch Strukturen bzw. ganze Systeme (beispielsweise bei einem Vergleich der Bildungssysteme zweier Länder).

Nicht nur die Evaluationsgegenstände können vielfältig sein, sondern auch die Zielsetzungen, denen eine Evaluation folgt. Eine systematische Unterteilung nach den Zielen der Evaluation liefert Komrey (2000). Wird die Evaluation primär zur Verbreiterung der Wissensbasis und zum Erkenntnisgewinn genutzt, ordnet er sie dem Forschungsparadigma zu. Soll die Evaluation vor allem die Einhaltung bestimmter Standards prüfen und der Erfolgskontrolle dienen, ist sie dem Kontrollparadigma zuzurechnen. Bei Evaluationen im Sinne des Forschungs- und Kontrollparadigmas werden Handlungsmodelle hinsichtlich ihrer Zielerreichung bewertet und stellen damit summative Evaluationen (Westermann, 2002) dar. Wird jedoch die Evaluation eingesetzt, um Konzepte und Vorstellungen zu entwickeln und die Fähigkeit von Organisationen zur Problemwahrnehmung und -bewältigung zu stärken, entspricht dies dem Entwicklungsparadigma. Evaluationen, die stärker auf die Optimierung von Prozessen und Maßnahmen ausgerichtet sind als auf die Bewertung eines Zielzustands, werden auch als formative Evaluationen bezeichnet. Das TQ-Konzept zur Selbstevaluation lässt sich diesem formativen, am Entwicklungsparadigma ausgerichteten Evaluationsansatz zuordnen.

Selbstevaluation ist eine spezifische Form der Evaluation, bei der der Evaluierende und der Handelnde identisch ist (Westermann, 2002 oder Müller-Kohlenberg & Beywl, 2002). Personen überprüfen dabei ihr eigenes Handeln nach bestimmten, selbst gesetzten Kriterien. Im Bereich des beruflichen Handelns bewerten Praktiker ihre Tätigkeit und deren Auswirkungen auf die Organisation. Das zentrale Merkmal von Selbstevaluation ist, dass die Evaluierenden mit dem Evaluationsgegenstand vertraut sind und diesen durch ihre Entscheidungen und ihr Handeln beeinflussen können. Der Evaluationsgegenstand »berufliche Tätigkeit« kann sehr unterschiedliche Handlungen umfassen, z. B. Entscheidungen zu treffen und umzusetzen, Informationen zu sammeln und weiterzugeben, Aufgaben zu erledigen oder zu delegieren und Resultate zu überprüfen.

Grundlegende Prinzipien und Wirkmechanismen bei der Selbstevaluation sind Selbstreflexion, Selbststeuerung und Selbstkontrolle (Liebald, 1998). Selbstevaluation stellt also eine systematische Nachdenk- und Bewertungshilfe dar und fördert damit die Entwicklung von fachlich begründetem und situationsangepasstem Handeln. Aus diesem Grund ist die Selbstevaluation dazu geeignet, eine Weiterentwicklung und Optimierung der Arbeitsprozesse zu fördern: Selbstevaluation mit ihrem formativen, auf Weiterentwicklung ausgerichteten Charakter kann den Prozess der Qualitätsentwicklung anregen.

Die größte Chance der Selbstevaluation ist in der großen Vertrautheit der Evaluierenden mit der eigenen Tätigkeit zu sehen (Komrey, 1995): dadurch kann das gesamte Wissen über die eigene Tätigkeit unmittelbar in die Evaluation einfließen. Nicht nur dokumentierte Fakten oder explizit formulierbares Wissen können für die Evaluation genutzt werden, sondern auch Erfahrungen und implizites Wissen (Heiner, 2001). Dies beeinflusst die Datenqualität positiv und hält die Kosten für die Evaluation gering.

Selbstevaluation betont außerdem die Selbstverantwortung der Anwender. Daher wird sie eher akzeptiert als Verfahren der Fremdevaluation, bei denen außen stehende Personen Aspekte der eigenen fachlichen Arbeit beurteilen. Die hohe Selbstständigkeit und Selbstkontrolle bei der Selbstevaluation erleichtert den Schritt, die gewonnenen Erkenntnisse für die Weiterentwicklung der Organisation in konkrete Maßnahmen umzusetzen. Ein weiterer, nicht zu unterschätzender Effekt ist die Professionalisierung und Qualifizierung der beteiligten Fachkräfte: Die Durchführung einer Selbstevaluation dient der qualitativen und quantitativen Erweiterung des beruflichen Wissens.

Träger zeigen Profil – das Instrument zur Selbstevaluation

Das Instrument zur Selbstevaluation[1] eröffnet Trägern die Möglichkeit, sich einen umfassenden Überblick über ihre fachliche Arbeit zu verschaffen und Ansätze zur Optimierung und Weiterentwicklung der Qualität zu gewinnen. Auf diese Weise kann eine nachhaltige Erhöhung der Trägerqualität und Professionalisierung des Praxisfeldes ermöglicht werden.

Das Instrument besteht aus 10 Modulen, die den Aufgabendimensionen des Trägerprofils entsprechen. Ein Leitfaden beschreibt, wie Rechtsträger das Instrument anwenden und auf die Trägersituation anpassen können. Verschiedene Arbeitsblätter ermöglichen es, sich einen Überblick über die Evaluationsergebnisse zu verschaffen und Schlüsse für die praktische Trägerarbeit abzuleiten.

Von der Qualitätsfeststellung zur Qualitätsentwicklung – der Ablauf einer Selbstevaluation

Der hier vorgestellte Ansatz der Selbstevaluation umfasst vier aufeinander aufbauende Bearbeitungsschritte (➛ Abb. 1).

In der Planungsphase wird die Durchführung der Selbstevaluation konkretisiert und auf die Situation der Trägerorganisation abgestimmt. Es werden Entscheidungen über die Themenschwerpunkte der Evaluation getroffen, es wird geklärt, welche Personen an der Selbstevaluation beteiligt werden und bei welchen Mitarbeitern des Rechtsträgers die gewonnenen Informationen verbleiben. Darüber hinaus wird der Zeitrahmen festgelegt, in dem die Evaluation durchgeführt werden soll.

1 Es liegen zwei Versionen des Instruments zur Selbstevaluation vor: Zum einen eine Papier-Version, bei der die Module, Arbeitsblätter und der Leitfaden als pdf-Dateien ausgedruckt und weiterbearbeitet werden können. Außerdem liegt das Instrument als Computer-Version vor und ermöglicht eine computergestützte Bearbeitung und Auswertung der Selbstevaluation. Die Inhalte beider Versionen sind identisch, sie unterscheiden sich nur durch das jeweils gewählte Medium. Beide Versionen sind auf der dem Handbuch beigefügten CD-ROM zu finden. Vier Module des Instruments, der Leitfaden und die entsprechenden Arbeitsblätter sind zusätzlich im Handbuch abgedruckt (➛ Teil IV). Ausgewählt wurden hierfür diejenigen Module, die sich besonders dazu eignen, auch an Mitarbeiter aus der Trägerorganisation, an Einrichtungsteams oder Eltern weitergegeben zu werden.

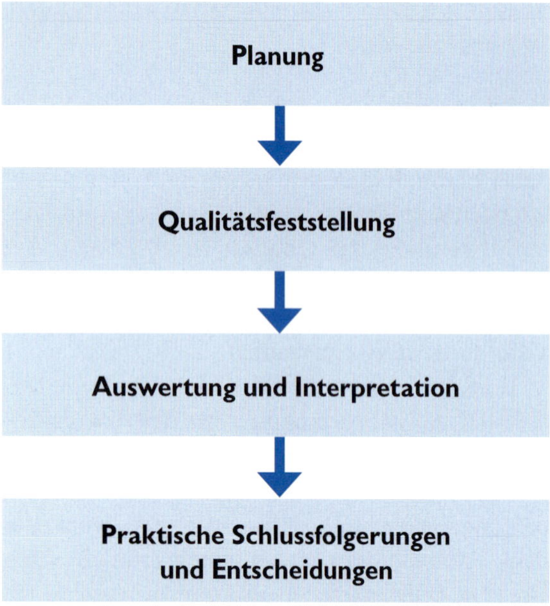

Abb. 1: Die Arbeitsschritte bei der Selbstevaluation

Im zweiten Schritt erfolgt die Qualitätsfeststellung, ein wichtiger und zentraler Abschnitt der Selbstevaluation. Hierbei werden die standardisierten und offenen Fragen zu den einzelnen Qualitätskriterien der Module beantwortet, die zur Reflexion aktueller Arbeitsprozesse anregen: Beurteilt wird die Wichtigkeit des jeweiligen Qualitätskriteriums und die Erreichung in der Trägerarbeit. Zusätzlich erfolgt eine Auflistung der Steuerungsmaßnahmen des Rechtsträgers, die zur Sicherung des Ziels dienen.

Um Hinweise auf zukünftige Handlungsanforderungen und Impulse für eine Weiterentwicklung der Trägerarbeit zu erhalten, müssen aus den in der Qualitätsfeststellung gewonnenen Bewertungen spezifische Informationen gefiltert werden. Dazu dient Schritt drei: Durch die Auswertung und Interpretation werden die Daten in Konstellationen überführt, die konkrete Aufgabenstellungen an den Träger repräsentieren.

Der vierte Schritt der Selbstevaluation leitet direkt über in den Prozess der Qualitätsentwicklung, indem aus diesen Aufgabenstellungen praktische Schlussfolgerungen für das weitere Vorgehen gezogen werden. Das können beispielsweise Ideen für Veränderungsmaßnahmen oder die Umgestaltung bereits bestehender Maßnahmen sein, genauso wie Entscheidungen, bestimmte Aufgabenbereiche in Zukunft stärker in den Vordergrund zu stellen. Letztlich bedeutet Qualitätsentwicklung, einen kontinuierlichen und nachhaltigen Verbesserungsprozess in den Strukturen der Organisation zu verankern. Dazu gehört, Veränderungsmaßnahmen einzuleiten, umzusetzen, deren Wirksamkeit fortlaufend zu überprüfen und so die Dienstleistungsqualität, Innovationskraft und die Anpassungsfähigkeit der Organisation zu erhöhen.

Merkmale des Instruments zur Selbstevaluation

Das Instrument zur Selbstevaluation soll für alle Träger von Kindertageseinrichtungen die Möglichkeit bieten, selbstbestimmt Qualitätsfeststellung und -entwicklung zu betreiben. Deshalb wurde schon in der Entwicklungsphase die Handhabbarkeit, Flexibilität und Praxistauglichkeit in den Mittelpunkt gestellt.

Handhabbarkeit

Eine Selbstevaluation durchzuführen, ist mit hohem Entwicklungsaufwand verbunden. Beispielsweise ist es nötig, eine Evaluationsidee zu finden und zu präzisieren, die Evaluationsziele zu beschreiben oder die Evaluationsmethoden zu entwickeln (Liebald, 1998).

Damit Träger von Kindertageseinrichtungen, die durch ihre vielfältigen Aufgaben häufig stark ausgelastet sind, nicht solch zusätzlichen Entwicklungsaufwand in Kauf nehmen müssen, bietet das Instrument verschiedene Vorgaben: Zum einen sind hier die praxisüberprüften Qualitätskriterien zu nennen, die die Grundlage des Instruments darstellen. Zum anderen wird ein (ebenfalls) praxisüberprüftes Evaluationskonzept vorgegeben, das Lösungen für die Planung und Durchführung, aber auch für die Auswertung und Interpretation der Selbstevaluation anbietet: Anhand eines einheitlichen Bewertungsschemas werden die einzelnen Qualitätskriterien eingeschätzt. Interpretationshilfen fördern die weitere Reflexion und leiten dazu über, verschiedene Maßnahmen der Qualitätssteuerung zu entwickeln und auf die Situation der Organisation abzustimmen.

Des Weiteren wurde das Instrument selbsterklärend gestaltet: So stellt die Anleitung durch den Leitfaden sicher, dass Träger von Kindertageseinrichtungen ohne zusätzliche und aufwändige Schulung mit der Selbstevaluation beginnen können. Im Leitfaden wird detailliert und praxisnah beschrieben, wie sie bei der Selbstevaluation konkret vorgehen können und wie das Vorgehen auf die konkrete Trägersituation abgestimmt werden kann.

Flexibilität

Die Trägerlandschaft in Deutschland stellt sich als äußerst vielfältig dar. Träger von Kindertageseinrichtungen unterscheiden sich beispielsweise im Organisations- und Professionalisierungsgrad, in der Größe und der inhaltlichen Ausrichtung, aber auch im Grad der Organisationsentwicklung. Damit das Instrument zur Selbstevaluation von allen Rechtsträgern nutzbringend eingesetzt werden kann, wurde sichergestellt, dass es entsprechend flexibel zu handhaben ist:

Stehen beispielsweise bestimmte Aufgabenbereiche aktuell im Vordergrund, können Module ausgewählt und vorrangig bearbeitet werden. Um ein umfassendes Bild über die Trägerarbeit zu erlangen, ist es zwar nötig, das Instrument vollständig zu bearbeiten. Die Möglichkeit, zunächst nur einen Ausschnitt des gesamten Arbeitsspektrums zu evaluieren, erleichtert jedoch den Einstieg in die Selbstevaluation. Auch Erweiterungen der Module sind möglich: Sollten Rechtsträger bestimmte Merkmale, die für ihre eigene Arbeit sehr wichtig sind, vermissen, können in allen Modulen zusätzliche Qualitätskriterien eingefügt werden.

Außerdem wurden unterschiedliche »Varianten« der Selbstevaluation entwickelt, die je nach den spezifischen Rahmenbedingungen des Rechtsträgers eingesetzt und auch miteinander kombiniert werden können (vgl. Leitfaden):

- Die gängigste Variante der Evaluation besteht darin, dass ein Trägervertreter die Evaluation selbst durchführt, auswertet und Maßnahmen ableitet (Variante 1). Diese Anwendung ist vor allem dann sinnvoll, wenn der jeweilige Trägervertreter mit dem gesamten Aufgabenspektrum der Trägerarbeit betraut ist.
- In größeren oder stärker strukturierten Trägerorganisationen werden die vielfältigen Aufgaben häufig arbeitsteilig wahrgenommen. In diesem Fall gibt es die Möglichkeit, bestimmte Module an Trägervertreter weiterzugeben, die den entsprechenden Aufgabenbereich schwerpunktmäßig bearbeiten (Variante 2). So kann das Expertenwissen der jeweiligen Mitarbeiter für die Qualitätsentwicklung genutzt werden.
- Gerade für die Interpretation und Maßnahmenentwicklung kann es aber auch förderlich sein, noch weitere Perspektiven zu erschließen (Variante 3). Der Blick von Mitarbeitern der Trägerorganisation, von Fachkräften aus den Einrichtungen aber auch von Eltern auf die Arbeit des Trägers kann neue Aspekte der Trägerqualität sichtbar machen. Sich weitere Perspektiven für die Evaluation zu erschließen, kann von Trägern jeder Größe und Strukturierung sinnvoll angewendet werden.
- Schließlich existiert die Möglichkeit, die Selbstevaluation zu wiederholen (Variante 4), um eine nachhaltige Qualitätssicherung und -entwicklung anzuregen. Wird die Selbstevaluation mehrfach durchgeführt, können auch Veränderungen in der Trägerarbeit beobachtet werden, die Rückschlüsse auf die Wirksamkeit bestimmter Steuerungsmaßnahmen ermöglichen.

Für alle beschriebenen Varianten der Selbstevaluation gilt: wird das ganze Aufgabenspektrum anhand des Instruments evaluiert, entsteht damit eine vollständige Dokumentation der Trägerarbeit.

Praxistauglichkeit

Ein Instrument zur Selbstevaluation kann nur dann Anspruch erheben, Qualitätsfeststellung, -sicherung und -entwicklung beim Träger anzustoßen, wenn die Inhalte und das Vorgehen fundiert und für den Anwender relevant sind. Die inhaltliche Basis des Instruments stellt der Qualitätskriterienkatalog (➛ Kapitel 6) dar. Das Evaluationskonzept mit den unterschiedlichen Schritten der Evaluation repräsentiert das Vorgehen bei der Bearbeitung. Um sicherzustellen, dass sich die Rechtsträger im Praxisfeld sowohl mit den Inhalten identifizieren als auch mit dem Evaluationskonzept umgehen können, fanden zwei Phasen der Praxiserprobung statt.

Dabei zeigte sich, dass der Qualitätskriterienkatalog die zentralen Merkmale der Trägerarbeit vollständig und repräsentativ beschreiben kann. Die Formulierungen der Qualitätskriterien wurden von den Teilnehmern als verständlich beurteilt und die Möglichkeit, in den einzelnen Modulen eigene Qualitätskriterien hinzuzufügen und damit das Instrument noch weiterzuentwickeln, sehr positiv aufgenommen. Die Handhabung des Instruments bewerteten die Teilnehmer als einfach und selbsterklärend: Sie konnten auch ohne zusätzliche Anleitung oder Schulung unmittelbar mit der Durchführung der Selbstevaluation beginnen. Auch der zeitliche Aufwand für die Selbstevaluation hielt sich in annehmbarem Rahmen. Die Flexibilität des Instruments wurde von der Praxis erkannt und auch schon in der Erprobungsphase intensiv genutzt. Außerdem erwies sich das Instrument als effektiv und nützlich, um Qualitätsentwicklungsprozesse in der Organisation anzuregen: Die Teilnehmer gaben an, durch die Selbstevaluation Entwicklungsmöglichkeiten in der Trägerarbeit erkannt zu haben, schon ganz konkrete Veränderungsmaßnahmen entwickelt und diese zum Teil auch schon umgesetzt zu haben.

Die Erkenntnisse aus den Testphasen konnten fortlaufend in die Gestaltung des Instrument einfließen: Damit können Träger auf ein Instrument zurückgreifen, das seine Fundierung, Gültigkeit und Brauchbarkeit im Feld gezeigt hat.

Bernhard Kalicki

Kapitel 9
Zum Verhältnis von Selbstevaluation und Fremdevaluation: Die externe Validierung der Selbstevaluation als methodische Variante

Die Forderung nach einer Evaluation der Trägerarbeit

Die Träger von Kindertageseinrichtungen leisten wichtige Unterstützungsfunktionen, indem sie die strukturellen, personellen und finanziellen Rahmenbedingungen einer funktionsfähigen und qualitativ hochwertigen Bildung, Erziehung und Betreuung von Kindern in den Einrichtungen garantieren. Zudem stehen sie in der Gesamtverantwortung auch für die pädagogisch-konzeptionelle Arbeit, die in den Tageseinrichtungen geleistet wird. Die Träger sind damit auch in die Diskussion um die Qualität von Bildung, Erziehung und Betreuung als wichtige Steuerungsinstanz einzubeziehen. Die Ergebnisse von Evaluationen können dazu beitragen, Steuerungspotentiale des Trägers zu erkennen, zu verdeutlichen und zu stärken. Um die Qualität zu verbessern und kontinuierlich weiterzuentwickeln, sollen die Träger mit Hilfe geeigneter Evaluationsverfahren dazu motiviert und angeleitet werden, ihr Aufgabenspektrum kritisch zu überprüfen, ihre Innovationsbereitschaft zu stärken und Maßnahmen der Qualitätsentwicklung in der praktischen Arbeit umzusetzen.

Evaluationskonzepte unterscheiden sich u. a. darin, welche Funktionen und Rollen sie den Evaluatoren zuweisen. Der Evaluator kann als technischer oder methodischer Experte (Campbell, 1969), als neutraler Vorbereiter von Entscheidungen (Rossi et al., 1999), als Informator, Erzieher und Helfer aller Beteiligten (Cronbach, 1982) oder als Mediator und Konfliktlöser ins Spiel kommen (Chen, 1990). Diese verschiedenen Rollen- und Aufgabenschwerpunkte, die sich keineswegs gegenseitig ausschließen, prägen unmittelbar die Ausgestaltung der Evaluation. Im Falle der Selbstevaluation wird die Informations- und Datensammlung sowie die Bewertung des Evaluationsgegenstandes von Personen vorgenommen, die an der Gestaltung dieses Gegenstandes selbst beteiligt sind. Demgegenüber liegt bei der Fremdevaluation die Beschreibung und Bewertung des interessierenden Gegenstandes in der Hand von außenstehenden Experten.

Sowohl die Selbst- als auch die Fremdevaluation besitzen ihre spezifischen Chancen und Risiken (Clarke, 1999; Scriven, 1991). Zu den entscheidenden Vorteilen der Selbstevaluation zählen die große Vertrautheit der Evaluatoren mit dem zu bewertenden Gegenstand, der leichte Zugang zu Mitarbeitern und relevanten Informationen, aber auch die persönliche Involvierung der Evaluatoren, die typischerweise das Interesse an der Evaluation und das Engagement bei ihrer Durchführung fördert. Doch auch die Grenzen der Selbstevaluation werden diskutiert. Üblicherweise besitzen Personen, die eine Selbstevaluation durchführen, geringe Erfahrung mit Methoden und Verfahren der Evaluation. Dieser Nachteil kann durch eine entsprechende Anleitung der Selbstevaluation ausgeglichen werden. Gravierender sind die Gefahren, die sich aus der Parteilichkeit ergeben können. Um einer kritischen Selbstbewertung zu entgehen, können Informationen selektiv herangezogen oder Urteilsmaßstäbe tendenziell angelegt werden, so dass die Selbstevaluation letztlich eher der defensiven Selbstrechtfertigung dient. Diese Einwände und Vorbehalte stützen die Forderung nach Fremdevaluation. Doch auch dieser Ansatz birgt neben allen Vorteilen bestimmte Nachteile und Risiken. Zwar haben außenstehende Evaluationsexperten in aller Regel mehr Methodenkompetenz, sie sind u. U. weniger beeinflusst von Partikularinteressen und können oft neue Sichtweisen einbringen. Andererseits übersehen sie aufgrund mangelnder feldspezifischer Expertise leichter bedeutsame Aspekte und überschätzen eher die Bedeutung marginaler Informationen. Sie sind nicht selten weniger an dem konkreten Einzelfall interessiert als vielmehr an verallgemeinerbaren Erkenntnissen und Aussagen. Und auch außenstehende Evaluatoren, die eine Fremdevaluation durchführen, handeln nicht völlig objektiv, also ohne eigene Interessen. Sie sind vielmehr abhängig von dem Auftraggeber der Evaluation und rücken daher leicht dessen Interessen und Belange in den Mittelpunkt. Beispielsweise werden Fremdevaluationen auch in Auftrag gegeben, um bereits gefällte Entscheidungen besser durchsetzen zu können (Wottawa & Thierau, 1998).

Selbst- und Fremdevaluation können sich sinnvoll ergänzen, um die Vorteile beider Ansätze zu nutzen und ihre jeweiligen Begrenzungen und Gefahren zu überwinden. Die Evaluationsforschung empfiehlt daher gerade in Fällen, in denen die Evaluationsergebnisse nicht primär einem wissenschaftlichen Erkenntnisinteresse, sondern einem praktischen Verwertungsinteresse dienen, beide Strategien zu kombinieren. Folglich findet sich auch in dem Projektauftrag an das Trägerprojekt, das sich mit der Entwicklung von Kriterien zur Erfassung der Qualität der Arbeit von Trägern sowie der Erarbeitung und Überprüfung eines handhabbaren Feststellungsverfahrens beschäftigt, die explizite Forderung nach einem Selbstevaluationsinstrument und einem zusätzlichen Verfahren zur Fremdevaluation der Trägerarbeit. Damit sich beide Verfahren tatsächlich sinnvoll ergänzen können, ist jedoch das Zusammenwirken von Selbst- und Fremdevaluation der Trägerarbeit genauer zu bestimmen.

Wegen der primären Ausrichtung der Qualitätsfeststellung auf die – möglichst übergangslos hieran anknüpfende – Qualitätsentwicklung ist der Selbstevaluation der Vorrang einzuräumen. Neben allen legitimen und notwendigen Bemühungen um Steuerung wird mit dieser Festlegung auch den Risiken begegnet, die aus einer dem Feld nicht zuträglichen Überregulierung und Standardisierung der pädagogischen Arbeit erwachsen (Fthenakis, 2002[a]). Verbunden ist diese Positionierung mit einem klaren Bekenntnis zur Vielfalt pädagogischer Angebote und zur Trägerautonomie – zwei Forderungen, die sich aus dem Kinder- und Jugendhilfegesetz (KJHG) ableiten lassen. Nicht nur mit Blick auf die Tageseinrichtungen, sondern auch mit Blick auf den Träger gilt also:

»Ein Evaluationsansatz, der mittels Fremdevaluation und auf der Grundlage sog. objektiver, d.h. von außen an die Einrichtung gerichteten Qualitätsstandards, arbeitet, kann der Vielfalt des Feldes nicht gerecht werden. Hier trifft ebenso zu, was auf individueller Ebene die derzeit viel diskutierte Einführung von (Test-)Standards angeht. Solche Bemühungen finden ihre Grenze in der nicht mehr vertretbaren Reduktion von Diversität und in einer Begünstigung von Standardisierung in der Arbeit und in den Formen der Tageseinrichtungen für Kinder, was letztendlich zum Verlust von Kreativität vor Ort führt.« (Fthenakis, 2003, S. 172)

Wo Instrumente zur Selbstevaluation des Trägers ergänzt werden um Verfahren, die die Vorteile der Fremdevaluation nutzen wollen, ist sicherzustellen, dass beide Ansätze in ihrer Konzeption nicht in innere Widersprüche geraten und dass sie in ihrer Anwendung nicht gegensätzliche Wirkungen entfalten. Dies betrifft insbesondere die Kontrollfunktionen, die typischerweise mit Verfahren der Fremdevaluation verbunden werden. Sämtliche anzuwendende Verfahren sollen den Träger dazu ermutigen und befähigen, die Qualitätsentwicklung eigenständig voranzutreiben. Grundvoraussetzungen dafür sind allerdings eine hohe Akzeptanz der Verfahren, die Beteiligung und Aktivierung des Trägers und seiner Mitarbeiter sowie die Stärkung von Eigenmotivation und Eigenverantwortung.

Methodische und praktische Probleme einer »harten« Fremdevaluation des Trägers von Kindertageseinrichtungen

Zunächst sollen einige methodische Probleme skizziert werden, die sich bei dem Versuch, die Trägerqualität im Zuge der Fremdevaluation zu messen, unweigerlich stellen (zur Messtheorie vgl. etwa Steyer & Eid, 1993).

Festlegung bzw. Auswahl von Qualitätskriterien für den zu evaluierenden Träger

Die dargestellte Selbstevaluation des Trägers orientiert sich an einem einheitlichen Katalog von Qualitätskriterien, der hinreichend abgesichert ist, um allgemeine Gültigkeit zu beanspruchen. Gleichwohl ist im Einzelfall zu prüfen, in welchem Ausmaß diese Standards an den jeweiligen Rechtsträger angelegt werden können. Die Rechtsträger von Kindertagesstätten bilden eine äußerst heterogene Gruppe (➛ auch die Kapitel 2 und 4), was eine situations- und kontextspezifische Auswahl der Qualitätsstandards erforderlich macht. Die Bedeutung, die den einzelnen Qualitätskriterien in der praktischen Trägerarbeit beizumessen ist, variiert auch mit der Phase der Organisationsentwicklung, in der sich der Träger befindet, sowie mit den Herausforderungen, mit denen er sich aktuell konfrontiert sieht. Für eine frisch gegründete Trägerorganisation, die ihre Einrichtungen eben erst aufgebaut und eben erst neues Personal eingestellt hat, mag das Thema der Personalentwicklung momentan vergleichsweise unwichtig sein. Sie wird sich u. U. auf andere Aufgaben wie pädagogisch-konzeptionelle Fragen konzentrieren und den entsprechenden Qualitätskriterien mehr Aufmerksamkeit schenken müssen.

Im Instrument zur Selbstevaluation des Trägers wird das Problem der trägerspezifischen Auswahl und Gewichtung von Qualitätskriterien dadurch aufgelöst, dass in einem ersten Schritt die Wichtigkeit des jeweiligen Kriteriums für den spezifischen Träger einzuschätzen ist. Daneben bietet das Selbstevaluationsinstrument noch die Möglichkeit, den vorgegebenen Katalog von Qualitätskriterien um eigene, freie Nennungen zu ergänzen. Da die Selbstevaluation von den Mitarbeitern durchgeführt werden soll, die für die jeweiligen Aufgabenbereiche zuständig sind, können die besonderen Charakteristika des Trägers, des Kontextes der Trägerarbeit und der aktuellen Handlungssituation bei der Auswahl und Gewichtung der Qualitätskriterien sehr gut berücksichtigt werden. Für eine an einheitlichen und objektiven Kriterien ausgerichtete Fremdevaluation bietet sich theoretisch die Möglichkeit, nur solche Qualitäts- und Bewertungskriterien aufzunehmen, die mit Sicherheit und gleicher Notwendigkeit bei allen Trägern angewendet werden müssen. Diese Alternative läuft jedoch letztlich darauf hinaus, sich auf Mindeststandards der Trägerqualität zu beschränken. Dies widerspricht jedoch dem gesetzten Oberziel, die Weiterentwicklung der Trägerqualität bei jedem einzelnen Träger anzuregen und optimal zu unterstützen.

Beurteilung der Erreichung definierter Qualitätskriterien

Ein anderes Problem bildet die Beurteilung der Zielerreichung. Bei der von Trägervertretern durchgeführten Selbstevaluation des Trägers wird eine individuelle (ipsative) Norm angelegt. Eine objektive Bewertung der Trägerqualität müsste entweder Gruppenstatistiken als Referenzwerte nutzen (soziale Norm, etwa über Prozentränge o. ä. abgebildet) oder absolute Normen der Zielerreichung aufstellen. Letzteres scheint mit Blick auf die Kriterien zur Bestimmung der Trägerqualität problematisch. Wie sollte beispielsweise trennscharf bestimmt werden, ob der Träger Maßnahmen der Teamentwicklung unterstützt, ob Wünsche, Bedürfnisse und Interessen der Kinder bei der Angebotsplanung berücksichtigt werden oder ob der Träger die Kindertageseinrichtung bei der Öffentlichkeitsarbeit unterstützt? Die Nutzung von Gruppenstatistiken setzt wiederum voraus, dass die Trägerqualität quantifiziert, also skaliert und gemessen, werden kann (vgl. Suppes & Zinnes, 1963).

Auch das Ziel, die Qualitätsfeststellung zu quantifizieren, wirft erhebliche methodische Probleme auf. Prinzipiell können Ja/Nein-Einschätzungen dichotom kodiert werden (0/1) und anschließend zu einem Summenwert zusammengefasst werden. Das setzt jedoch voraus, dass die Einschätzungen (Items) aus einem homogenen Itempool stammen, dass also die einzelnen Qualitätskriterien das zu erfassende Merkmal »Trägerqualität« gleich gut repräsentieren. Abgesehen von dem Problem variierender Itemmengen (trägerspezifische Auswahl der Qualitätskriterien) ist diese Voraussetzung sicher nicht gegeben. Auch hier hilft ein Beispiel, dies zu veranschaulichen: In der Aufgabendimension »Finanzmanagement« wird u. a. postuliert, dass der Träger für eine den Vorschriften entsprechende Buchführung sorgt. Ein anderes Kriterium fordert, dass der Träger zur weiteren Mittelbeschaffung im Rahmen seiner gesetzlichen Möglichkeiten die Akquise von Spendern bzw. Sponsoren betreibt. Diese beiden Kriterien können keinesfalls mit gleichem Gewicht in ein Maß der Trägerqualität für diese Aufgabendimension eingehen. Keine Spendenwerbung zu betreiben, mag eine Schwäche in der Trägerarbeit darstellen – in vielen Fällen ist es nicht einmal das, etwa bei einem Industrieunternehmen mit Betriebskindergarten, das wohl kaum bei anderen Unternehmen um Zuwendungen werben wird –, keine saubere Haushaltsführung zu betreiben, ist ein u. U. sogar ein rechtliches Vergehen. Diese Einwände sprechen dafür, sich von der Vorstellung eines vom evaluierten Träger erzielten Punktwertes zu trennen. Trifft dies schon für die dimensionsbezogene Bewertung zu (in einzelnen Aufgabendimensionen erzielte Werte), gilt dies verschärft für dimensionenübergreifende Indices (Gesamtpunktwert für die Trägerqualität).

Realisierbarkeit unabhängiger und objektiver Einschätzungen des Evaluators

Offen ist auch die Frage, wie ein außenstehender Beobachter an die Information (Daten) herankommt, auf die er seine Bewertung stützt. Anders als bei der Erzieherin-Kind-Interaktion, die durch direkte Verhaltensbeobachtung in der Einrichtung erfasst werden kann, zeigt sich die Qualität der Trägerarbeit weniger in direkt beobachtbarem Verhalten, sondern kann nur durch ein aufwändiges Akten- und Dokumentenstudium oder aber durch die Befragung der Trägermitarbeiter erfasst werden. Mittels Dokumentenanalyse lässt sich allenfalls für eine Teilmenge der Qualitätskriterien die Zielerreichung beurteilen. Das Vorgehen wird extrem aufwändig, unökonomisch, insgesamt also wenig handhabbar. Auch rückt hierbei der Kontrollaspekt schnell in den Vordergrund. Sich aber in der Befragung der Mitarbeiter auf die Selbstauskünfte der Befragten zu verlassen, bringt im Vergleich zur selbstständigen Beantwortung von Fragen anhand des Selbstevaluationsinstruments nur geringe Vorteile. Antwortverfälschungen, selektives Erinnern oder weitere Urteilsverzerrungen werden so nicht vollständig ausgeschlossen. Durch den kompetenten Einsatz von Techniken der Befragung und Gesprächsführung können diese Schwächen eingedämmt werden (z. B. Gordon, 1992; Millar et al., 1992). Die klassischen Vorteile einer Fremdevaluation kommen bei dem Rückgriff auf Selbstauskünfte der Trägermitarbeiter jedoch nicht voll zur Geltung.

Mit der Fremdevaluation des Trägers von Kindertageseinrichtungen sind zusätzlich eine Reihe praktischer Probleme verbunden. Diese betreffen die Initiierung der Evaluationsmaßnahme, die Informationsnutzung, Fragen nach der Akzeptanz im Feld sowie die Kostenfrage.

Legitimation und Veranlassung einer Fremdevaluation

Praktische Probleme stellen sich schon bei der Initiierung einer Fremdevaluation ein. Recht unproblematisch ist der Fall, dass die Evaluationsmaßnahme vom Träger selbst veranlasst wird. Die Frage nach der Legitimation einer Fremdevaluation stellt sich immer dann, wenn eine Evaluationsmaßnahme nicht vom Träger selbst, sondern von dritter Stelle initiiert wird. Da eine Fremdevaluation des Trägers in hohem Maße angewiesen bleibt auf die Auskünfte von Mitarbeitern oder weiteren Beteiligten, liefert eine Evaluationsmaßnahme, die nicht vom Träger freiwillig durchgeführt wird, wenig valide Information. Eine gegen den Widerstand des Trägers und seiner Mitarbeiter verordnete und durchgeführte Fremdevaluation würde zudem sämtliche Bemühungen zur Steigerung der Eigenmotivation, Eigenverantwortung und Selbststeuerung, wie sie mit dem Ansatz der Selbstevaluation konzipiert sind, unterlaufen.

Verwertung der gewonnenen Beurteilung

Werden Verfahren zur Fremdevaluation der Träger im Kontext der Debatte um die Steuerung und Regulierung des Systems der Kindertageseinrichtungen diskutiert oder gefordert, wird hiermit leicht die Erwartung oder Befürchtung assoziiert, die Ergebnisse der Fremdevaluation könnten bei Entscheidungen rund um die Vergabe von Trägerschaften für bestehende Einrichtungen oder bei Entscheidungen über die Förderung von Kindertagesstätten verwendet werden. Wo auch immer solche Überlegungen angestellt werden – in aller Regel werden sie eher gehegt, denn offen geäußert –, stehen sie im klaren Gegensatz zu dem hier vertretenen Ansatz der Qualitätsentwicklung. Und selbst wenn nicht angestrebt wird, die Ergebnisse einer Fremdevaluation für die angesprochenen Entscheidungsprozesse zu nutzen, bleibt die Frage der Verwertung der gewonnenen Erkenntnisse offen. Geklärt werden müsste etwa, wer überhaupt Zugang bekommt zu den Ergebnissen und wie eine missbräuchliche Nutzung ausgeschlossen werden kann.

Akzeptanz einer Fremdevaluation im Feld

Eng verbunden mit der gewählten Evaluationsstrategie ist die generelle Akzeptanz, die die Maßnahmen zur Qualitätssteuerung und Qualitätsentwicklung im Praxisfeld finden. Eine breite Anwendung der Evaluationsverfahren ist aber notwendig, denn über die Implementierung der erarbeiteten Materialien – für die Rechtsträger von Kindertagesstätten denken wir hier vor allem an das vorliegende Qualitätshandbuch und an die Evaluationsinstrumente – werden Ziele verfolgt, die über die reine Qualitätsfeststellung hinausgehen. Ein erstes Ziel ist die Anhebung der Trägerqualität insgesamt. Wenn möglichst viele Träger in die Qualitätsentwicklung einsteigen und diese mithilfe des entwickelten Ansatzes systematisch und kontinuierlich betreiben, verändert dies das Praxisfeld der Kindertagesbetreuung nachhaltig. Weitere Ziele bilden die Qualifizierung der Trägermitarbeiter sowie die Professionalisierung der Trägerarbeit. Qualitätshandbuch und Evaluationsverfahren bergen eine Fülle von Fachwissen und Methodenkompetenz – ein Wissen, das in der Anwendung des TQ-Ansatzes erworben werden kann. Tatsächlich bringen die Repräsentanten bzw. Mitarbeiter der Träger ganz unterschiedliche Qualifikationen mit, die dringend erweitert und ergänzt werden müssen (➛ auch Kapitel 4). Mit der Implementierung der Verfahren zur Trägerevaluation soll zusätzlich eine Stärkung der Beratungs- und Unterstützungsstrukturen für Träger von Kindertageseinrichtungen erreicht werden. Hierbei geht es nicht darum, bestehende Beratungsangebote in Frage zu stellen oder zu ersetzen. Vielmehr bietet der skizzierte Evaluationsansatz die Chance, die Bedürfnisse der Träger nach Information, Beratung, Unterstützung und Begleitung von Prozessen der Qualitätsentwicklung aufzugreifen und kompetent zu erfüllen. Dieses Angebot kann von Trägerverbänden, aber auch von öffentlichen Einrichtungen (z. B. Landesjugendämtern) genutzt werden, etwa im Rahmen der Fachberatung, aber auch im Kontext von Fort- und Weiterbildungsmaßnahmen für Trägermitarbeiter. Bei der Platzierung solcher Angebote sollten die bestehenden Strukturen der Beratung, Qualifikation und Unterstützung von Trägern erkundet und genutzt werden; auf keinen Fall sollten Parallelstrukturen der Trägerberatung aufgebaut werden. Nur im Zusammenspiel dieser verschiedenen Veränderungen, die mit der Implementierung des TQ-Ansatzes angestoßen werden sollen, kann schließlich die Weiterentwicklung des Systems der Kindertageseinrichtungen gefördert werden. Um jedoch alle diese Ziele erreichen zu können, müssen die Evaluationsstrategien von der Praxis akzeptiert und aufgegriffen werden.

Kosten-Nutzen-Abwägung und Finanzierung

Kosten- und Finanzierungsfragen können bekanntlich selbst die besten Innovationen aushebeln. Das Verfahren zur Selbstevaluation des Trägers ist sehr ökonomisch angelegt. Gerade wenn Qualitätshandbuch und Selbstevaluationsinstrument im Paket genutzt werden, ist das Verfahren weitgehend selbsterklärend. Der modulare Aufbau des Selbstevaluationsinstruments ermöglicht es, den Bearbeitungsaufwand zu begrenzen. Themen und Umfang der Evaluationsmaßnahme können so auf die jeweilige Handlungssituation zugeschnitten werden. Gleichzeitig erfüllt das bearbeitete Selbstevaluationsinstrument eine wichtige Dokumentationsfunktion, die die Sicherung und Weitergabe von Handlungswissen erleichtert, etwa beim Wechsel von Mitarbeitern oder bei der Neuverteilung von Aufgabenbereichen unter den Trägermitarbeitern.

Eine Fremdevaluation der Trägerarbeit ist notwendigerweise mit mehr Kosten verbunden als die Selbstevaluation. Kosten fallen nicht nur bei der Durchführung der Fremdevaluation an. Soll die Fremdevaluation als Mittel zur Steuerung des Systems der Kindertageseinrichtungen systematisch genutzt werden, müssen die entsprechenden Institutionen und Experten flächendeckend oder zentral vorgehalten werden. Diese Kosten wird man kaum dem einzelnen Rechtsträger zuweisen können. Überhaupt ist offen, wer die anfallenden Kosten einer Fremdevaluation des Trägers übernehmen soll. Die Mittel, die mit der Fremdevaluation gebunden werden, sind nur dann effizient eingesetzt, wenn die Ergebnisse dieser Fremdevaluation nicht vorrangig einem reinen Erkenntnisinteresse dienen – Erkenntnis im Sinne der wissenschaftlichen Neugier oder im Sinne der Kontrolle von außen –, sondern wenn sie direkt genutzt werden zur Verbesserung der Trägerqualität in der praktischen Arbeit.

Das Verfahren zur externen Validierung der Selbstevaluation

Auf der Grundlage dieser Überlegungen wurde ein Verfahren entwickelt, das erstens die Vorteile einer Fremdevaluation der Trägerarbeit nutzt, das zweitens die Selbstevaluation des Trägers als Ausgangspunkt nimmt für die ergänzenden Einschätzungen und Analysen und das drittens diese Selbstevaluation stets im Mittelpunkt des Prozesses der Qualitätsentwicklung belässt. Auch dieses Verfahren ist so konzipiert, dass es offen ist für konkrete Schwerpunktsetzungen und flexible Ausgestaltungen bei der praktischen Anwendung.

Aufbau und formale Gestaltung

Wie bereits mehrfach betont, knüpft die Ergänzung der Trägerevaluation um eine Außenperspektive unmittelbar an der Selbstevaluation des Trägers an. Diese Selbstevaluation lässt sich grob in vier Schritte unterteilen: die Planung der Selbstevaluation, die Qualitätsfeststellung, die Auswertung und Interpretation dieser Einschätzungen sowie die Ableitung praktischer Schlussfolgerungen und Entscheidungen (➛ Kapitel 8). Bei jedem dieser Durchführungsschritte kann ein Bedarf an Unterstützung, Anleitung oder Beratung bestehen. In der Planungsphase kann die Unterstützung darin bestehen, allen Beteiligten den Sinn und die Vorteile der Selbstevaluation vor Augen zu führen und sie zur Mitarbeit zu motivieren. Bei der Qualitätsfeststellung benötigen die Trägermitarbeiter u. U. weitere Bearbeitungshinweise und Instruktionen. Die Auswertung und Interpretation der Qualitätsfeststellung kann in diesem Beratungsprozess kritisch reflektiert und diskutiert werden. Und schließlich können auch Hilfestellungen bei der konkreten Handlungsplanung geboten werden (➛ Abbildung 1). Diese Beratung wird als ein im Ablauf und im Ergebnis offener Prozess angelegt. Je nach Unterstützungsbedarf des Trägers bzw. seiner Mitarbeiter werden einzelne Schritte angeleitet und begleitet.

Wegen der dargelegten Vorbehalte gegen eine klassische Fremdevaluation des Trägers wird eine externe Validierung jener Qualitätseinschätzungen, die im Zuge der Selbstevaluation von den Trägermitarbeitern vorgenommen wurden, vorgeschlagen. Diese Variante nutzt die Vorteile einer Fremdevaluation (Perspektivenwechsel, relative Unabhängigkeit und Objektivität), vermeidet gleichzeitig aber deren Nachteile und Gefahren (Kontrollfunktion, Akzeptanzprobleme, möglicher Missbrauch der Daten). Dabei gründen sowohl die Selbstevaluation als auch die externe Validierung der Selbsteinschätzungen des Trägers auf demselben Katalog an Qualitätskriterien, was den Vergleich beider Urteile erst ermöglicht. Auch die externe Validierung der Selbstevaluation ist nicht voll standardisiert, sie wird jedoch durch ein eigenes Manual und durch entsprechende Einschätzungs- und Auswertungsbögen unterstützt und formalisiert.

Die Ergebnisse der externen Validierung, also die unabhängigen Qualitätseinschätzungen, fließen im Idealfall in den umfassenderen Prozess der Unterstützung und Beratung ein, werden also wie die Selbsteinschätzungen des Trägers gemeinsam reflektiert und diskutiert. Besonders diskussionswürdig sind auftretende Divergenzen zwischen der Selbst- und Fremdeinschätzung der Trägerqualität. Um eine konstruktive Analyse der Trägerqualität zu ermöglichen, die den Träger zur Optimierung der eigenen Arbeit motiviert und ihn hierbei aktiv unterstützt statt ihn zu kontrollieren oder zum bloßen Ausführungsorgan zu machen, bekommt keiner der Be-

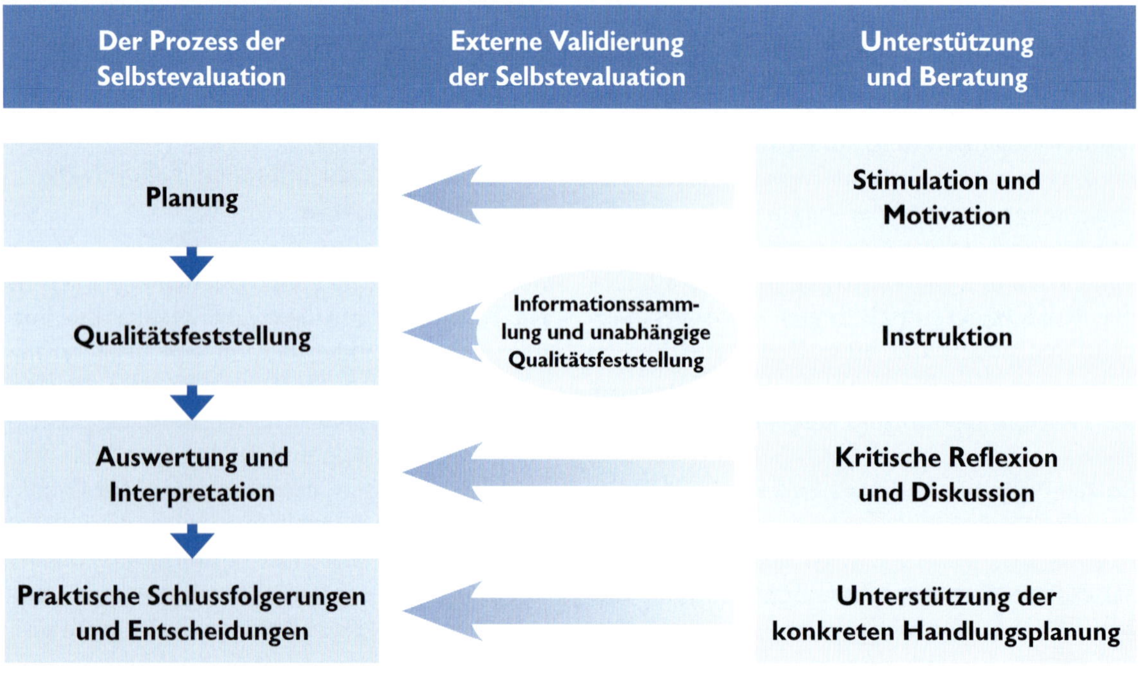

Abb. 1: Selbstevaluation und externe Validierung im Kontext der Trägerberatung

teiligten ein Urteils- und Deutungsmonopol zugeschrieben. Die Fremdeinschätzungen, die der externen Validierung der Selbstevaluation dienen, gelten ebenfalls als prinzipiell fehleranfällig, kritisierbar und korrigierbar.

Inhalte der externen Validierung der Selbstevaluation und praktisches Vorgehen

Die externe Validierung der Selbstevaluation wiederholt die Qualitätsfeststellung, die der Träger innerhalb der Selbstevaluation vorgenommen hat. Damit sind die Themenschwerpunkte und Inhalte der Fremdeinschätzung weithin vorgegeben. Natürlich ist es generell möglich und im Einzelfall u.U. sinnvoll, nur eine Teilmenge der behandelten Aufgabenbereiche und Qualitätskriterien für die zusätzliche Fremdeinschätzung auszuwählen.

Auch die unabhängige Qualitätseinschätzung durch einen außenstehenden Evaluator benötigt natürlich Daten und Informationen über die Trägerarbeit als Grundlage einer Bewertung. Diese Daten können durch Aktenstudium und Dokumentenanalyse gewonnen werden. Weitaus ökonomischer und effizienter ist jedoch die Befragung der zuständigen Trägermitarbeiter. Diese Befragung erfolgt anhand eines strukturierten Leitfadens, der sich in seinem Aufbau an dem Selbstevaluationsinstrument orientiert. Die drei Einschätzungen zur Qualitätsfeststellung (Wichtigkeit des Qualitätskriteriums, vorhandene Maßnahmen zur Gewährleistung, Ausmaß der Zielerreichung) werden hier jedoch durch eine Reihe konkreter Nachfragen vorbereitet. So wird die Frage nach der Wichtigkeit des Qualitätskriteriums in unterschiedliche Aspekte ausdifferenziert:

- Neben der persönlichen Auffassung bzgl. der Wichtigkeit werden die Meinungen weiterer Trägermitarbeiter oder des vorgesetzten Trägervertreters (bei einer Kommune z.B. nach der Auffassung des Bürgermeisters oder des Stadtrates) thematisiert.
- Um die Bedeutung eines Qualitätskriteriums angemessen einschätzen zu können, wird erkundet, für welche Aspekte oder Resultate der Trägerarbeit das fragliche Kriterium bedeutsam ist.

Die vorhandenen Maßnahmen zur Gewährleistung werden ebenfalls differenziert erhoben. Aufschlussreich sind z.B. folgende weitere Angaben:

- Welche Maßnahmen werden genutzt, um das Qualitätskriterium zu gewährleisten?
- Wer ist verantwortlich für die Durchführung der Maßnahme?
- Wer ist verantwortlich für die Überprüfung der Maßnahme und ihrer Effektivität?
- Seit wann wird die Maßnahme durchgeführt?
- Wann wurde die Maßnahme zuletzt durchgeführt?
- Wann wurde die Maßnahme zuletzt überprüft?
- Ist die Maßnahme dokumentiert?
- Wird die Maßnahme richtig, kompetent und effektiv angewendet?

Auch die Beurteilung der Zielerreichung stützt sich auf möglichst umfassende Informationen, Hinweise oder Belege, die in der Befragung gewonnen werden:

- Gibt es Hinweise darauf, dass dieses Qualitätskriterium nicht oder nicht ausreichend erreicht wird?
- Haben andere Beteiligte mit Blick auf dieses Qualitätskriterium Defizite geäußert?
- Sind in diesem Bereich früher einmal Probleme aufgetreten? Wann? Wie wurden sie gelöst?
- Ist ein besserer Zustand hinsichtlich der Erreichung dieses Qualitätskriteriums vorstellbar? Wie sähe dieser Zustand aus?

Diese Fragen dienen der Informationssammlung. Die so gewonnene Information wird bei der unabhängigen Qualitätsfeststellung durch den außenstehenden Evaluator genutzt. Die Einschätzungen der Trägerqualität erfolgen anhand parallelisierter Urteilsskalen, so dass die Ergebnisse der Selbst- und Fremdevaluation direkt vergleichbar sind. Das Manual zur Durchführung der externen Validierung der Selbstevaluation umfasst schließlich neben dem Fragenkatalog auch Hinweise zur Gestaltung der Befragungssituation und zum Umgang mit kritischen Gesprächssituationen bzw. kritischen Evaluationsresultaten.

Voraussetzungen und Rahmenbedingungen der externen Validierung der Selbstevaluation

Selbstevaluation und externe Validierung dieser Selbsteinschätzung müssen von der Planung über die Durchführung bis zur Auswertung aufeinander abgestimmt werden. Damit die Selbstevaluation sinnvoll ergänzt werden kann um unabhängige Fremdeinschätzungen der Trägerqualität, müssen bestimmte Voraussetzungen gegeben sein und bestimmte Rahmenbedingungen geschaffen werden.

Grundvoraussetzung für die Durchführung einer zusätzlichen externen Validierung der Ergebnisse der Selbstevaluation ist die Zustimmung des betreffenden Trägers. Das Prinzip der Freiwilligkeit sämtlicher Evaluationsmaßnahmen ist nicht verhandelbar, da sonst die Eigenverantwortung des Trägers untergraben wird. Die externe Validierung der Selbstevaluation sollte zeitnah zur Selbstevaluation durchgeführt werden, damit die Ergebnisse beider Maßnahmen aktuell und vergleichbar sind. Auf einen möglichst engen Bezug zwischen Selbst- und Fremdeinschätzung der Trägerqualität sollte auch bei der Auswahl der betrachteten Aufgabendimensionen (Module) und Qualitätskriterien geachtet werden. Schließlich sollen auch die Erkenntnisse, die die Fremdeinschätzungen liefern, in die Gestaltung und Optimierung der praktischen Trägerarbeit einfließen.

Die zusätzliche externe Validierung der Selbstevaluation sollte im Idealfall in einen Prozess der beratenden Unterstützung der Selbstevaluation eingebunden werden, so dass die beiden Zugänge zur Beurteilung der Trägerqualität optimal genutzt und integriert werden. Insbesondere die Zusammenschau von Selbst- und Fremdeinschätzungen sowie die Analyse und Diskussion von Übereinstimmungen und Divergenzen in der Beurteilung der Arbeit des Trägers gewinnt erheblich an praktischem Nutzwert, wenn alle Beurteiler (einschließlich des externen Evaluators) an der Auswertung und praktischen Verwertung der Ergebnisse beteiligt werden. Ein Beratungskontext bietet den passenden Rahmen für diese Zusammenarbeit. Daneben besteht jedoch auch die Möglichkeit, dass der Träger die Ergebnisse der externen Validierung auch ohne weitere Unterstützung eigenständig weiterverwertet. In diesem Fall beschränkt sich die Rolle des externen Evaluators auf den Arbeitschritt der Qualitätsfeststellung.

An die Personen, die eine externe Validierung der Selbstevaluation durchführen sollen, sind bestimmte Qualifikationsanforderungen zu stellen. Nur so kann hinreichend sichergestellt werden, dass der entwickelte Ansatz zur Qualitätssteuerung durch Evaluation kompetent und effektiv angewandt wird. Zu den Anforderungen zählen erstens Feldkenntnisse (z. B. nachweisbar über einschlägige Berufs- oder Praxiserfahrung im System der Kindertagesbetreuung), zweitens umfassende Kenntnisse bzgl. des TQ-Ansatzes, der entsprechenden Evaluationsinstrumente einschließlich der Anwendungsvarianten (nachweisbar durch eine entsprechende Schulung) sowie Beratungskompetenz. Eine wechselseitige Unterstützung unterschiedlicher Träger im Sinne einer Peer-Evaluation ist möglich, sofern die beteiligten Trägermitarbeiter diese Qualifikationsanforderungen erfüllen. Um die kompetente Anwendung des entwickelten Verfahrens zu gewährleisten und möglichem Missbrauch vorzubeugen, ist – anders als bei dem Selbstevaluationsinstrument – mit Blick auf das Verfahren zur externen Validierung der Selbstevaluation eine eher restriktive Publikationsstrategie angebracht.

Die Selbstevaluation wie auch die externe Validierung werden von dem betreffenden Träger selbst veranlasst. Der Träger übernimmt auch die anfallenden Kosten, wobei es ihm selbstverständlich freisteht, sich hierzu andere Finanzquellen zu erschließen. Die gewonnenen Informationen und Erkenntnisse verbleiben bei dem Träger.

Die Voraussetzungen und Rahmenbedingungen einer externen Validierung der Selbstevaluation im Überblick:

- Freiwilligkeit der zusätzlichen externen Validierung der Selbstevaluation
- Möglichst direkter (auch zeitlicher) Bezug zur Selbstevaluation, so dass ...
  (1) deren Ergebnisse noch zutreffen,
  (2) auch die neuen Erkenntnisse der praktischen Qualitätsentwicklung dienen
- Integration der externen Validierung der Selbstevaluation in eine Beratung bzw. Begleitung des Trägers (Idealfall)
- Zusätzliche Möglichkeit der externen Validierung der Selbstevaluation ohne eine Beratung (selbstständige Nutzung der zusätzlichen Einschätzungen durch den Träger)
- Qualifikationsanforderungen an die Personen, die die externe Validierung durchführen wollen:
  (1) Feldkenntnis
  (2) Kenntnis des TQ-Ansatzes und seiner Instrumente
  (3) Beratungskompetenz
- Möglichkeit zur Peer-Evaluation, sofern diese die Anforderungen erfüllen
- Initiierung und Bezahlung der externen Validierung durch den Träger
- Verbleib der gewonnenen Information beim Träger

Wassilios E. Fthenakis, Pamela Oberhuemer

Kapitel 10
Trägerqualität und die Steuerung von Bildungsqualität: Ansätze zur Weiterentwicklung

Bildungsqualität – Schlüsselthema für Kindertageseinrichtungen und Träger

Im Rahmen der aktuellen Bildungsdiskussion wird die Zeit vor der Pflichteinschulung zum ersten Mal seit den 70er Jahren verstärkt in das Blickfeld gerückt. Etwas später als in anderen europäischen Ländern wird vor allem seit Bekanntgabe der medienwirksamen PISA-Studie (Baumert et al., 2001) über das Bildungspotenzial von Tageseinrichtungen für die 0- bis 6-Jährigen und die dafür notwendigen Ressourcen ernsthaft debattiert. Auch Vertreter der Wirtschaft äußern sich immer häufiger dazu. Dabei hatte spätestens die 12-Länder OECD-Studie Starting Strong (2001) eindrucksvoll belegt, wie vorschulischen Bildungseinrichtungen – in enger Kooperation mit Familien – eine gesellschaftlich bedeutsame Rolle als Grundstufe eines lebenslangen Lernkonzepts zugeschrieben wird (vgl. Oberhuemer, 2002 für eine kurze Zusammenfassung des OECD-Berichts).

Nahezu zeitgleich zur Verbreitung der PISA-Ergebnisse betonten sowohl Empfehlungen des Forum Bildung (2001) als auch des Bundesjugendkuratoriums (BMFSFJ, 2001) die Bildungsfunktion des Kindergartens und die Bedeutung früher Förderung für Bildungs- und Berufschancen im weiteren Lebenslauf. Ferner sind die Beschlüsse der Jugendministerkonferenz »Jugendhilfe in der Wissensgesellschaft« (17./18.05.2001) und »Bildung fängt im frühesten Kindesalter an« (14.04.2002) als Zeichen einer stärkeren Verpflichtung der Jugendhilfe auch in frühkindlichen Bildungsfragen zu sehen. Nicht zuletzt stellt der Bestseller »Weltwissen der Siebenjährigen« (Elschenbroich, 2001) einen Beweis für ein neues öffentliches Interesse an Fragen der frühkindlichen Bildung dar. Ein roter Faden durch die verschiedenen Schriften hindurch ist der Ruf nach systemisch konzipierten inhaltlichen und strukturellen Reformen. Als Fazit ist festzuhalten: Die dienstleistungsorientierten Aspekte der Kindertagesbetreuung, die bis Ende der 90er Jahre die fachpolitische Diskussion stark bestimmten (Bereitstellung eines bedarfsgerechten Angebots, quantitativer Ausbau der Einrichtungen), sind noch heute wichtig und unstrittig. Sie dürfen aber nicht länger ohne Verbindung zur Bildungsaufgabe der Tageseinrichtungen für die 0- bis 6-Jährigen gesehen werden.

Im internationalen Vergleich hat Deutschland einen signifikanten Nachholbedarf bezüglich der näheren Bestimmung von Bildungsqualität in Tageseinrichtungen für Kinder. Insbesondere zwei Projekte haben diese Frage in den Mittelpunkt gestellt und wichtige Ergebnisse für die Praxis und die Bildungspolitik geliefert: (1) das vom Bundesministerium für Familien, Senioren, Frauen und Jugend und von den Jugendministerien der Länder Brandenburg, Sachsen und Schleswig-Holstein gefördertes Modellprojekt »Zum Bildungsauftrag von Kindertageseinrichtungen« (Laewen & Andres, 2002), und (2) das vom Bundesministerium für Bildung und Forschung gefördertes Forschungsprojekt »Konzeptionelle Neubestimmung von Bildungsqualität in Tageseinrichtungen für Kinder mit Blick auf den Übergang in die Grundschule« am Staatsinstitut für Frühpädagogik (BQ-Projekt, vgl. Fthenakis & Oberhuemer, in Druck; Fthenakis et al., in Vorbereitung).

Darüber hinaus wurden gerade in letzter Zeit in Bayern, Berlin, Brandenburg, Nordrhein-Westfalen und Rheinland-Pfalz erste landesspezifische Rahmenkonzepte bzw. Bildungspläne und Bildungsvereinbarungen erarbeitet. Diese Entwicklungen sind Ausdruck einer verstärkten Bemühung bundesweit, den Bildungsauftrag für die Zeit vor der Einschulung zu konkretisieren und verbindlicher als bisher festzuhalten.

Steuerung von Bildungsqualität – eine neue Trägeraufgabe?

Was haben diese Entwicklungen mit dem TQ-Projekt zu tun? Haben nicht die Träger von Tageseinrichtungen schon immer eine Steuerungsfunktion hinsichtlich des Bildungsauftrags der Einrichtungen gehabt? Sind überhaupt neue Trägeraufgaben aus der aktuellen Bildungsdiskussion abzuleiten?

Die Projekte der Nationalen Qualitätsinitiative haben erstmals fachlich begründete und feldspezifische Evaluationsinstrumente vorgelegt, die eine länder- und trägerübergreifende Erprobung durchlaufen haben. Für die Fachkräfte in vor- und außerschulischen Bildungseinrichtungen wurden pädagogische Grundsätze und Qualitätskonzepte verschiedentlich operationalisiert (Tietze & Viernickel, 2002; Preissing, 2003; Strätz et al., 2003). Für die Träger bietet das vorliegende Handbuch mit dem beigefügten Selbstevaluations-Instrument eine praxisgeprüfte Grundlage für die Steuerungsaufgaben des Trägers. Eine wichtige Zielperspektive für die kommenden Jahre wird es nun sein, die Ergebnisse der Nationalen Qualitätsinitiative mit den Forderungen nach mehr Bildungsqualität in den Tageseinrichtungen effektiv miteinander zu verbinden. Denn mit der Einführung von expliziten staatlichen Rahmenvorgaben zum Bildungsauftrag kommen nicht nur auf die Einrichtungen, sondern auch auf deren Träger und Trägerverbände neue Verbindlichkeiten zu.

Bildungscontrolling (➤ Anhang D – Glossar) wird dabei als Trägeraufgabe an Bedeutung zunehmen. In diesem Zusammenhang entstehen zum Beispiel folgende Fragen:

Einrichtungskonzeption

- Wie sind die individuellen Einrichtungskonzeptionen, die es ja bereits vielfach im Praxisfeld gibt, mit den Grundprinzipien und gegebenenfalls inhaltlichen Schwerpunkten der staatlich geforderten Bildungsprogramme zu vereinbaren und weiterzuentwickeln?
- Wie sind die Eltern stärker in die Konzeptionsentwicklung einzubinden?

Evaluation des Bildungsangebots

- Wie sind verbindliche Formen der Selbstevaluation – möglicherweise auch Formen der extern validierten Selbsteinschätzung – mit Blick auf die Konzeptions- und Angebotsentwicklung in den Tageseinrichtungen zu verankern?
- Wie sind qualifiziertere Formen der Beobachtung und Dokumentation von kindlichen Lernschritten zu etablieren?

Fortbildung des Fachpersonals

- Wie ist die Fortbildung der Fachkräfte systematisch zu planen und organisieren, damit Leitung und Einrichtungsteam die entsprechende fachliche Unterstützung bei der Umsetzung der Bildungsvorgaben erfahren?

Förderliche Rahmenbedingungen

- Welche personellen, räumlichen und materiellen Voraussetzungen sind für eine qualifizierte pädagogische Arbeit und die Umsetzung der landesspezifischen Bildungsvorgaben erforderlich?
- Wie sind entsprechende Ressourcen für die Qualifizierung und Stärkung der Arbeit in den Tageseinrichtungen freizumachen (z. B. durch Intensivierung der fachlichen Stützangebote wie Fachberatung, kollegiale Beratung, Supervision)?

Praxiseinrichtungen als Ausbildungsort

- Welche Konsequenzen ergeben sich für die Zusammenarbeit mit Ausbildungsstätten (z. B. mit Blick auf die Praktikantenbegleitung)?

Bildungsqualität und Trägerqualität – zwei Seiten einer Medaille

Die Forderungen nach Bildungsqualität werden in den nächsten Jahren zunehmen. Aus Projektergebnissen am Staatsinstitut für Frühpädagogik (Fthenakis & Oberhuemer, in Druck) sowie aus der aktuellen Bildungsdebatte lassen sich Konsequenzen für die Fachpolitik ableiten, die auch die Steuerungsaufgabe und den Einflussbereich der Einrichtungsträger betreffen, so zum Beispiel:

- Die Förderung lernmethodischer Kompetenz – Voraussetzung für eine anhaltend positive Einstellung zum Lernen – ist ein neues Thema für Kindertageseinrichtungen. Es empfiehlt sich, diesen metakognitiven Ansatz in länderspezifischen Bildungsplänen, in den Ausbildungsgängen für Erzieher/innen und Sozialpädagog/innen sowie im Fortbildungsangebot aufzunehmen.
- Eine Neubestimmung des Verhältnisses Kindergarten – Grundschule ist eine weitere Herausforderung für die kommenden Jahre. Ein

Weiterdenken in Richtung institutionsübergreifender Bildungsstandards ist notwendig sowie eine verbindliche Regelung von kontinuierlichen Formen der Zusammenarbeit zwischen den Institutionen.

- Eine strukturelle und konzeptionelle Reform des Aus-, Fort- und Weiterbildungssystems ist längst überfällig. Während in fast allen europäischen Ländern die Ausbildungssysteme zumindest für die Arbeit für die 3- bis 6jährigen Kinder sukzessiv seit den 70er Jahren strukturell und konzeptionell grundlegend reformiert und (mit Ausnahme von Deutschland und Österreich) auf Hochschulniveau angesiedelt wurden, kam es in Deutschland jenseits temporärer Innovationsschübe zu keiner nachhaltigen Reformstrategie mit Blick auf Professionalisierungsfragen.
- Auch die Weiterentwicklung der Einrichtungsformen ist eine Zukunftsaufgabe. Neben vielfältigen, anspruchsvollen und integrativen Bildungsangeboten für Kinder sind differenzierte Ansätze der Familienorientierung in einem gemeinwesen-, interkulturell orientierten und sozial präventiven Gesamtkonzept zu unterstützen und modellhaft zu erproben.
- Deutlichen Handlungsbedarf gibt es auch hinsichtlich der frühpädagogischen Bildungsforschung – sowohl mit Blick auf Fragen der einrichtungsbezogenen Bildungsqualität als auch der systemischen Evaluation von Bildungsinitiativen und –reformen.

Das TQ-Projekt hat das hohe Anforderungsprofil der Träger von Kindertageseinrichtungen deutlich gemacht. Dem steht das sehr unterschiedliche Professionalisierungsprofil der Trägervertreter gegenüber. Als deutlicher Mangel im System der Kindertageseinrichtungen ist das fehlende Angebot von arbeitsfeldspezifischen Evaluationsverfahren und Fortbildungskonzepten für die Träger von Kindertageseinrichtungen zu sehen. Es lagen bislang keine Regelwerke zur Qualitätssicherung vor, die das vielfältige Aufgabenspektrum von Trägern umfassend aufarbeiten. Zudem zeigte die bundesweite Befragung von Rechtsträgern (➤ Kapitel 4), dass eine systematische Qualitätssteuerung und -entwicklung auf Trägerebene kaum betrieben wird.

Aus diesen Gründen ist eine Implementierungsphase vorgesehen, die die entwickelten Verfahren im Feld verankern soll. Ziele dabei sind:

- Träger zu motivieren, Qualitätsentwicklungsprozesse in ihrer alltäglichen Arbeit zu etablieren; und
- Träger zu befähigen, Evaluation zur Weiterentwicklung der Trägerqualität sinnvoll und zielgerichtet einzusetzen.

Durch eine umfassende Information der Fachöffentlichkeit (Publikationen, Informationsveranstaltungen usw.), die Entwicklung eines Modells der fachlich-externen Validierung der Selbstevaluation (➤ Kapitel 9), sowie die Durchführung von Schulungen für Multiplikatoren im Feld (Fachberatung, Qualitätsbeauftragte usw.) sollen in enger Kooperation mit den Verbänden der freien und öffentlichen Wohlfahrtspflege und den Landesbehörden wirksame Implementierungsstrukturen erprobt werden. Außerdem sollen die Maßnahmen evaluiert werden, um entscheidungsrelevante Daten zu gewinnen.

Darüber hinaus ist ein konsequenter Ausbau der Fortbildungs- und Beratungsangebote für Träger zu empfehlen. Der Bedarf an anspruchsvollen Trägerleistungen wird immer deutlicher. Noch fehlt jedoch eine ausreichend gesicherte Infrastruktur der feld- und trägerspezifischen Qualifizierung. Hier liegt eine der Herausforderungen für die Zukunft.

Teil IV

»Träger zeigen Profil« – Instrument zur Selbstevaluation. Ausgewählte Module

Instrument zur Selbstevaluation auf CD

Die CD beinhaltet zwei Versionen des Instruments zur Selbstevaluation: Die **Papier-Version** kann ausgedruckt und dann bearbeitet werden. Die **Computer-Version** bietet eine computerunterstützte Durchführung der Selbstevaluation.

Die Installation der CD ist so gestaltet und angeleitet, dass man sie auch ohne größere Computerkenntnisse durchführen und damit die Selbstevaluation starten kann.

Empfohlene Systemkonfiguration

a) Hardware

Um die Computer-Version des Instruments auszuführen, sollten Sie mindestens über ein

- PC-System mit Intel® Pentium II©-Prozessor mit 300 mhz Takt oder über ein
- Apple Macintosh System mit Power PC-Prozessor mit 166 mhz Takt verfügen.

Für beide Plattformen werden mindestens 64 Megabyte Hauptspeicher (Ram) empfohlen.

Zur Nutzung der Druckfunktion muss ein Drucker an Ihrem Computersystem angeschlossen und konfiguriert sein. Ein Internetzugang per Modem oder Netzkarte ist nicht erforderlich.

b) Software

Auf PC-Systemen wird mindestens Microsoft© Windows 95© oder neuere Versionen benötigt.

Bei Apple Macintosh Systemen wird die Systemsoftware ab Version 8 (MAC OS) oder höher benötigt.

Für Linux wird ein Kernel ab Version 2.2 empfohlen.

Hinweise für die Papier-Version

Wenn Sie die Papier-Version benutzen möchten, legen Sie die CD-Rom in das CD-Laufwerk ein und öffnen Sie das Unterverzeichnis »Papier-Version«. Dort befindet sich die Datei »Träger zeigen Profil.pdf«, die Sie mit dem Programm Acrobat Reader® betrachten und ausdrucken können. Das Programm Acrobat Reader® befindet sich zum Herunterladen auf der CD.

Hinweise für die Computer-Version

Möchten Sie die Selbstevaluation anhand der Computer-Version durchführen, legen Sie die CD-ROM in das CD-Laufwerk ein und klicken Sie auf die Datei »start.html«. Sollten dabei Probleme auftreten, lesen Sie die Ihrem System entsprechende »Readme«-Datei. Dort finden Sie Installationsanleitungen für eventuell noch benötigte Programme. Zur Ausführung der Computer-Version ist das Programm Acrobat Reader® sowie ein Internet-Browser ab der 2. Generation (z. B. Internet Explorer ab Version 4 oder Netscape Navigator ab Version 6) nötig. Sowohl der Acrobat Reader 6.0® als auch der Internet-Browser Netscape 7.0® befinden sich zum Herunterladen auf der CD.

Träger zeigen Profil

Instrument zur Selbstevaluation für Träger im System der Kindertageseinrichtungen

IFP STAATSINSTITUT FÜR FRÜHPÄDAGOGIK

TQ Trägerqualität

Teilprojekt V der Nationalen Qualitätsinitiative im System der Tageseinrichtungen für Kinder
Entwicklung von Kriterien zur Erfassung der Qualität der Arbeit von Trägern sowie Erarbeitung und Erprobung eines handhabbaren Feststellungsverfahrens

Leitfaden

Instrument zur Selbstevaluation für Träger im System der Kindertageseinrichtungen

IFP
STAATSINSTITUT FÜR FRÜHPÄDAGOGIK

TQ
Trägerqualität

Teilprojekt V der Nationalen Qualitätsinitiative im System der Tageseinrichtungen für Kinder
Entwicklung von Kriterien zur Erfassung der Qualität der Arbeit von Trägern sowie Erarbeitung und Erprobung eines handhabbaren Feststellungsverfahrens

Das Selbstevaluations-Instrument besteht aus:

Leitfaden

Übersichtsbogen zur Planung

Module (Protokoll- und Analysebogen, Auswertungsbogen)
1 Organisations- und Dienstleistungsentwicklung
2 Konzeption und Konzeptionsentwicklung
3 Qualitätsmanagement
4 Personalmanagement
5 Finanzmanagement
6 Familienorientierung und Elternbeteiligung
7 Gemeinwesenorientierte Vernetzung + Kooperation
8 Bedarfsermittlung und Angebotsplanung
9 Öffentlichkeitsarbeit
10 Bau und Sachausstattung

Leitfragen zur Interpretation

Interpretationsbogen

Im Leitfaden wird oft auf bestimmte Arbeitsblätter verwiesen: Dabei wird das Symbol 🖹 verwendet und der Name des Arbeitsblattes angegeben, so behalten Sie immer den Überblick.

Sie können mit diesem Instrument ...

... Qualitätsfeststellung betreiben, d.h. erkennen und dokumentieren, was Ihre Arbeit als Trägervertreter bewirkt, Sie können Schwachpunkte identifizieren, aber auch Bereiche, in denen alles „glatt läuft";

... die Ursachen von Problemen, mit denen man im Arbeitsalltag oft konfrontiert wird (aber häufig nicht einordnen kann), objektiv betrachten und Abhilfe schaffen;

... Bereiche identifizieren, in denen konkrete Veränderungen oder ein Umdenken notwendig sind;

... Handlungssicherheit gewinnen (d.h. sich klarmachen, ob die bisherige Arbeit „richtig" ist oder welche Alternativen besser wären);

... sich die Aufgabenbereiche der Trägerarbeit strukturiert vergegenwärtigen;

... eine vollständige Dokumentation der Trägerarbeit erstellen;

... eine Anpassung und Optimierung der Trägerarbeit hinsichtlich der sich verändernden Rahmenbedingungen erreichen.

Inhalt

Adresse

Staatsinstitut für Frühpädagogik
Prinzregentenstraße 24
80538 München

www.ifp-bayern.de

Impressum

Projektleiter: Prof. Dr. Dr. Dr. W. E. Fthenakis

Projektmitarbeiter und
Projektmitarbeiterinnen:
Dipl.-Soz. Kirsten Hanssen
Dr. Bernhard Kalicki
Dr. Bernhard Nagel
Pamela Oberhuemer, Pädagogin (Univ. London)
Dipl.-Psych. Inge Schreyer
Dipl.-Psych. Anna Spindler

Teilprojekt V der Nationalen Qualitätsinitiative im System der Tageseinrichtungen für Kinder
Entwicklung von Kriterien zur Erfassung der Qualität der Arbeit von Trägern sowie Erarbeitung und Erprobung eines handhabbaren Feststellungsverfahrens

Pur pur Konzeption und Gestaltung, München

Einleitung

In letzter Zeit hat sich die Situation für Rechtsträger von Kindertageseinrichtungen entscheidend verändert. Neue Rahmenbedingungen und Bedürfnisse der Adressaten von Kindertageseinrichtungen führen dazu, dass das Thema Qualitätssicherung und -entwicklung für den Rechtsträger von Kindertageseinrichtungen zunehmend in den Vordergrund tritt. Das vorliegende Instrument zur Selbstevaluation stellt für Sie als Trägervertreter/Trägervertreterin[1] die Möglichkeit dar, die Steuerungs- und Sicherungsmaßnahmen der Trägerarbeit einer kritischen Selbstreflexion zu unterziehen und damit die Weiterentwicklung der Trägerarbeit zu fördern.

Das vorliegende Instrument wurde im Rahmen des Projekts „Trägerqualität" im Projektverbund „Nationale Qualitätsinitiative im System der Tageseinrichtungen für Kinder" entwickelt und richtet sich an **Rechtsträger von Kindertageseinrichtungen und an deren Vertreter.** Die Inhalte sind spezifisch auf deren Aufgabenstellungen und Arbeitsbereiche zugeschnitten. Evaluationsgegenstand ist dabei die Steuerungsfunktion des Trägers für die Kindertageseinrichtung zur Umsetzung des Betreuungs-, Bildungs- und Erziehungsauftrages. In allen Phasen der Instrument-Entwicklung wurden Vorschläge und Anregungen von Trägern verschiedener Verbände und Organisationen miteinbezogen.

Zusammen mit dem Instrument zur Selbstevaluation erscheint das Qualitätshandbuch „Träger zeigen Profil"[2] . Anhand des Qualitätshandbuchs können sich Träger praktisch anwendbares Hintergrundwissen zu allen Aufgabenbereichen der Trägerarbeit erschließen oder vorhandenes Wissen vertiefen und erweitern. Das Qualitätshandbuch und das Instrument zur Selbstevaluation ergänzen sich und bieten eine fachlich und methodisch fundierte Basis zur Weiterentwicklung der Trägerarbeit und Erweiterung des beruflichen Wissens.

Alle Arbeitsschritte – von der Planung der Evaluation bis zur Ableitung von Veränderungsmaßnahmen – können Sie selbstbestimmt und eigenverantwortlich durchführen. Sie als Experte für Ihr Arbeitsgebiet führen die Evaluation durch, werten die Ergebnisse aus und interpretieren sie. Gleichzeitig ist das Instrument sehr flexibel anwendbar und bietet die Möglichkeit, die Selbstevaluation entsprechend Ihrer Fragestellungen zu planen und durchzuführen. Sie können z.B. andere Personen in diesen Prozess mit einbeziehen, müssen dies aber nicht tun.

Dieser Leitfaden beschreibt das allgemeine Vorgehen der Selbstevaluation. In den „Tipps für die Praxis" finden Sie u.a. Hinweise für die Durchführung der Evaluation anhand der Papier-Version oder der Computer-Version.[3]

Was versteht man unter Selbstevaluation?

Der Begriff Evaluation bezeichnet die systematische Sammlung, Analyse und Interpretation von Informationen. Von Selbstevaluation wird dann gesprochen, wenn Personen ihr eigenes Handeln nach bestimmten Kriterien überprüfen.

Im Bereich des beruflichen Handelns werden dabei die Auswirkungen der Tätigkeit auf die Organisation bewertet. Diese Bewertung nehmen diejenigen Personen vor, die die Aufgaben innehaben. Grundlegende Prinzipien sind dabei: Selbstreflexion, Selbststeuerung und Selbstkontrolle. Somit dient Selbstevaluation nicht allein der Qualitätsfeststellung, sondern vielmehr dazu, Qualitätsentwicklungsprozesse in der Organisation zu initiieren. Durch Selbstevaluation kann man so neues Wissen über das eigene Arbeitsfeld gewinnen.

[1] Aus Gründen der besseren Lesbarkeit wurde auf die sprachliche Gleichberechtigung der Geschlechter in Form der Verwendung weiblicher und männlicher Personenbezeichnungen verzichtet und nur die männliche Form verwendet, die selbstverständlich beide Geschlechter umfasst.
[2] Fthenakis, W.E, Hanssen, K., Oberhuemer, P. & Schreyer, I. (Hrsg.) (2003). Träger zeigen Profil. Qualitätshandbuch für Träger von Kindertageseinrichtungen. Weinheim: Beltz.
[3] Spezielle Hinweise zur Bedienung der Computer-Version finden Sie in der Benutzerhilfe der CD-ROM, die dem Qualitätshandbuch beiliegt.

I. Handhabung des Instruments zur Selbstevaluation

1. Aufbau des Instruments

Im Qualitätshandbuch „Träger zeigen Profil" werden 10 Aufgabendimensionen und dazugehörige Qualitätskriterien der Trägerarbeit beschrieben, die das Grundgerüst des Instruments zur Selbstevaluation bilden. Es besteht – entsprechend den 10 Aufgabendimensionen des Handbuchs – aus 10 Modulen. Je nach den Fragestellungen des Trägers können einzelne Module ausgesucht oder eine vollständige Bearbeitung gewählt werden. Das Instrument beinhaltet die Module:

1 Organisations- und Dienstleistungsentwicklung
2 Konzeption und Konzeptionsentwicklung
3 Qualitätsmanagement
4 Personalmanagement
5 Finanzmanagement
6 Familienorientierung und Elternbeteiligung
7 Gemeinwesenorientierte Vernetzung und Kooperation
8 Bedarfsermittlung und Angebotsplanung
9 Öffentlichkeitsarbeit
10 Bau und Sachausstattung

2. Vorgehen

Das grundsätzliche Vorgehen bei der Selbstevaluation umfasst 4 unterschiedliche Schritte (siehe Abb. 1).

1. Schritt		**2. Schritt**		**3. Schritt**		**4. Schritt**
Module auswählen	→	Qualitätskriterien einschätzen	→	Ergebnisse auswerten und interpretieren	→	Veränderungsmaßnahmen ableiten

Abbildung 1: Die vier Schritte der Selbstevaluation

Unser Tipp für die Praxis

Qualitätsentwicklung bedeutet, bestehende Steuerungs- und Sicherungssysteme so zu verändern, dass eine kontinuierliche Verbesserung eintreten kann. Dies erfordert Engagement und Durchhaltevermögen. Erwarten Sie deshalb nicht, innerhalb kürzester Zeit alles „umkrempeln" zu können. Sie werden aber schnell feststellen, dass schon kleine Veränderungen der Rahmenbedingungen die eigene Arbeit erleichtern und das Arbeitsklima verbessern können.

Es gibt zwei wichtige Voraussetzungen dafür, dass Sie von der Selbstevaluation profitieren können: die Bereitschaft, das eigene Arbeitsfeld selbstkritisch zu betrachten und die Motivation, etwas verändern zu wollen.

1. Schritt: Module auswählen
In einem ersten Schritt entscheiden Sie sich, welches der Module Sie zuerst bearbeiten wollen. Für dieses Modul führen Sie dann die im Folgenden beschriebenen Schritte 2, 3, und 4 durch. Später können Sie dann die weiteren Module nach demselben Schema bearbeiten.

2. Schritt: Qualitätskriterien einschätzen
Die einzelnen Module enthalten bis zu 16 Qualitätskriterien der Trägerarbeit. Ihre Aufgabe ist es in diesem zweiten Schritt der Selbstevaluation, jedes dieser Qualitätskriterien einzuschätzen. Bei der Bearbeitung der einzelnen Qualitätskriterien gehen Sie immer nach dem folgenden Schema (siehe Abb. 2) vor:

I. Einschätzung der Wichtigkeit des jeweiligen Qualitätskriteriums
Auf die Frage „Wie wichtig ist dieses Qualitätskriterium für den Träger?" geben Sie Ihre Einschätzung auf einer vierstufigen Skala (unwichtig, eher unwichtig, eher wichtig, wichtig) ab. Es geht dabei um Ihre persönliche Meinung, d.h. welche Wichtigkeit Sie in Ihrer Funktion als Trägervertreter dem jeweiligen Qualitätskriterium zuschreiben.

II. Konkretisierung der Maßnahmen zur Erreichung des Kriteriums
Welche konkreten Maßnahmen oder Regelungen gewährleisten in der Trägerarbeit, dass das jeweilige Qualitätskriterium erreicht wird? Diese offene Frage beantworten Sie, indem Sie alle Maßnahmen oder Regelungen, die dieses Qualitätskriterium betreffen, auflisten. Dies können auch Maßnahmen sein, die Sie vielleicht als selbstverständlich wahrnehmen.

III. Einschätzung der Erreichung des jeweiligen Qualitätskriteriums
Nun beurteilen Sie, inwieweit das Qualitätskriterium in der Trägerarbeit erreicht wird. Auch hier geben Sie Ihre Einschätzung auf einer vierstufigen Skala ab (das Kriterium wird nicht erreicht, kaum erreicht, nahezu erreicht, erreicht).

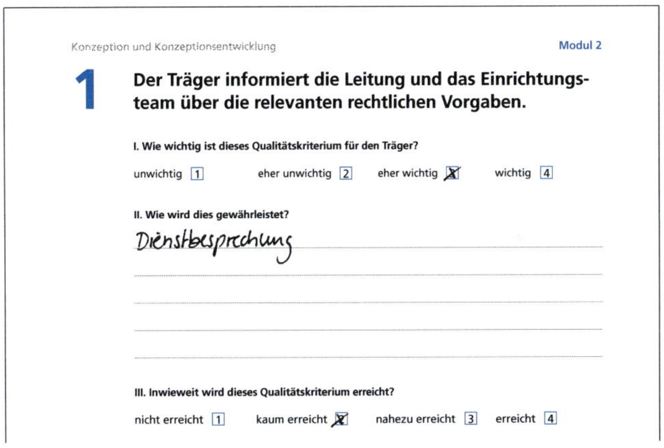
Konzeption und Konzeptionsentwicklung — Modul 2

1 **Der Träger informiert die Leitung und das Einrichtungsteam über die relevanten rechtlichen Vorgaben.**

I. Wie wichtig ist dieses Qualitätskriterium für den Träger?
unwichtig [1] eher unwichtig [2] eher wichtig [X] wichtig [4]

II. Wie wird dies gewährleistet?
Dienstbesprechung

III. Inwieweit wird dieses Qualitätskriterium erreicht?
nicht erreicht [1] kaum erreicht [X] nahezu erreicht [3] erreicht [4]

Abbildung 2: Einschätzung der Qualitätskriterien

Bitte verfahren Sie mit allen Qualitätskriterien eines Moduls so, wie im Beispiel erläutert. Am Ende des jeweiligen Moduls können Sie zusätzliche Qualitätskriterien einfügen, wenn Sie einen für Ihre Arbeit wichtigen Punkt vermissen.

Unser Tipp für die Praxis

Lassen Sie sich bei der Beantwortung der einzelnen Fragen Zeit, um genau über das Qualitätskriterium, über bestehende Maßnahmen oder Regelungen, und über die Erreichung des Kriteriums nachzudenken. Es ist hilfreich, sich ganz konkrete Situationen vorzustellen, bei denen es um das jeweilige Qualitätskriterium geht. Je vollständiger Sie die bestehenden Maßnahmen auflisten, desto leichter wird Ihnen später die Interpretation der Ergebnisse fallen!

Bei der Selbstevaluation sind gerade „kritische" Einschätzungen besonders wertvoll! Je realistischer und genauer Sie den Ist-Stand feststellen und dokumentieren, desto besser können Sie mit den Ergebnissen arbeiten!

3. Schritt: Ergebnisse auswerten und interpretieren
Die Auswertung dient dazu, die Einschätzungen der einzelnen Qualitätskriterien in Aufgabenstellungen zu übertragen. Grundlage dafür sind vier Kombinationen Ihrer Einschätzungen der Wichtigkeit und der Erreichung für jedes der formulierten Qualitätskriterien. Daraus lassen sich vier Konstellationen (A, B, C und D) ableiten, die Ihnen Hinweise für die Interpretation geben. Tabelle 1 zeigt einen Überblick dieser Konstellationen **A, B, C und D** und der jeweils daraus abzuleitenden Aufgabenstellungen. Nähere Informationen finden Sie im Leitfaden unter III. Auswertung und Interpretation.

Ziel dieses Vorgehens ist es,
- dem Trägervertreter zu vermitteln, welche Bedeutung er aktuell einem bestimmten Qualitätsmerkmal zumisst und in welchem Ausmaß er dieses Qualitätsmerkmal realisiert hat, und
- Hinweise dazu zu geben, welche Maßnahmen der Qualitätsfeststellung, Qualitätssicherung und Qualitätsentwicklung gemäß seiner Angaben zu bestimmten Trägeraufgaben sinnvoll bzw. notwendig sind.

4. Schritt: Ableiten von Veränderungsmaßnahmen
Durch die Auswertung gewinnen Sie wichtige Informationen, auf deren Basis Sie dann praktische Veränderungsmaßnahmen ableiten können, um die Weiterentwicklung der Trägerqualität zu fördern. Das Vorgehen beim Ableiten von Veränderungsmaßnahmen wird ab III. 2.2. Ableiten von praktischen Maßnahmen – Leitfragen näher beschrieben.

Konstellation			**Aufgabenstellung**
A	hohe Wichtigkeit,	hohe Erreichung	Zielsicherung
B	hohe Wichtigkeit,	geringe Erreichung	Zielerfüllung
C	niedrige Wichtigkeit,	geringe Erreichung	Reflexion der Zielsetzung
D	niedrige Wichtigkeit,	hohe Erreichung	weitere Klärung

Tabelle 1: Die Konstellationen und die daraus abgeleiteten Aufgabenstellungen

II. Planung einer Selbstevaluation

Wie plant man nun als Trägervertreter eine Selbstevaluation? Je nach aktuellen Fragestellungen und Struktur des Trägers lässt sich das Instrument zur Selbstevaluation flexibel handhaben. Man kann sich entscheiden, die Evaluation selbst durchzuführen, bestimmte Module weiterzugeben oder andere Perspektiven miteinzubeziehen. Am Ende dieses Kapitels finden Sie praktische Tipps zur Planung.

Im Folgenden werden die unterschiedlichen Varianten der Selbstevaluation dargestellt:
1. Selbstevaluation (Variante 1)
2. Verteilen der Module nach Kompetenzen (Variante 2)
3. Erschließen weiterer Perspektiven (Variante 3)
4. Wiederholte Selbstevaluation

1. Selbstevaluation (Variante 1)

Wollen Sie ...
... am liebsten einmal ausprobieren, wie die Selbstevaluation funktioniert?
... Qualitätsfeststellung betreiben?
... Stärken und Schwächen der Trägerarbeit erkennen und daraus notwendige Veränderungsmaßnahmen ableiten?

Dann können Sie als Trägervertreter die Evaluation durchführen. Hierzu nützen Sie das vorliegende Instrument zur Selbstevaluation, wobei Sie entweder alle 10 Module bearbeiten oder aber bestimmte Module auswählen können, die für Sie von besonderem Interesse sind. Dann werten Sie die Ergebnisse aus und interpretieren sie. So erkennen Sie Aufgabenbereiche, in denen gezielte Veränderungsmaßnahmen oder ein Umdenken nötig sind.

In einem zweiten Arbeitsschritt erarbeiten Sie ganz konkrete Maßnahmen, wie Sie die Steuerungs- und Sicherungssysteme so anpassen können, dass eine kontinuierliche Verbesserung möglich ist.

Unser Tipp für die Praxis

Planen Sie für die Einschätzung der Qualitätskriterien pro Modul ca. eine Stunde Zeitaufwand ein. Suchen Sie sich für die Bearbeitung einen möglichst ungestörten Raum.

Es ist davon abzuraten, alle Module an einem Tag zu bearbeiten. Planen Sie lieber mehrere Tage ein, an denen Sie beispielsweise 2 bis 3 Module bearbeiten.

Lassen Sie sich genug Zeit für die einzelnen Arbeitsschritte und setzen Sie sich keine unrealistischen Ziele!

Wenn Sie am liebsten gleich anfangen wollen, können Sie das tun! Probieren Sie das Instrument einfach aus, indem Sie ein Modul bearbeiten, das Sie besonders interessiert. Vor der Auswertung sollten Sie allerdings unbedingt die Anleitung zur Auswertung und Interpretation lesen. (Siehe Teil III: Auswertung und Interpretation)

2. Verteilen der Module nach Kompetenzen (Variante 2)

Wollen Sie das Instrument nützen...
... um genau diejenigen Mitarbeiter in die Evaluation einzubinden, die mit einem bestimmten Aufgabenbereich besonders vertraut sind?

Die Selbstevaluation ist vor allem dann besonders ergiebig, wenn die einzelnen Module von Personen bearbeitet werden, die mit dem Arbeitsbereich eng vertraut sind. Unter Umständen kann es daher sinnvoll sein, bestimmte Module an einzelne Mitarbeiter des Trägers zu verteilen. In diesem Fall bearbeiten die jeweiligen Personen die entsprechenden Module, werten diese selbstständig aus und planen auch das weitere Vorgehen.

Unser Tipp für die Praxis

Wenn Sie als Trägervertreter einzelne Module von anderen Mitarbeitern bearbeiten lassen, ist es förderlich, die Ergebnisse zu diskutieren und geplante Maßnahmen untereinander abzustimmen. (Siehe Teil III: Auswertung und Interpretation)

Jeder der an der Evaluation beteiligten Mitarbeiter benötigt dazu einen Ausdruck des Leitfadens, das Modul, das er bearbeiten möchte und den entsprechenden 🗎 „Protokoll- und Analysebogen".

Wenn Sie mit der Computer-Version arbeiten, geben Sie die CD an die entsprechenden Mitarbeiter weiter.

3. Erschließen weiterer Perspektiven (Variante 3)

Wollen Sie das Instrument nützen ...
... um sich zu versichern, dass Ihre Einschätzung der Qualitätskriterien auch von anderen Personen geteilt wird?
... um Rückmeldungen über Ihre Trägerarbeit zu bekommen?
... um das Wissen/die Erfahrungen von mehreren Personen zu nützen?
... um Mitarbeiter oder Eltern eng in den Qualitätsentwicklungsprozess mit einzubinden?

Dann können Sie für die Selbstevaluation zusätzliche Perspektiven erschließen, indem Sie Trägermitarbeiter, Einrichtungsleitungen, Mitarbeiter aus den Einrichtungen oder Eltern an der Evaluation beteiligen.

So können Sie auf eine breitere Informationsbasis zurückgreifen. Um von diesen Informationen profitieren zu können, sollte das entsprechende Modul auch aus der Sicht des Trägers bearbeitet werden.

Man kann dabei die Qualität der Trägerarbeit aus drei unterschiedlichen Perspektiven beleuchten:

- **Perspektive innerhalb des Trägers:** Hierbei binden Sie Mitarbeiter des Trägers in die Evaluation mit ein. So erhalten Sie Rückmeldung aus dem Träger.
- **Perspektive der Einrichtungen auf den Träger:** Um sich diese Perspektive zu erschließen, geben Sie bestimmte Module an Einrichtungsleitungen und Mitarbeiter der Einrichtungen.
- **Außenperspektive:** Manchmal ist es sinnvoll, sich Perspektiven zu erschließen, die einen anderen Blickwinkel einnehmen. Dazu können Sie beispielsweise Eltern bitten, an der Evaluation teilzunehmen.

Bei den vier Modulen Konzeption und Konzeptionsentwicklung, Personalmanagement, Familienorientierung und Elternbeteiligung und Gemeinwesenorientierte Vernetzung und Kooperation bietet es sich besonders an, andere Perspektiven hinzuzuziehen (siehe Tab. 2).

Um sich andere Perspektiven zu erschließen, gehen Sie folgendermaßen vor:
Die Teilnehmer schätzen dabei – aus ihrer Perspektive – die Wichtigkeit und Erreichung der Qualitätskriterien in der Trägerarbeit ein und fügen die Maßnahmen zur Gewährleistung ein. (Welche unterschiedlichen Möglichkeiten sich zur Interpretation dieser Daten ergeben, können Sie unter III. 3.1 Variante 2: Verteilen nach Kompetenzen nachlesen.)

Modul[4]	**Geeignet für die Bearbeitung zusammen mit**
2. Konzeption und Konzeptionsentwicklung	Einrichtungsleitungen
4. Personalmanagement	Mitarbeitern des Trägers; Einrichtungsleitungen und Mitarbeitern der Einrichtungen
6. Familienorientierung und Elternbeteiligung	Eltern
7. Gemeinwesenorientierte Vernetzung und Kooperation	Mitarbeitern des Trägers; Einrichtungsleitungen und Mitarbeitern der Einrichtungen; Eltern

Tabelle 2: Module, die für das Erschließen weiterer Perspektiven besonders geeignet sind

Unser Tipp für die Praxis

Klären Sie ab, bei welchen Modulen Sie andere Perspektiven einbeziehen möchten.

Diese Form der Evaluation sollte nur in einer Atmosphäre gegenseitigen Vertrauens und Respekt durchgeführt werden. Achten Sie deshalb besonders darauf, die beteiligten Personen intensiv über Vorgehen und Zielsetzung der Selbstevaluation zu informieren und betonen Sie vor allem, dass Sie als Träger die Rückmeldungen brauchen, um sich zu versichern, dass die eigenen Einschätzungen auch von anderen geteilt werden. Wichtig ist außerdem, die Freiwilligkeit der Teilnahme zu sichern.

Als Material benötigen die beteiligten Personen:
- Ausdrucke des entsprechenden Moduls,
- den dazugehörigen 🗎 „Protokoll- und Analysebogen" und
- den Leitfaden.

Die 🗎 „Protokoll- und Analysebögen" gehen an den Träger, während die ausgefüllten Module bei den Beteiligten verbleiben.

4 Diese vier Module sind zusammen mit den entsprechenden Arbeitsblättern im Qualitätshandbuch „Träger zeigen Profil" abgedruckt.

4. Wiederholte Selbstevaluation

Wollen Sie die Selbstevaluation nützen...
... um innerhalb bestimmter Zeitabstände Ihr Bild der Qualitätsentwicklung zu erneuern?
... um eine kontinuierliche Qualitätsfeststellung durchzuführen?
... um die Wirksamkeit von bestimmten Veränderungsmaßnahmen zu prüfen?

Dann können Sie die Evaluation in bestimmten Zeitabständen wiederholen. Auf diese Weise können Sie sich immer wieder ein Bild der aktuellen Trägerqualität machen. Am besten legen Sie nach der erstmaligen Evaluation einen Zeitpunkt für die erneute Evaluation fest. Sie können dabei entscheiden, wie lange der Zeitraum sein soll, und ob Sie alle oder nur bestimmte Module wiederholt bearbeiten wollen.

Eine Wiederholung der Evaluation ist für alle Varianten der Selbstevaluation möglich:
- Sie können die Selbstevaluation alleine durchführen und wiederholen,
- Sie können die Module nach Kompetenzen verteilen und die jeweiligen Bearbeiter bitten, die Evaluation zu wiederholen, oder
- Sie erschließen sich weitere Perspektiven und wiederholen diesen Vorgang.

Unser Tipp für die Praxis

Sie müssen sich nicht jetzt schon entscheiden, ob Sie die Selbstevaluation wiederholen wollen. Diese Option bleibt Ihnen offen. Achten Sie deshalb immer darauf, den Zeitpunkt der Bearbeitung auf allen Materialien einzutragen.

5. Ein zusätzlicher Gewinn: „Selbstevaluation als Dokumentations-System"

Ein weiteres Ergebnis des Selbstevaluationsprozesses ist, dass – ohne zusätzlichen Arbeitsaufwand – der gesamte Qualitätsentwicklungsprozess dokumentiert wird. So können Sie sicherstellen, dass der Stand und die Veränderungen der Trägerarbeit übersichtlich schriftlich festgehalten werden.

So können Sie ...
... z.B. bei einem Wechsel des Trägers Informationen leicht weitergeben;
... sich effizient auf Besprechungen/Fortbildungen vorbereiten;
... bei aktuellen Problemstellungen in kurzer Zeit einen Überblick über bestehende Steuerungs- und Sicherungssysteme bekommen.

6. Praktische Tipps zur Planung

Schon ein geringer Planungsaufwand trägt dazu bei, das Instrument optimal zu nutzen und praxisrelevante Ergebnisse zu erhalten. Überlegen Sie zunächst, welche Varianten der Evaluation zu Ihrem Träger passen und welche zeitlichen Ressourcen Sie für die Evaluation verwenden können.

- Es empfiehlt sich, einen festen, aber auch realistischen Zeitrahmen für die Selbstevaluation zu setzen.
- Hilfreich ist es dabei, sich für die Selbstevaluation Zeiträume zu reservieren, in denen Sie sich ungestört auf die Evaluation konzentrieren können. Sie können sich dazu mehrere Wochen lang einen kurzen Zeitraum oder aber mehrere Tage am Stück freihalten, in denen Sie die Evaluation durchführen.
- Besonders wichtig ist die Zeitplanung, wenn Sie mehrere Personen an der Evaluation beteiligen möchten: Stimmen Sie diesen Zeitplan möglichst mit allen beteiligten Mitarbeitern ab.

Wenn Sie mehrere Personen in die Evaluation mit einbeziehen wollen, empfiehlt es sich außerdem, eine Person innerhalb des Trägers als Koordinator zu benennen. Diese Person sollte einen guten Überblick über den Träger haben und der Evaluation positiv gegenüber stehen. Außerdem sollte sie von allen Beteiligten als Ansprechpartner akzeptiert werden.

Zur Koordination gehören z.B. Aufgaben wie:

- die allgemeine Planung und den Zeitplan für die Evaluation aufzustellen;
- die beteiligten Personen zu informieren und sie mit den nötigen Materialien zu versorgen;
- Teamtreffen vorzubereiten und dafür zu sorgen, dass sie moderiert werden;
- Ergebnisse zusammenzutragen und dafür zu sorgen, dass geplante Maßnahmen aufeinander abgestimmt werden.

Unser Tipp für die Praxis

Im Arbeitsblatt 🗎 „Übersichtsbogen zur Planung" können alle planungsrelevanten Informationen eingetragen werden. Pro Modul können die jeweiligen Bearbeiter und die benötigten Materialien notiert werden. Auch die Zeitplanung kann in diesem Arbeitsblatt dokumentiert werden.

Auch wenn Sie die Evaluation anhand der Computer-Version durchführen, können Sie die Planung anhand des Arbeitsblattes 🗎 „Übersichtsbogen zur Planung" dokumentieren.

III. Auswertung und Interpretation

1. Auswertung – Protokoll- und Analysebogen

Aus den Einschätzungen der Wichtigkeit und Erreichung für die Qualitätskriterien ergeben sich vier Konstellationen (A, B, C und D). Wenn Sie alle Einschätzungen vorgenommen haben, nehmen Sie den „Protokoll- und Analysebogen" für das jeweilige Modul zur Hand. In Abbildung 4 zeigt die obere Tabelle schematisch, welche der Konstellationen A, B, C und D sich aus Ihren Einschätzungen ergeben. Haben Sie beispielsweise das Qualitätskriterium (vgl. Abb. 3) „Der Träger informiert die Leitung und das Einrichtungsteam über die relevanten rechtlichen Vorgaben" als „eher wichtig" eingeschätzt, dieses aber „kaum erreicht", ergibt sich Konstellation B.

Genauso verfahren Sie mit allen Qualitätskriterien im Modul und können die Einschätzungen auf dem „Protokoll- und Analysebogen" übersichtlich zusammenfassen. Diese Auswertung dient Ihnen als Übersicht für Ihre weiteren Interpretationen, sie lässt jedoch keine Bewertung z.B. nach aufsummierbaren Punktewerten zu.

Bei der Bearbeitung der PC-Version ist diese „manuelle" Auswertung nicht nötig; die Konstellationen werden automatisiert in den Protokoll- und Analysebogen eingetragen.

Konzeption und Konzeptionsentwicklung — Modul 2

1 **Der Träger informiert die Leitung und das Einrichtungsteam über die relevanten rechtlichen Vorgaben.**

I. Wie wichtig ist dieses Qualitätskriterium für den Träger?

unwichtig [1] eher unwichtig [2] eher wichtig [X] wichtig [4]

II. Wie wird dies gewährleistet?

Dienstbesprechung

III. Inwieweit wird dieses Qualitätskriterium erreicht?

nicht erreicht [1] kaum erreicht [X] nahezu erreicht [3] erreicht [4]

Abbildung 3: Einschätzung der Qualitätskriterien

Konzeption und Konzeptionsentwicklung — **Modul 2**

Protokoll- und Analysebogen

Erreichung: III. Inwieweit wird dieses Qualitätskriterium erreicht?	**Wichtigkeit:** I. Wie wichtig ist das Qualitätskriterium für den Träger? unwichtig 1 / eher unwichtig 2	eher wichtig 3 / wichtig 4
nicht erreicht 1 kaum erreicht 2	C	B
nahezu erreicht 3 erreicht 4	D	A

Qualitätskriterien	Konstellation A	B	C	D
1 Der Träger informiert die Leitung und das Einrichtungsteam über die relevanten rechtlichen Vorgaben.		X		

Abbildung 4: Der Protokoll- und Analysebogen

2. Interpretation

Mit diesem Schritt der Evaluation beginnt eine neue Phase der Selbstevaluation: Die einzelnen Konstellationen repräsentieren spezifische Aufgabenstellungen, woraus Sie Schlüsse für die zukünftige praktische Arbeit ziehen können. Dieser Prozess aus Qualitätsfeststellung und Ableitung praktischer Maßnahmen kann dann in eine kontinuierliche Weiterentwicklung der Trägerqualität münden.

Bei der Interpretation der Ergebnisse ist Ihr Expertenwissen gefragt: Sie können einschätzen, welche Neuerungen sich umsetzen lassen und können Prioritäten setzen, weil Sie die Rahmenbedingungen der Trägerarbeit am besten kennen.

Es bietet sich folgendes Vorgehen für die Interpretation an:

- Sie verschaffen sich einen Überblick und setzen sich Prioritäten.
- Sie leiten praktische Maßnahmen für Ihr weiteres Vorgehen ab (anhand von Leitfragen).

2.1. Überblick und Prioritätensetzung

Nachdem Sie die Auswertung eines Moduls vorgenommen haben, sollten Sie sich einen Überblick über Ihre Antworten im Modul verschaffen. Jede der Konstellationen A, B, C oder D repräsentiert eine typische Aufgabenstellung (siehe Tab. 3). Anhand der Häufung der Werte A, B, C oder D in einem Modul können Sie einen Trend bezüglich Wichtigkeit und Erreichung der Trägeraufgaben in diesem Aufgabenbereich erkennen.

Konstellation A
Konstellation A bedeutet, dass Sie das jeweilige Qualitätskriterium als wichtiges Ziel einschätzen, und dass dieses Ziel auch schon erreicht ist. Hier stellt sich die **Aufgabe der Zielsicherung**, d.h. Sie sollten sicherstellen, dass der Standard, der erreicht ist, auch in Zukunft erhalten bleibt.

Konstellation B
Bei Konstellation B wird das Qualitätsziel ebenfalls als wichtig angesehen, es wird jedoch noch nicht erreicht. Hier stellt sich die **Aufgabe der Zielerfüllung**. Für den Träger bedeutet dies, dass er Maßnahmen entwickeln und einleiten muss, die es ihm ermöglichen, das formulierte Ziel zu erreichen und damit den Qualitätsstandard zu erfüllen.

Konstellation C
Konstellation C dokumentiert sowohl eine geringe Wichtigkeit als auch ein geringes Erreichen eines Standards. In diesem Fall stellt sich die **Aufgabe der Zielreflexion**. Im Zuge der Zielreflexion kann sich herausstellen, dass das entsprechende Kriterium doch wichtiger ist, als Sie ursprünglich dachten. Oder Sie stellen auch nach der Reflexion fest: dieses Kriterium ist für mich als Trägervertreter nicht wichtig. Bei der Zielreflexion kann es hilfreich sein, die Meinungen von anderen Personen einzuholen oder aber noch mehr Informationen bezüglich des Themas zu sammeln.

Konstellation			Aufgabenstellung
A	hohe Wichtigkeit,	hohe Erreichung	Zielsicherung
B	hohe Wichtigkeit,	geringe Erreichung	Zielerfüllung
C	niedrige Wichtigkeit,	geringe Erreichung	Reflexion der Zielsetzung
D	niedrige Wichtigkeit,	hohe Erreichung	Klärung: Reflexion der Zielsetzung, „Pause“ nach Zielerreichung, Fehlinvestition von Ressourcen

Tabelle 3: Die Konstellationen und die daraus abgeleiteten Aufgabenstellungen

Konstellation D
Die Konstellation D ist zunächst unklar und mehrdeutig. Aufgabenstellung ist daher die Klärung, ob das betrachtete Qualitätskriterium tatsächlich für den Träger unwichtig oder irrelevant ist **(Aufgabe: Zielreflexion)**. Wenn Sie sich entscheiden, dass das Kriterium tatsächlich nicht zutreffend ist, sollten Sie sich zusätzlich Gedanken darüber machen, ob diese Kombination eine Fehlinvestition von Ressourcen anzeigt. Prüfen Sie dafür, ob alle dieses Kriterium betreffenden Steuerungsmaßnahmen wirklich notwendig und effektiv sind. Zu klären ist aber auch, ob das Kriterium aktuell als unwichtig erscheint, weil es beispielsweise eben erst erreicht wurde. Es mag aus dem Blick geraten sein, weil der Träger auf diesem Feld gewissermaßen eine „Pause" einlegt **(Aufgabe: Zielsicherung)**.

Sehen Sie sich den 🗎 **„Protokoll- und Analysebogen"** an. Erkennen Sie ein „Profil"? Können Sie eine bestimmte Aufgabenstellung erkennen, die gehäuft auftritt? Sehen Sie einen „roten Faden", der sich aus den Einzelergebnissen ergibt?

Wenn Sie sich einen Überblick über die Konstellationen und die daraus resultierenden Aufgabenstellungen verschafft haben, geht es um das Ableiten von praktischen Maßnahmen. Dies erfordert Zeit und Aufwand. Sie müssen nicht jetzt schon für alle Qualitätskriterien die entsprechenden Maßnahmen ableiten, wichtig ist, dass Sie einen Einstieg finden. Am leichtesten wird Ihnen dieser Einstieg fallen, wenn Sie sich pro Modul einige Qualitätskriterien heraussuchen und für diese die weitergehenden Interpretationen durchführen. Nach und nach können Sie dann die Interpretation für die weiteren Qualitätskriterien vornehmen. Im folgenden Text werden zwei Möglichkeiten beschrieben, wie man sich Prioritäten für die weitere Bearbeitung der Qualitätskriterien setzen kann.

Gruppieren nach Konstellationen
Sie können sich Prioritäten setzen, indem Sie die Qualitätskriterien nach den Konstellationen ordnen. So können Sie z.B. gut planen, welchen Aufgaben Sie sich zuerst stellen wollen oder welche Aufgabenstellungen Sie später bearbeiten möchten.

- Wenn Sie zuerst diejenigen Qualitätskriterien behandeln wollen, in denen die Zielerreichung schon vorliegt und Sie vor allem daran arbeiten, den erreichten Standard zu sichern, beginnen Sie mit Konstellation A.
- Mit der Konstellation B anzufangen, fällt vielen Personen am leichtesten: Einfälle, mit welchen Maßnahmen die Zielerreichung gefördert werden könnte, hat man oft schon während der Bearbeitung des Fragenteils.
- Aber auch C und D können einen guten Einstieg in die Interpretation und Maßnahmengestaltung bieten. Hierbei geht es zwar nicht sofort um konkrete Maßnahmen, aber es kann die Qualitätsentwicklung sehr fördern, am Anfang über die trägerspezifische Zielsetzung nachzudenken.

Gruppieren nach Inhalten
Sie können sich die Arbeit erleichtern, wenn Sie sich beim Ableiten von Maßnahmen auf einen bestimmten Aufgabenbereich konzentrieren. Fällt Ihnen auf, dass ein bestimmter Aufgabenbereich hervortritt oder sogar ähnliche Konstellationen aufweist? Dann sollten Sie sich diesen Aufgabenbereich näher ansehen und beginnen, diesen zu interpretieren.

Unser Tipp für die Praxis

Setzen Sie sich Prioritäten, um einen Einstieg in das Ableiten praktischer Maßnahmen finden zu können und nicht alles auf einmal bearbeiten zu müssen!

Dokumentieren Sie die Prioritäten. In der Papier-Version können Sie eine eigene Liste erstellen oder die Qualitätskriterien farbig markieren. In der Computer-Version besteht die Möglichkeit, eine eigene Rangreihe der Bearbeitung zu bilden oder die Kriterien nach Konstellationen zu sortieren.

2.2. Ableiten von praktischen Maßnahmen – Leitfragen

Sie haben sich Prioritäten gesetzt und damit entschieden, welche Qualitätskriterien Sie zuerst bearbeiten wollen. Um Ihnen weitere Analysen zu erleichtern, wurden „Leitfragen" für jede der Konstellationen entwickelt. Anhand dieser Fragen kann man seine Ziele kritisch hinterfragen, bestehende Steuerungsmaßnahmen bewerten und alternative Maßnahmen abwägen. Die „Leitfragen" (siehe Abb. 5) veranschaulichen und verdeutlichen die Aufgabenstellungen, die aus den einzelnen Konstellationen resultieren.

Indem Sie die jeweiligen Leitfragen für die von Ihnen ausgewählten Qualitätskriterien beantworten, können Sie praktische Maßnahmen für Ihr weiteres Vorgehen entwickeln. Vertiefende Informationen zu den einzelnen Modulen und spezifischen Steuerungsmaßnahmen können Sie beispielsweise dem Qualitätshandbuch für Träger entnehmen.

Durch die Beantwortung der Leitfragen erarbeiten Sie sich die Maßnahmen und Veränderungen, mit denen Sie die Qualitätsentwicklung im Träger fördern können.

Sie finden diese 🗎 „Leitfragen zur Interpretation" für alle Konstellationen als Arbeitsblatt. Halten Sie die Beantwortung der Leitfragen schriftlich fest, um die Ergebnisse zu dokumentieren: Für die Dokumentation können Sie den 🗎 „Interpretationsbogen" benützen: Sie fügen die Nummer des Moduls ein, aus dem das entsprechende Qualitätskriterium stammt, die Nummer bzw. den Text des Qualitätskriteriums und die Konstellation, die sich aus Ihren Einschätzungen ergeben hat. Dann können Sie sich Ihre Überlegungen zu den Leitfragen notieren, aber auch noch weitere Informationen, die dieses Qualitätskriterium betreffen, einfügen.

Leitfragen zu Konstellation B – Aufgabenstellung: Zielerfüllung

1. Welche Maßnahmen haben Sie, die der Zielerreichung dienen sollen?
2. Welche Bedingungen sind dafür verantwortlich, dass diese Maßnahmen nicht zum Ziel führen?
3. Wie können Sie die vorhandenen Maßnahmen so abändern, dass sie der Zielerreichung dienen?
4. Welche alternativen Maßnahmen können Sie sich vorstellen?
5. Welche Maßnahmen möchten Sie umsetzen?

Abbildung 5: Die Leitfragen zu Konstellation B

Unser Tipp für die Praxis

Um die Leitfragen mit größtmöglichem Gewinn zu bearbeiten, sollten Sie sich vor der Beantwortung die bereits bestehenden Maßnahmen, die Sie bei der Bearbeitung des Moduls aufgelistet haben (Frage II), nochmals durchsehen.

Wenn Sie mit der computerunterstützten Version arbeiten, werden alle relevanten Daten (wie die Maßnahmen zur Gewährleistung oder die entsprechenden Leitfragen) in einem Fenster angezeigt. Dort können Sie dann auch Ihre eigenen Überlegungen notieren. Weitere Informationen dazu finden Sie in der Benutzerhilfe.

3. Interpretationshinweise für die Varianten der Selbstevaluation

3.1. Variante 1: Selbstevaluation

Wenn Sie die Selbstevaluation alleine bearbeiten, können Sie auf die allgemeinen Hinweise zur Auswertung und Interpretation zurückgreifen.

3.2. Variante 2: Verteilen nach Kompetenzen

Sie haben bestimmte Module an unterschiedliche Trägermitarbeiter weitergegeben. Prinzipiell liegt die Auswertung und Interpretation bei denjenigen Mitarbeitern, die die jeweiligen Module bearbeitet haben. Trotzdem ist es wichtig, die Ergebnisse und abgeleiteten Maßnahmen regelmäßig abzusprechen und zu koordinieren. Es gilt, nicht nur Daten zu gewinnen, sondern diese auch gemeinsam zu nutzen. Um diese Kommunikation zu sichern, können Sie z.B. Projektgruppen initiieren. Diese Projektgruppen diskutieren dann die Ergebnisse der Evaluation, die nötigen Veränderungsmaßnahmen und das weitere Vorgehen. So kann man sicherstellen,

- dass die geplanten Maßnahmen aufeinander abgestimmt werden,
- dass alle beteiligten Mitarbeiter die Veränderungen unterstützen und mittragen,
- dass ein klarer Informationsfluss bezüglich der Selbstevaluation innerhalb des Trägers entsteht.

3.3. Variante 3: Erschließen von weiteren Perspektiven

Sie haben sich weitere Perspektiven erschlossen und andere Personen an der Evaluation beteiligt? Ob und inwieweit man die Beteiligten auch in die Interpretation einbezieht, führt zu unterschiedlichen Möglichkeiten der Interpretation. Man kann sich dazu entscheiden, die Interpretation der Ergebnisse entweder alleine durchzuführen oder die an der Evaluation Beteiligten auch in den gesamten Interpretationsprozess mit einzubeziehen. Die an der Evaluation Beteiligten können jedoch auch erst zu einem späteren Zeitpunkt an der Interpretation teilnehmen.

Interpretation der Einschätzungen mehrerer Bearbeiter
Durch die Einbeziehung der anderen Perspektiven können Sie auf die Sicht der Trägerqualität von anderen Beteiligten zurückgreifen. Wie Sie im Detail bei der Interpretation vorgehen, bleibt weitgehend Ihnen überlassen.

Es bietet sich dabei allerdings an, besonders auf Qualitätskriterien zu achten:

- bei denen sich die Einschätzungen der verschiedenen Bearbeiter und die resultierenden Konstellationen stark unterscheiden. Was signalisieren diese Unterschiede?
- bei denen die meisten Bearbeiter zu den gleichen Konstellation gelangen: Welche Aufgabenstellung liegt bei diesem Qualitätskriterium vor?

Unser Tipp für die Praxis

Berichten Sie von den Ergebnissen der Evaluation, damit die Beteiligten erfahren, was aus ihren Rückmeldungen geworden ist.

Eine Gesamtschau mit den Ergebnissen aller Teilnehmer können Sie mithilfe des Arbeitsblattes 2 „Auswertungsbogen für mehrere Zeitpunkte und mehrere Bearbeiter" erstellen. Diese Arbeitsblätter existieren für alle Module. Wählen Sie dabei eine Farbe für Ihre eigene Einschätzung und unterschiedliche Farben für die Einschätzungen der übrigen Beteiligten. So schaffen Sie sich eine übersichtliche Grundlage für die Interpretation.

Interpretation zusammen mit den Beteiligten
Die Teilnehmer haben die Einschätzung bearbeitet und die Ergebnisse in die 🗎 **„Protokoll- und Analysebögen"** übertragen. Alle Beteiligten können ihre Konstellationen auf den 🗎 **„Auswertungsbogen für mehrere Zeitpunkte und mehrere Bearbeiter"** eintragen. Auf diesen Überblick können Sie aufbauen und eine gemeinsame Diskussion der Ergebnisse anregen. Achten Sie dabei besonders auf Qualitätskriterien, bei denen sich die Einschätzungen der Beteiligten unterscheiden: Welche Ursachen können diese Unterschiede haben? Vielleicht ergibt sich ja in der Diskussion ein „gemeinsamer Nenner". Auch die Interpretation im Hinblick auf das weitere Vorgehen können Sie zusammen durchführen. Oft ergeben sich schon während der Diskussion Verbesserungsvorschläge, auf die man dann zurückgreifen kann. Die Leitfragen bieten auch für die Interpretation in der Gruppe eine gute Diskussionsgrundlage. Nehmen Sie sich vielleicht nicht gleich alles vor, setzen Sie Prioritäten, um nicht zuviel auf einmal bearbeiten zu müssen.

Unser Tipp für die Praxis

Die Materialien
- 🗎 „Auswertungsbogen für mehrere Zeitpunkte und mehrere Bearbeiter" (In diesem Arbeitsblatt werden die Einschätzungen der unterschiedlichen Bearbeiter mit unterschiedlichen Farben eingetragen.)
- 🗎 „Leitfragen zur Interpretation"

können Sie auf Overheadfolien kopieren, um eine übersichtliche Diskussionsbasis zu haben.

Es ist sinnvoll, die Ergebnisse der Diskussion zu dokumentieren und den Beteiligten zukommen zu lassen.

3.4. Interpretationshinweise für die wiederholte Selbstevaluation

Wenn man als Trägervertreter die Selbstevaluation zu einem späteren Zeitpunkt wiederholt, kann man Veränderungen erfassen, die Wirksamkeit von Maßnahmen überprüfen oder Klarheit darüber gewinnen, ob eine Weiterentwicklung der Trägerqualität erreicht wurde.

Bei der Interpretation sind zwei Punkte wichtig:

1. Wie sieht der Ist-Stand der Trägerqualität – zu diesem späteren Zeitpunkt – aus?
   Auch bei der wiederholten Evaluation ist Qualitätsfeststellung eine zentrale Aufgabe: Deshalb können Sie die Daten zunächst einmal wie bei der zurückliegenden Evaluation auswerten und anhand der Leitfragen interpretieren.

2. Welche Veränderungen haben sich gegenüber der zurückliegenden Evaluation ergeben?
   Haben die Maßnahmen, die Sie nach der zurückliegenden Selbstevaluation initiiert haben, die Qualitätsentwicklung gefördert? Können Sie Veränderungen der Zielerreichung feststellen? Messen Sie bestimmten Qualitätskriterien inzwischen mehr Bedeutung zu? Haben sich die vorliegenden Aufgabenstellungen verändert?

Unser Tipp für die Praxis

Die Auswertung nehmen Sie auf dem 🗎 „Auswertungsbogen für mehrere Zeitpunkte und mehrere Bearbeiter" für die jeweiligen Module vor. Bei mehreren Bearbeitern können Sie zusätzlich deren Einschätzungen in unterschiedlichen Farben zu dokumentieren. Auch wenn Sie die wiederholte Selbstevaluation in der computerunterstützten Version durchgeführt haben, können Sie eine Zusammenschau der Ergebnisse mit dem 🗎 „Auswertungsbogen für mehrere Zeitpunkte und mehrere Bearbeiter" erstellen.

Übersichtsbogen zur Planung

Modul	Bearbeiter[1]/Funktion	Zeitplan	Ausdrucke
1 Organisationsentwicklung			
2 Konzeption und Konzeptionsentwicklung			
3 Qualitätsmanagement			
4 Personalmanagement			
5 Finanzmanagement			
6 Familienorientierung und Elternbeteiligung			
7 Gemeinwesenorientierte Vernetzung und Kooperation			
8 Bedarfsermittlung und Angebotsplanung			
9 Öffentlichkeitsarbeit			
10 Bau und Sachausstattung			

[1] Pro Bearbeiter benötigen Sie zusätzlich je einen Ausdruck des Leitfadens, der Leitfragen und des Interpretationsbogens.

Modul 2

Konzeption und Konzeptionsentwicklung

Bearbeitungs-Datum:

Bearbeiter/Bearbeiterin:

Funktion/Tätigkeit des Bearbeiters/der Bearbeiterin:

IFP STAATSINSTITUT FÜR FRÜHPÄDAGOGIK

TQ Trägerqualität

Teilprojekt V der Nationalen Qualitätsinitiative im System der Tageseinrichtungen für Kinder
Entwicklung von Kriterien zur Erfassung der Qualität der Arbeit von Trägern sowie Erarbeitung und Erprobung eines handhabbaren Feststellungsverfahrens

Modul 2

Einführung

Dieser Evaluationsbogen richtet sich an **Rechtsträger von Kindertageseinrichtungen.** Er dient dazu, die Qualität der eigenen Arbeit selbst einzuschätzen und so zur Qualitätsfeststellung sowie zur Qualitätssicherung und -entwicklung beizutragen. Der Evaluationsbogen ist so angelegt, dass er vom Rechtsträger selbst ausgefüllt, ausgewertet und interpretiert wird. Alle Ergebnisse können somit beim Träger verbleiben. Wenn dieses Instrument sorgfältig und überlegt ausgefüllt wird, bietet es die Möglichkeit, die Strukturen des Rechtsträgers und die Stärken und Schwächen seiner Arbeit besser kennenzulernen und Maßnahmen für die Qualitätsentwicklung abzuleiten.

Alle Arbeitsschritte finden Sie auch im Heft **„Leitfaden"** genau beschrieben.

Modul 2

Das Modul **„Konzeption und Konzeptionsentwicklung"** ist ein Bereich, in dem Träger und auch die einzelnen Kindertageseinrichtungen über eine relativ große Autonomie bezüglich ihrer Bildungs- und Erziehungskonzeption verfügen. Eine Konzeption kann jedoch keine einmalige Festlegung von Prinzipien und Arbeitsweisen sein. Wichtig ist hier im Gegenteil die kontinuierliche Fortschreibung und Weiterentwicklung sowie die Auseinandersetzung mit kontextuellen Veränderungen und situativen Anforderungen. Weitere wichtige Aspekte sind die deutliche Positionierung des Trägers in sozialpolitischer und pädagogischer Hinsicht und die Umsetzung der Zielvorgaben des KJHG: Kind- und Familienorientierung, Bildungsauftrag und Dienstleistungsauftrag, individuelle Bedarfsorientierung und Gemeinwesenorientierung.

Hinweise zur Bearbeitung

Im folgenden finden Sie Fragen zu verschiedenen Qualitätskriterien aus dem Bereich„Konzeption und Konzeptionsentwicklung". Zu jedem einzelnen Qualitätskriterium sind drei Fragen zu beantworten (siehe auch Leitfaden, Teil I):

Beispiel:

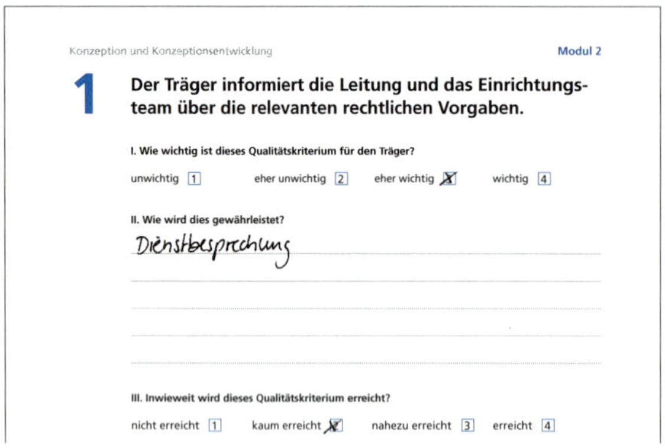
Konzeption und Konzeptionsentwicklung — Modul 2

1 Der Träger informiert die Leitung und das Einrichtungsteam über die relevanten rechtlichen Vorgaben.

I. Wie wichtig ist dieses Qualitätskriterium für den Träger?

unwichtig [1] eher unwichtig [2] eher wichtig [X] wichtig [4]

II. Wie wird dies gewährleistet?

Dienstbesprechung

III. Inwieweit wird dieses Qualitätskriterium erreicht?

nicht erreicht [1] kaum erreicht [X] nahezu erreicht [3] erreicht [4]

Zu I: Zunächst schätzen Sie bitte die Wichtigkeit des Qualitätskriteriums für den Träger auf der vorgegebenen Antwortskala ein.

Zu II: Anschließend überlegen Sie bitte, welche konkreten Maßnahmen oder Regelungen der Träger durchführt, um das genannte Qualitätskriterium zu erfüllen. Schreiben Sie dies bitte in Stichpunkten auf.

Zu III: Zuletzt schätzen Sie bitte auf der vorgegebenen Antwortskala ein, inwieweit der Träger das Qualitätskriterium erreicht.

Bitte beachten Sie, dass aus Gründen der Lesbarkeit immer von „einer Kindertageseinrichtung" die Rede ist, aber selbstverständlich auch mehrere Einrichtungen gemeint sein können.

1 Der Träger informiert die Leitung und das Einrichtungsteam über die relevanten rechtlichen Vorgaben.

I. Wie wichtig ist dieses Qualitätskriterium für den Träger?

unwichtig [1] eher unwichtig [2] eher wichtig [3] wichtig [4]

II. Wie wird dies gewährleistet?

III. Inwieweit wird dieses Qualitätskriterium erreicht?

nicht erreicht [1] kaum erreicht [2] nahezu erreicht [3] erreicht [4]

2 Der Träger informiert die Leitung und das Einrichtungsteam über die trägerspezifischen Grundsätze und Leitziele zu Bildungs-, Erziehungs- und Betreuungsaufgaben von Kindertageseinrichtungen.

I. Wie wichtig ist dieses Qualitätskriterium für den Träger?

unwichtig [1] eher unwichtig [2] eher wichtig [3] wichtig [4]

II. Wie wird dies gewährleistet?

III. Inwieweit wird dieses Qualitätskriterium erreicht?

nicht erreicht [1] kaum erreicht [2] nahezu erreicht [3] erreicht [4]

3 Der Träger versichert sich, dass jede Kindertageseinrichtung eine eigene Konzeptionsschrift hat.

I. Wie wichtig ist dieses Qualitätskriterium für den Träger?

unwichtig ☐1   eher unwichtig ☐2   eher wichtig ☐3   wichtig ☐4

II. Wie wird dies gewährleistet?

_____
_____
_____
_____

III. Inwieweit wird dieses Qualitätskriterium erreicht?

nicht erreicht ☐1   kaum erreicht ☐2   nahezu erreicht ☐3   erreicht ☐4

4 Der Träger überprüft die Konzeptionsschrift der Kindertageseinrichtung auf trägerspezifische und andere relevante Vorgaben.

I. Wie wichtig ist dieses Qualitätskriterium für den Träger?

unwichtig ☐1   eher unwichtig ☐2   eher wichtig ☐3   wichtig ☐4

II. Wie wird dies gewährleistet?

_____
_____
_____
_____

III. Inwieweit wird dieses Qualitätskriterium erreicht?

nicht erreicht ☐1   kaum erreicht ☐2   nahezu erreicht ☐3   erreicht ☐4

© Staatsinstitut für Frühpädagogik, München

5 Der Träger sorgt dafür, dass sich die Konzeption an der aktuellen Lebenssituation von Kindern und Familien im Einzugsgebiet orientiert.

I. Wie wichtig ist dieses Qualitätskriterium für den Träger?

unwichtig [1] eher unwichtig [2] eher wichtig [3] wichtig [4]

II. Wie wird dies gewährleistet?

III. Inwieweit wird dieses Qualitätskriterium erreicht?

nicht erreicht [1] kaum erreicht [2] nahezu erreicht [3] erreicht [4]

6 In der Konzeptionsschrift wird das Leistungsangebot der Kindertageseinrichtung beschrieben.

I. Wie wichtig ist dieses Qualitätskriterium für den Träger?

unwichtig [1] eher unwichtig [2] eher wichtig [3] wichtig [4]

II. Wie wird dies gewährleistet?

III. Inwieweit wird dieses Qualitätskriterium erreicht?

nicht erreicht [1] kaum erreicht [2] nahezu erreicht [3] erreicht [4]

7 In der Konzeptionsschrift werden Grundsätze des Bildungsauftrags und der sozialintegrativen Aufgaben von Kindertageseinrichtungen dargelegt.

I. Wie wichtig ist dieses Qualitätskriterium für den Träger?

unwichtig [1] eher unwichtig [2] eher wichtig [3] wichtig [4]

II. Wie wird dies gewährleistet?

____

____

____

____

____

III. Inwieweit wird dieses Qualitätskriterium erreicht?

nicht erreicht [1] kaum erreicht [2] nahezu erreicht [3] erreicht [4]

8 Der Träger sichert die zeitlichen Rahmenbedingungen für die Entwicklung und Aktualisierung der Einrichtungskonzeption.

I. Wie wichtig ist dieses Qualitätskriterium für den Träger?

unwichtig [1] eher unwichtig [2] eher wichtig [3] wichtig [4]

II. Wie wird dies gewährleistet?

____

____

____

____

____

III. Inwieweit wird dieses Qualitätskriterium erreicht?

nicht erreicht [1] kaum erreicht [2] nahezu erreicht [3] erreicht [4]

9 Der Träger schafft Rahmenbedingungen zur Beteiligung von Eltern in Konzeptionsfragen.

I. Wie wichtig ist dieses Qualitätskriterium für den Träger?

unwichtig [1] eher unwichtig [2] eher wichtig [3] wichtig [4]

II. Wie wird dies gewährleistet?

III. Inwieweit wird dieses Qualitätskriterium erreicht?

nicht erreicht [1] kaum erreicht [2] nahezu erreicht [3] erreicht [4]

10 Der Träger sorgt dafür, dass die Meinung der Kinder zu verschiedenen Aspekten des pädagogischen Angebots gehört wird.

I. Wie wichtig ist dieses Qualitätskriterium für den Träger?

unwichtig [1] eher unwichtig [2] eher wichtig [3] wichtig [4]

II. Wie wird dies gewährleistet?

III. Inwieweit wird dieses Qualitätskriterium erreicht?

nicht erreicht [1] kaum erreicht [2] nahezu erreicht [3] erreicht [4]

Konzeption und Konzeptionsentwicklung **Modul 2**

11 Der Träger versichert sich, dass das Einrichtungsteam vielfältige Formen der Dokumentation und Präsentation pädagogischer Prozesse und Aktivitäten einsetzt.

I. Wie wichtig ist dieses Qualitätskriterium für den Träger?

unwichtig [1] eher unwichtig [2] eher wichtig [3] wichtig [4]

II. Wie wird dies gewährleistet?

III. Inwieweit wird dieses Qualitätskriterium erreicht?

nicht erreicht [1] kaum erreicht [2] nahezu erreicht [3] erreicht [4]

12 Der Träger sichert die Teilnahme der Mitarbeiterinnen und Mitarbeiter an Fortbildungen über neuere pädagogisch-konzeptionelle Entwicklungen.

I. Wie wichtig ist dieses Qualitätskriterium für den Träger?

unwichtig [1] eher unwichtig [2] eher wichtig [3] wichtig [4]

II. Wie wird dies gewährleistet?

III. Inwieweit wird dieses Qualitätskriterium erreicht?

nicht erreicht [1] kaum erreicht [2] nahezu erreicht [3] erreicht [4]

13 Der Träger sichert den Zugang des Personalteams zu Fachzeitschriften und Fachliteratur.

I. Wie wichtig ist dieses Qualitätskriterium für den Träger?

unwichtig [1] eher unwichtig [2] eher wichtig [3] wichtig [4]

II. Wie wird dies gewährleistet?

____

____

____

____

____

III. Inwieweit wird dieses Qualitätskriterium erreicht?

nicht erreicht [1] kaum erreicht [2] nahezu erreicht [3] erreicht [4]

14 Der Träger unterstützt die Teilnahme an innovativen Projekten.

I. Wie wichtig ist dieses Qualitätskriterium für den Träger?

unwichtig [1] eher unwichtig [2] eher wichtig [3] wichtig [4]

II. Wie wird dies gewährleistet?

____

____

____

____

____

III. Inwieweit wird dieses Qualitätskriterium erreicht?

nicht erreicht [1] kaum erreicht [2] nahezu erreicht [3] erreicht [4]

Konzeption und Konzeptionsentwicklung

Modul 2

15 Der Träger sorgt für die Veröffentlichung der Konzeptionsschrift.

I. Wie wichtig ist dieses Qualitätskriterium für den Träger?

unwichtig [1] eher unwichtig [2] eher wichtig [3] wichtig [4]

II. Wie wird dies gewährleistet?

III. Inwieweit wird dieses Qualitätskriterium erreicht?

nicht erreicht [1] kaum erreicht [2] nahezu erreicht [3] erreicht [4]

16

Wenn Sie der Meinung sind, dass es noch weitere Qualitätskriterien zu erfüllen gilt, können Sie diese letzten Blanko-Blätter dazu benutzen, diese hinzuzufügen und wie die Vorhergehenden einzuschätzen.

I. Wie wichtig ist dieses Qualitätskriterium für den Träger?

unwichtig [1] eher unwichtig [2] eher wichtig [3] wichtig [4]

II. Wie wird dies gewährleistet?

III. Inwieweit wird dieses Qualitätskriterium erreicht?

nicht erreicht [1] kaum erreicht [2] nahezu erreicht [3] erreicht [4]

Konzeption und Konzeptionsentwicklung   **Modul 2**

17

I. Wie wichtig ist dieses Qualitätskriterium für den Träger?

unwichtig ☐1   eher unwichtig ☐2   eher wichtig ☐3   wichtig ☐4

II. Wie wird dies gewährleistet?

_____

_____

_____

_____

_____

III. Inwieweit wird dieses Qualitätskriterium erreicht?

nicht erreicht ☐1   kaum erreicht ☐2   nahezu erreicht ☐3   erreicht ☐4

18

I. Wie wichtig ist dieses Qualitätskriterium für den Träger?

unwichtig ☐1   eher unwichtig ☐2   eher wichtig ☐3   wichtig ☐4

II. Wie wird dies gewährleistet?

_____

_____

_____

_____

_____

III. Inwieweit wird dieses Qualitätskriterium erreicht?

nicht erreicht ☐1   kaum erreicht ☐2   nahezu erreicht ☐3   erreicht ☐4

© Staatsinstitut für Frühpädagogik, München

Protokoll- und Analysebogen

Erreichung: III. Inwieweit wird dieses Qualitätskriterium erreicht?	**Wichtigkeit:** I. Wie wichtig ist das Qualitätskriterium für den Träger?	
	unwichtig 1 eher unwichtig 2	eher wichtig 3 wichtig 4
nicht erreicht 1 kaum erreicht 2	C	B
nahezu erreicht 3 erreicht 4	D	A

	Qualitätskriterien	**Konstellation** A	B	C	D
1	Der Träger informiert die Leitung und das Einrichtungsteam über die relevanten rechtlichen Vorgaben.				
2	Der Träger informiert die Leitung und das Einrichtungsteam über die trägerspezifischen Grundsätze und Leitziele zu Bildungs-, Erziehungs- und Betreuungsaufgaben von Kindertageseinrichtungen.				
3	Der Träger versichert sich, dass jede Kindertageseinrichtung eine eigene Konzeptionsschrift hat.				
4	Der Träger überprüft die Konzeptionsschrift der Kindertageseinrichtung auf trägerspezifische und andere relevante Vorgaben.				
5	Der Träger sorgt dafür, dass sich die Konzeption an der aktuellen Lebenssituation von Kindern und Familien im Einzugsgebiet orientiert.				
6	In der Konzeptionsschrift wird das Leistungsangebot der Kindertageseinrichtung beschrieben.				
7	In der Konzeptionsschrift werden Grundsätze des Bildungsauftrags und der sozialintegrativen Aufgaben von Kindertageseinrichtungen dargelegt.				
8	Der Träger sichert die zeitlichen Rahmenbedingungen für die Entwicklung und Aktualisierung der Einrichtungskonzeption.				
9	Der Träger schafft Rahmenbedingungen zur Beteiligung von Eltern in Konzeptionsfragen.				
10	Der Träger sorgt dafür, dass die Meinung der Kinder zu verschiedenen Aspekten des pädagogischen Angebots gehört wird.				
11	Der Träger versichert sich, dass das Einrichtungsteam vielfältige Formen der Dokumentation und Präsentation pädagogischer Prozesse und Aktivitäten einsetzt.				
12	Der Träger sichert die Teilnahme der Mitarbeiterinnen und Mitarbeiter an Fortbildungen über neuere pädagogisch-konzeptionelle Entwicklungen.				
13	Der Träger sichert den Zugang des Personalteams zu Fachzeitschriften und Fachliteratur.				
14	Der Träger unterstützt die Teilnahme an innovativen Projekten.				
15	Der Träger sorgt für die Veröffentlichung der Konzeptionsschrift.				
16					
17					
18					

Auswertungsbogen für mehrere Zeitpunkte und Bearbeiter

Bearbeiter: ______________________ **Zeitpunkt:** __________ **Zeitpunkt:** __________

Qualitätskriterien	A	B	C	D	A	B	C	D
1 Der Träger informiert die Leitung und das Einrichtungsteam über die relevanten rechtlichen Vorgaben.								
2 Der Träger informiert die Leitung und das Einrichtungsteam über die trägerspezifischen Grundsätze und Leitziele zu Bildungs-, Erziehungs- und Betreuungsaufgaben von Kindertageseinrichtungen.								
3 Der Träger versichert sich, dass jede Kindertageseinrichtung eine eigene Konzeptionsschrift hat.								
4 Der Träger überprüft die Konzeptionsschrift der Kindertageseinrichtung auf trägerspezifische und andere relevante Vorgaben.								
5 Der Träger sorgt dafür, dass sich die Konzeption an der aktuellen Lebenssituation von Kindern und Familien im Einzugsgebiet orientiert.								
6 In der Konzeptionsschrift wird das Leistungsangebot der Kindertageseinrichtung beschrieben.								
7 In der Konzeptionsschrift werden Grundsätze des Bildungsauftrags und der sozialintegrativen Aufgaben von Kindertageseinrichtungen dargelegt.								
8 Der Träger sichert die zeitlichen Rahmenbedingungen für die Entwicklung und Aktualisierung der Einrichtungskonzeption.								
9 Der Träger schafft Rahmenbedingungen zur Beteiligung von Eltern in Konzeptionsfragen.								
10 Der Träger sorgt dafür, dass die Meinung der Kinder zu verschiedenen Aspekten des pädagogischen Angebots gehört wird.								
11 Der Träger versichert sich, dass das Einrichtungsteam vielfältige Formen der Dokumentation und Präsentation pädagogischer Prozesse und Aktivitäten einsetzt.								
12 Der Träger sichert die Teilnahme der Mitarbeiterinnen und Mitarbeiter an Fortbildungen über neuere pädagogisch-konzeptionelle Entwicklungen.								
13 Der Träger sichert den Zugang des Personalteams zu Fachzeitschriften und Fachliteratur.								
14 Der Träger unterstützt die Teilnahme an innovativen Projekten.								
15 Der Träger sorgt für die Veröffentlichung der Konzeptionsschrift.								
16								
17								
18								

Modul 4

Personalmanagement

Bearbeitungs-Datum:

Bearbeiter/Bearbeiterin:

Funktion/Tätigkeit des Bearbeiters/der Bearbeiterin:

IFP STAATSINSTITUT FÜR FRÜHPÄDAGOGIK

TQ Trägerqualität

Teilprojekt V der Nationalen Qualitätsinitiative im System der Tageseinrichtungen für Kinder
Entwicklung von Kriterien zur Erfassung der Qualität der Arbeit von Trägern sowie Erarbeitung und Erprobung eines handhabbaren Feststellungsverfahrens

Einführung

Dieser Evaluationsbogen richtet sich an **Rechtsträger von Kindertageseinrichtungen.** Er dient dazu, die Qualität der eigenen Arbeit selbst einzuschätzen und so zur Qualitätsfeststellung sowie zur Qualitätssicherung und -entwicklung beizutragen. Der Evaluationsbogen ist so angelegt, dass er vom Rechtsträger selbst ausgefüllt, ausgewertet und interpretiert wird. Alle Ergebnisse können somit beim Träger verbleiben. Wenn dieses Instrument sorgfältig und überlegt ausgefüllt wird, bietet es die Möglichkeit, die Strukturen des Rechtsträgers und die Stärken und Schwächen seiner Arbeit besser kennenzulernen und Maßnahmen für die Qualitätsentwicklung abzuleiten.

Alle Arbeitsschritte finden Sie auch im Heft **„Leitfaden"** genau beschrieben.

Modul 4

Das Modul **„Personalmanagement"** umfasst vor allem Aufgabenbereiche des Trägers wie Personalplanung, Personalentwicklung, Personalführung, Personalcontrolling und Personalverwaltung. Voraussetzung für ein gelingendes Personalmanagement ist ein Personalkonzept sowie verbindlich geregelte Formen der Kompetenzzuschreibung und Zusammenarbeit zwischen Träger und Einrichtung (Leitung, Mitarbeiterteam). Zur Trägeraufgabe gehört auch ein klarer Blick für die vielfältigen Anforderungen an die Fachkräfte, damit diese in ihren Bildungs-, Erziehungs- und Betreuungsaufgaben entsprechend unterstützt werden können.

Hinweise zur Bearbeitung

Im folgenden finden Sie Fragen zu verschiedenen Qualitätskriterien aus dem Bereich „Personalmanagement". Zu jedem einzelnen Qualitätskriterium sind drei Fragen zu beantworten (siehe auch Leitfaden, Teil I):

Beispiel:

Konzeption und Konzeptionsentwicklung — Modul 2

1 Der Träger informiert die Leitung und das Einrichtungsteam über die relevanten rechtlichen Vorgaben.

I. Wie wichtig ist dieses Qualitätskriterium für den Träger?

unwichtig [1] eher unwichtig [2] eher wichtig [X 3] wichtig [4]

II. Wie wird dies gewährleistet?

Dienstbesprechung

III. Inwieweit wird dieses Qualitätskriterium erreicht?

nicht erreicht [1] kaum erreicht [X 2] nahezu erreicht [3] erreicht [4]

Zu I: Zunächst schätzen Sie bitte die Wichtigkeit des Qualitätskriteriums für den Träger auf der vorgegebenen Antwortskala ein.

Zu II: Anschließend überlegen Sie bitte, welche konkreten Maßnahmen oder Regelungen der Träger durchführt, um das genannte Qualitätskriterium zu erfüllen. Schreiben Sie dies bitte in Stichpunkten auf.

Zu III: Zuletzt schätzen Sie bitte auf der vorgegebenen Antwortskala ein, inwieweit der Träger das Qualitätskriterium erreicht.

Bitte beachten Sie, dass aus Gründen der Lesbarkeit immer von „einer Kindertageseinrichtung" die Rede ist, aber selbstverständlich auch mehrere Einrichtungen gemeint sein können.

Personalmanagement

Modul 4

1 Der Träger führt regelmäßige Erhebungen zu Personalstand und Personalstruktur in den Kindertageseinrichtungen durch.

I. Wie wichtig ist dieses Qualitätskriterium für den Träger?

unwichtig [1] eher unwichtig [2] eher wichtig [3] wichtig [4]

II. Wie wird dies gewährleistet?

____

____

____

____

____

III. Inwieweit wird dieses Qualitätskriterium erreicht?

nicht erreicht [1] kaum erreicht [2] nahezu erreicht [3] erreicht [4]

2 Es gibt Arbeitsplatzbeschreibungen für die verschiedenen Funktionen / Berufsgruppen.

I. Wie wichtig ist dieses Qualitätskriterium für den Träger?

unwichtig [1] eher unwichtig [2] eher wichtig [3] wichtig [4]

II. Wie wird dies gewährleistet?

____

____

____

____

____

III. Inwieweit wird dieses Qualitätskriterium erreicht?

nicht erreicht [1] kaum erreicht [2] nahezu erreicht [3] erreicht [4]

3 Der Träger nutzt verschiedene Strategien, um Personal für die Kindertageseinrichtung zu gewinnen.

I. Wie wichtig ist dieses Qualitätskriterium für den Träger?

unwichtig [1] eher unwichtig [2] eher wichtig [3] wichtig [4]

II. Wie wird dies gewährleistet?

III. Inwieweit wird dieses Qualitätskriterium erreicht?

nicht erreicht [1] kaum erreicht [2] nahezu erreicht [3] erreicht [4]

4 Der Träger regelt die Beteiligungsstrukturen bei der Personalauswahl.

I. Wie wichtig ist dieses Qualitätskriterium für den Träger?

unwichtig [1] eher unwichtig [2] eher wichtig [3] wichtig [4]

II. Wie wird dies gewährleistet?

III. Inwieweit wird dieses Qualitätskriterium erreicht?

nicht erreicht [1] kaum erreicht [2] nahezu erreicht [3] erreicht [4]

Personalmanagement

Modul 4

5 Es gibt eine schriftliche Vereinbarung zwischen Träger und Leitung über die Personalverantwortung für Mitarbeiterinnen und Mitarbeiter in der Kindertageseinrichtung.

I. Wie wichtig ist dieses Qualitätskriterium für den Träger?

unwichtig [1] eher unwichtig [2] eher wichtig [3] wichtig [4]

II. Wie wird dies gewährleistet?

____

____

____

____

____

III. Inwieweit wird dieses Qualitätskriterium erreicht?

nicht erreicht [1] kaum erreicht [2] nahezu erreicht [3] erreicht [4]

6 Der Träger hat ein transparentes Personalentwicklungskonzept, das allen Mitarbeiterinnen und Mitarbeitern bekannt ist.

I. Wie wichtig ist dieses Qualitätskriterium für den Träger?

unwichtig [1] eher unwichtig [2] eher wichtig [3] wichtig [4]

II. Wie wird dies gewährleistet?

____

____

____

____

____

III. Inwieweit wird dieses Qualitätskriterium erreicht?

nicht erreicht [1] kaum erreicht [2] nahezu erreicht [3] erreicht [4]

7 Der Träger sorgt dafür, dass zielorientierte Jahresgespräche mit den einzelnen Mitarbeiterinnen und Mitarbeitern durchgeführt werden.

I. Wie wichtig ist dieses Qualitätskriterium für den Träger?

unwichtig [1] eher unwichtig [2] eher wichtig [3] wichtig [4]

II. Wie wird dies gewährleistet?

III. Inwieweit wird dieses Qualitätskriterium erreicht?

nicht erreicht [1] kaum erreicht [2] nahezu erreicht [3] erreicht [4]

8 Der Träger stimmt den Fortbildungsbedarf mit der Kindertageseinrichtung ab.

I. Wie wichtig ist dieses Qualitätskriterium für den Träger?

unwichtig [1] eher unwichtig [2] eher wichtig [3] wichtig [4]

II. Wie wird dies gewährleistet?

III. Inwieweit wird dieses Qualitätskriterium erreicht?

nicht erreicht [1] kaum erreicht [2] nahezu erreicht [3] erreicht [4]

Personalmanagement

Modul 4

9 Der Träger informiert die Kindertageseinrichtung über verschiedene Fortbildungsangebote.

I. Wie wichtig ist dieses Qualitätskriterium für den Träger?

unwichtig [1] eher unwichtig [2] eher wichtig [3] wichtig [4]

II. Wie wird dies gewährleistet?

III. Inwieweit wird dieses Qualitätskriterium erreicht?

nicht erreicht [1] kaum erreicht [2] nahezu erreicht [3] erreicht [4]

10 Der Träger sichert die Teilnahme der pädagogischen Fachkräfte an Fortbildungen.

I. Wie wichtig ist dieses Qualitätskriterium für den Träger?

unwichtig [1] eher unwichtig [2] eher wichtig [3] wichtig [4]

II. Wie wird dies gewährleistet?

III. Inwieweit wird dieses Qualitätskriterium erreicht?

nicht erreicht [1] kaum erreicht [2] nahezu erreicht [3] erreicht [4]

11 Der Träger sorgt für entsprechende Schulung bei der Übernahme von Funktionsstellen.

I. Wie wichtig ist dieses Qualitätskriterium für den Träger?

unwichtig [1] eher unwichtig [2] eher wichtig [3] wichtig [4]

II. Wie wird dies gewährleistet?

III. Inwieweit wird dieses Qualitätskriterium erreicht?

nicht erreicht [1] kaum erreicht [2] nahezu erreicht [3] erreicht [4]

12 Der Träger unterstützt Maßnahmen der Teamentwicklung.

I. Wie wichtig ist dieses Qualitätskriterium für den Träger?

unwichtig [1] eher unwichtig [2] eher wichtig [3] wichtig [4]

II. Wie wird dies gewährleistet?

III. Inwieweit wird dieses Qualitätskriterium erreicht?

nicht erreicht [1] kaum erreicht [2] nahezu erreicht [3] erreicht [4]

Personalmanagement **Modul 4**

13 Der Träger gewährleistet die Ausbildungsfunktion der Kindertageseinrichtung.

I. Wie wichtig ist dieses Qualitätskriterium für den Träger?

unwichtig ☐1 eher unwichtig ☐2 eher wichtig ☐3 wichtig ☐4

II. Wie wird dies gewährleistet?

_____
_____
_____
_____
_____

III. Inwieweit wird dieses Qualitätskriterium erreicht?

nicht erreicht ☐1 kaum erreicht ☐2 nahezu erreicht ☐3 erreicht ☐4

14 Der Träger hat ein differenziertes Konzept zur Anleitung von Praktikantinnen und Praktikanten.

I. Wie wichtig ist dieses Qualitätskriterium für den Träger?

unwichtig ☐1 eher unwichtig ☐2 eher wichtig ☐3 wichtig ☐4

II. Wie wird dies gewährleistet?

_____
_____
_____
_____
_____

III. Inwieweit wird dieses Qualitätskriterium erreicht?

nicht erreicht ☐1 kaum erreicht ☐2 nahezu erreicht ☐3 erreicht ☐4

© Staatsinstitut für Frühpädagogik, München

15 Der Träger überprüft regelmäßig, ob die Ziele der Personalmanagementaufgaben erreicht werden.

I. Wie wichtig ist dieses Qualitätskriterium für den Träger?

unwichtig ☐1   eher unwichtig ☐2   eher wichtig ☐3   wichtig ☐4

II. Wie wird dies gewährleistet?

_____
_____
_____
_____

III. Inwieweit wird dieses Qualitätskriterium erreicht?

nicht erreicht ☐1   kaum erreicht ☐2   nahezu erreicht ☐3   erreicht ☐4

16 Der Träger honoriert qualifizierte Praxis durch Leistungsanreize.

I. Wie wichtig ist dieses Qualitätskriterium für den Träger?

unwichtig ☐1   eher unwichtig ☐2   eher wichtig ☐3   wichtig ☐4

II. Wie wird dies gewährleistet?

_____
_____
_____
_____

III. Inwieweit wird dieses Qualitätskriterium erreicht?

nicht erreicht ☐1   kaum erreicht ☐2   nahezu erreicht ☐3   erreicht ☐4

© Staatsinstitut für Frühpädagogik, München

Personalmanagement **Modul 4**

17

Wenn Sie der Meinung sind, dass es noch weitere Qualitätskriterien zu erfüllen gilt, können Sie dieses letzte Blanko-Blatt dazu benutzen, diese hinzuzufügen und wie die Vorhergehenden einzuschätzen.

I. Wie wichtig ist dieses Qualitätskriterium für den Träger?

unwichtig [1] eher unwichtig [2] eher wichtig [3] wichtig [4]

II. Wie wird dies gewährleistet?

III. Inwieweit wird dieses Qualitätskriterium erreicht?

nicht erreicht [1] kaum erreicht [2] nahezu erreicht [3] erreicht [4]

18

I. Wie wichtig ist dieses Qualitätskriterium für den Träger?

unwichtig [1] eher unwichtig [2] eher wichtig [3] wichtig [4]

II. Wie wird dies gewährleistet?

III. Inwieweit wird dieses Qualitätskriterium erreicht?

nicht erreicht [1] kaum erreicht [2] nahezu erreicht [3] erreicht [4]

Protokoll- und Analysebogen

Erreichung: III. Inwieweit wird dieses Qualitätskriterium erreicht?		**Wichtigkeit:** I. Wie wichtig ist das Qualitätskriterium für den Träger?	
		unwichtig 1 eher unwichtig 2	eher wichtig 3 wichtig 4
nicht erreicht	1	C	B
kaum erreicht	2		
nahezu erreicht	3	D	A
erreicht	4		

	Qualitätskriterien	**Konstellation** A	B	C	D
1	Der Träger führt regelmäßige Erhebungen zu Personalstand und Personalstruktur in den Kindertageseinrichtungen durch.				
2	Es gibt Arbeitsplatzbeschreibungen für die verschiedenen Funktionen/Berufsgruppen.				
3	Der Träger nutzt verschiedene Strategien, um Personal für die Kindertageseinrichtung zu gewinnen.				
4	Der Träger regelt die Beteiligungsstrukturen bei der Personalauswahl.				
5	Es gibt eine schriftliche Vereinbarung zwischen Träger und Leitung über die Personalverantwortung für Mitarbeiterinnen und Mitarbeiter in der Kindertageseinrichtung.				
6	Der Träger hat ein transparentes Personalentwicklungskonzept, das allen Mitarbeiterinnen und Mitarbeitern bekannt ist.				
7	Der Träger sorgt dafür, dass zielorientierte Jahresgespräche mit den einzelnen Mitarbeiterinnen und Mitarbeitern durchgeführt werden.				
8	Der Träger stimmt den Fortbildungsbedarf mit der Kindertageseinrichtung ab.				
9	Der Träger informiert die Kindertageseinrichtung über verschiedene Fortbildungsangebote.				
10	Der Träger sichert die Teilnahme der pädagogischen Fachkräfte an Fortbildungen.				
11	Der Träger sorgt für entsprechende Schulung bei der Übernahme von Funktionsstellen.				
12	Der Träger unterstützt Maßnahmen der Teamentwicklung.				
13	Der Träger gewährleistet die Ausbildungsfunktion der Kindertageseinrichtung.				
14	Der Träger hat ein differenziertes Konzept zur Anleitung von Praktikantinnen und Praktikanten.				
15	Der Träger überprüft regelmäßig, ob die Ziele der Personalmanagementaufgaben erreicht werden.				
16	Der Träger honoriert qualifizierte Praxis durch Leistungsanreize.				
17					
18					

Personalmanagement **Modul 4**

Auswertungsbogen für mehrere Zeitpunkte und Bearbeiter

Bearbeiter: ______________________ **Zeitpunkt:** __________ **Zeitpunkt:** __________

Qualitätskriterien	A	B	C	D	A	B	C	D
1 Der Träger führt regelmäßige Erhebungen zu Personalstand und Personalstruktur in den Kindertageseinrichtungen durch.								
2 Es gibt Arbeitsplatzbeschreibungen für die verschiedenen Funktionen/Berufsgruppen.								
3 Der Träger nutzt verschiedene Strategien, um Personal für die Kindertageseinrichtung zu gewinnen.								
4 Der Träger regelt die Beteiligungsstrukturen bei der Personalauswahl.								
5 Es gibt eine schriftliche Vereinbarung zwischen Träger und Leitung über die Personalverantwortung für Mitarbeiterinnen u. Mitarbeiter in der Kindertageseinrichtung.								
6 Der Träger hat ein transparentes Personalentwicklungskonzept, das allen Mitarbeiterinnen und Mitarbeitern bekannt ist.								
7 Der Träger sorgt dafür, dass zielorientierte Jahresgespräche mit den einzelnen Mitarbeiterinnen und Mitarbeitern durchgeführt werden.								
8 Der Träger stimmt den Fortbildungsbedarf mit der Kindertageseinrichtung ab.								
9 Der Träger informiert die Kindertageseinrichtung über verschiedene Fortbildungsangebote.								
10 Der Träger sichert die Teilnahme der pädagogischen Fachkräfte an Fortbildungen.								
11 Der Träger sorgt für entsprechende Schulung bei der Übernahme von Funktionsstellen.								
12 Der Träger unterstützt Maßnahmen der Teamentwicklung.								
13 Der Träger gewährleistet die Ausbildungsfunktion der Kindertageseinrichtung.								
14 Der Träger hat ein differenziertes Konzept zur Anleitung von Praktikantinnen und Praktikanten.								
15 Der Träger überprüft regelmäßig, ob die Ziele der Personalmanagementaufgaben erreicht werden.								
16 Der Träger honoriert qualifizierte Praxis durch Leistungsanreize.								
17								
18								

Modul 6

Familienorientierung und Elternbeteiligung

Bearbeitungs-Datum:

Bearbeiter/Bearbeiterin:

Funktion/Tätigkeit des Bearbeiters/der Bearbeiterin:

IFP STAATSINSTITUT FÜR FRÜHPÄDAGOGIK

TQ Trägerqualität

Teilprojekt V der Nationalen Qualitätsinitiative im System der Tageseinrichtungen für Kinder
Entwicklung von Kriterien zur Erfassung der Qualität der Arbeit von Trägern sowie Erarbeitung und Erprobung eines handhabbaren Feststellungsverfahrens

Modul 6

Einführung

Dieser Evaluationsbogen richtet sich an **Rechtsträger von Kindertageseinrichtungen.** Er dient dazu, die Qualität der eigenen Arbeit selbst einzuschätzen und so zur Qualitätsfeststellung sowie zur Qualitätssicherung und -entwicklung beizutragen. Der Evaluationsbogen ist so angelegt, dass er vom Rechtsträger selbst ausgefüllt, ausgewertet und interpretiert wird. Alle Ergebnisse können somit beim Träger verbleiben. Wenn dieses Instrument sorgfältig und überlegt ausgefüllt wird, bietet es die Möglichkeit, die Strukturen des Rechtsträgers und die Stärken und Schwächen seiner Arbeit besser kennenzulernen und Maßnahmen für die Qualitätsentwicklung abzuleiten.

Alle Arbeitsschritte finden Sie auch im Heft **„Leitfaden"** genau beschrieben.

Modul 6

Im Modul **„Familienorientierung und Elternbeteiligung"** wird herausgestellt, dass es den Trägern bewusst sein sollte, ihr Angebot auf die Bedürfnisse einer sehr heterogenen Gruppe von Familien auszurichten. Wichtig – und übergreifend – ist in erster Linie die Betonung der gemeinsamen Bildungs- und Erziehungsaufgaben von Träger, pädagogischen Fachkräften und Eltern im Hinblick auf das Wohlergehen der Kinder. Darauf wird auch im KJHG (§ 22) hingewiesen. Es ist eine Aufgabe der Träger, die Rahmenbedingungen für eine gelungene Zusammenarbeit zwischen Eltern und pädagogischem Personal zu sichern. Träger sollten weiterhin berücksichtigen, dass sie Eltern an möglichst vielen Entscheidungen teilhaben lassen und zu diesem Zweck für ein funktionierendes Kommunikationssystem zwischen Einrichtung und Familien sorgen.

Hinweise zur Bearbeitung

Im folgenden finden Sie Fragen zu verschiedenen Qualitätskriterien aus dem Bereich „Familienorientierung und Elternbeteiligung". Zu jedem einzelnen Qualitätskriterium sind drei Fragen zu beantworten (siehe auch Leitfaden, Teil I):

Beispiel:

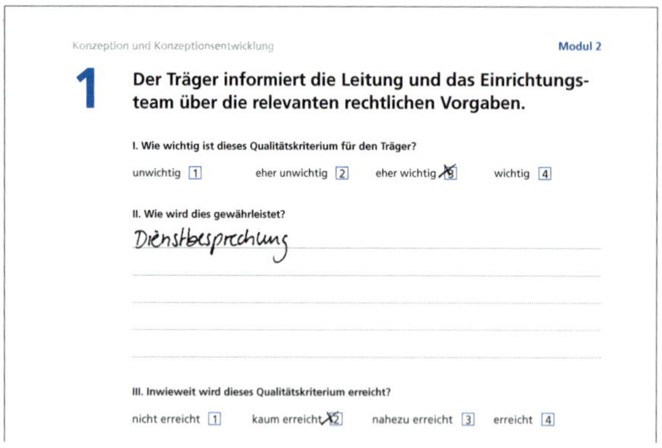
Konzeption und Konzeptionsentwicklung — Modul 2

1 Der Träger informiert die Leitung und das Einrichtungsteam über die relevanten rechtlichen Vorgaben.

I. Wie wichtig ist dieses Qualitätskriterium für den Träger?

unwichtig [1] eher unwichtig [2] eher wichtig [3] wichtig [4]

II. Wie wird dies gewährleistet?

Dienstbesprechung

III. Inwieweit wird dieses Qualitätskriterium erreicht?

nicht erreicht [1] kaum erreicht [2] nahezu erreicht [3] erreicht [4]

Zu I: Zunächst schätzen Sie bitte die Wichtigkeit des Qualitätskriteriums für den Träger auf der vorgegebenen Antwortskala ein.

Zu II: Anschließend überlegen Sie bitte, welche konkreten Maßnahmen oder Regelungen der Träger durchführt, um das genannte Qualitätskriterium zu erfüllen. Schreiben Sie dies bitte in Stichpunkten auf.

Zu III: Zuletzt schätzen Sie bitte auf der vorgegebenen Antwortskala ein, inwieweit der Träger das Qualitätskriterium erreicht.

Bitte beachten Sie, dass aus Gründen der Lesbarkeit immer von „einer Kindertageseinrichtung" die Rede ist, aber selbstverständlich auch mehrere Einrichtungen gemeint sein können.

1 Der Träger formuliert – gemeinsam mit dem pädagogischen Personal – fachliche Standards für die Zusammenarbeit mit Familien.

I. Wie wichtig ist dieses Qualitätskriterium für den Träger?

unwichtig [1] eher unwichtig [2] eher wichtig [3] wichtig [4]

II. Wie wird dies gewährleistet?

III. Inwieweit wird dieses Qualitätskriterium erreicht?

nicht erreicht [1] kaum erreicht [2] nahezu erreicht [3] erreicht [4]

2 Der Träger überprüft in vereinbarten Abständen die formulierten Qualitätsstandards mit dem pädagogischen Personal bzw. mit der Einrichtungsleitung.

I. Wie wichtig ist dieses Qualitätskriterium für den Träger?

unwichtig [1] eher unwichtig [2] eher wichtig [3] wichtig [4]

II. Wie wird dies gewährleistet?

III. Inwieweit wird dieses Qualitätskriterium erreicht?

nicht erreicht [1] kaum erreicht [2] nahezu erreicht [3] erreicht [4]

3 Der Träger sorgt dafür, dass Eltern nicht-deutschsprachiger Herkunft wichtige Informationen in ihrer Landessprache erhalten.

I. Wie wichtig ist dieses Qualitätskriterium für den Träger?

unwichtig [1] eher unwichtig [2] eher wichtig [3] wichtig [4]

II. Wie wird dies gewährleistet?

III. Inwieweit wird dieses Qualitätskriterium erreicht?

nicht erreicht [1] kaum erreicht [2] nahezu erreicht [3] erreicht [4]

4 Der Träger führt regelmäßige Befragungen zu den Wünschen und Erwartungen der Eltern durch.

I. Wie wichtig ist dieses Qualitätskriterium für den Träger?

unwichtig [1] eher unwichtig [2] eher wichtig [3] wichtig [4]

II. Wie wird dies gewährleistet?

III. Inwieweit wird dieses Qualitätskriterium erreicht?

nicht erreicht [1] kaum erreicht [2] nahezu erreicht [3] erreicht [4]

5 Der Träger versichert sich, dass die Eltern verschiedene Möglichkeiten haben, ihre Wünsche und Anliegen zu äußern.

I. Wie wichtig ist dieses Qualitätskriterium für den Träger?

unwichtig [1] eher unwichtig [2] eher wichtig [3] wichtig [4]

II. Wie wird dies gewährleistet?

III. Inwieweit wird dieses Qualitätskriterium erreicht?

nicht erreicht [1] kaum erreicht [2] nahezu erreicht [3] erreicht [4]

6 Der Träger sorgt für die Beteiligung von Eltern bei der Angebotsentwicklung.

I. Wie wichtig ist dieses Qualitätskriterium für den Träger?

unwichtig [1] eher unwichtig [2] eher wichtig [3] wichtig [4]

II. Wie wird dies gewährleistet?

III. Inwieweit wird dieses Qualitätskriterium erreicht?

nicht erreicht [1] kaum erreicht [2] nahezu erreicht [3] erreicht [4]

7 Der Träger informiert die Eltern schriftlich über ihre Möglichkeiten der Beteiligung im Elternbeirat/Elternausschuss.

I. Wie wichtig ist dieses Qualitätskriterium für den Träger?

unwichtig [1] eher unwichtig [2] eher wichtig [3] wichtig [4]

II. Wie wird dies gewährleistet?

III. Inwieweit wird dieses Qualitätskriterium erreicht?

nicht erreicht [1] kaum erreicht [2] nahezu erreicht [3] erreicht [4]

8 Der Träger achtet darauf, dass es klar geregelte Formen der Kommunikation zwischen den pädagogischen Mitarbeiterinnen und Mitarbeitern und den Eltern gibt.

I. Wie wichtig ist dieses Qualitätskriterium für den Träger?

unwichtig [1] eher unwichtig [2] eher wichtig [3] wichtig [4]

II. Wie wird dies gewährleistet?

III. Inwieweit wird dieses Qualitätskriterium erreicht?

nicht erreicht [1] kaum erreicht [2] nahezu erreicht [3] erreicht [4]

9 Der Träger versichert sich, dass die Eltern regelmäßig über die Entwicklung ihres Kindes informiert werden.

I. Wie wichtig ist dieses Qualitätskriterium für den Träger?

unwichtig [1] eher unwichtig [2] eher wichtig [3] wichtig [4]

II. Wie wird dies gewährleistet?

III. Inwieweit wird dieses Qualitätskriterium erreicht?

nicht erreicht [1] kaum erreicht [2] nahezu erreicht [3] erreicht [4]

10 Der Träger unterstützt zwischen Kindertageseinrichtung und Eltern Formen der Zusammenarbeit, die das Selbsthilfepotential der Familien im Umfeld stärken.

I. Wie wichtig ist dieses Qualitätskriterium für den Träger?

unwichtig [1] eher unwichtig [2] eher wichtig [3] wichtig [4]

II. Wie wird dies gewährleistet?

III. Inwieweit wird dieses Qualitätskriterium erreicht?

nicht erreicht [1] kaum erreicht [2] nahezu erreicht [3] erreicht [4]

Familienorientierung und Elternbeteiligung **Modul 6**

11

Wenn Sie der Meinung sind, dass es noch weitere Qualitätskriterien zu erfüllen gilt, können Sie dieses letzte Blanko-Blatt dazu benutzen, diese hinzuzufügen und wie die Vorhergehenden einzuschätzen.

I. Wie wichtig ist dieses Qualitätskriterium für den Träger?

unwichtig [1] eher unwichtig [2] eher wichtig [3] wichtig [4]

II. Wie wird dies gewährleistet?

III. Inwieweit wird dieses Qualitätskriterium erreicht?

nicht erreicht [1] kaum erreicht [2] nahezu erreicht [3] erreicht [4]

12

I. Wie wichtig ist dieses Qualitätskriterium für den Träger?

unwichtig [1] eher unwichtig [2] eher wichtig [3] wichtig [4]

II. Wie wird dies gewährleistet?

III. Inwieweit wird dieses Qualitätskriterium erreicht?

nicht erreicht [1] kaum erreicht [2] nahezu erreicht [3] erreicht [4]

Protokoll- und Analysebogen

Erreichung: III. Inwieweit wird dieses Qualitätskriterium erreicht?		**Wichtigkeit:** I. Wie wichtig ist das Qualitätskriterium für den Träger?	
		unwichtig 1 eher unwichtig 2	eher wichtig 3 wichtig 4
nicht erreicht	1	C	B
kaum erreicht	2		
nahezu erreicht	3	D	A
erreicht	4		

	Qualitätskriterien	**Konstellation** A	B	C	D
1	Der Träger formuliert – gemeinsam mit dem pädagogischen Personal – fachliche Standards für die Zusammenarbeit mit Familien.				
2	Der Träger überprüft in vereinbarten Abständen die formulierten Qualitätsstandards mit dem pädagogischen Personal bzw. mit der Einrichtungsleitung.				
3	Der Träger sorgt dafür, dass Eltern nicht-deutschsprachiger Herkunft wichtige Informationen in ihrer Landessprache erhalten.				
4	Der Träger führt regelmäßige Befragungen zu den Wünschen und Erwartungen der Eltern durch.				
5	Der Träger versichert sich, dass die Eltern verschiedene Möglichkeiten haben, ihre Wünsche und Anliegen zu äußern.				
6	Der Träger sorgt für die Beteiligung von Eltern bei der Angebotsentwicklung.				
7	Der Träger informiert die Eltern schriftlich über ihre Möglichkeiten der Beteiligung im Elternbeirat/Elternausschuss.				
8	Der Träger achtet darauf, dass es klar geregelte Formen der Kommunikation zwischen den pädagogischen Mitarbeiterinnen und Mitarbeitern und den Eltern gibt.				
9	Der Träger versichert sich, dass die Eltern regelmäßig über die Entwicklung ihres Kindes informiert werden.				
10	Der Träger unterstützt zwischen Kindertageseinrichtung und Eltern Formen der Zusammenarbeit, die das Selbsthilfepotential der Familien im Umfeld stärken.				
11					
12					

Auswertungsbogen für mehrere Zeitpunkte und Bearbeiter

Bearbeiter: ______________________ **Zeitpunkt:** __________ **Zeitpunkt:** __________

Qualitätskriterien	A	B	C	D	A	B	C	D
1 Der Träger formuliert – gemeinsam mit dem pädagogischen Personal – fachliche Standards für die Zusammenarbeit mit Familien.								
2 Der Träger überprüft in vereinbarten Abständen die formulierten Qualitätsstandards mit dem pädagogischen Personal bzw. mit der Einrichtungsleitung.								
3 Der Träger sorgt dafür, dass Eltern nicht-deutschsprachiger Herkunft wichtige Informationen in ihrer Landessprache erhalten.								
4 Der Träger führt regelmäßige Befragungen zu den Wünschen und Erwartungen der Eltern durch.								
5 Der Träger versichert sich, dass die Eltern verschiedene Möglichkeiten haben, ihre Wünsche und Anliegen zu äußern.								
6 Der Träger sorgt für die Beteiligung von Eltern bei der Angebotsentwicklung.								
7 Der Träger informiert die Eltern schriftlich über ihre Möglichkeiten der Beteiligung im Elternbeirat/Elternausschuss.								
8 Der Träger achtet darauf, dass es klar geregelte Formen der Kommunikation zwischen den pädagogischen Mitarbeiterinnen und Mitarbeitern und den Eltern gibt.								
9 Der Träger versichert sich, dass die Eltern regelmäßig über die Entwicklung ihres Kindes informiert werden.								
10 Der Träger unterstützt zwischen Kindertageseinrichtung und Eltern Formen der Zusammenarbeit, die das Selbsthilfepotential der Familien im Umfeld stärken.								
11								
12								

Modul 7

Gemeinwesenorientierte Vernetzung und Kooperation

Bearbeitungs-Datum:

Bearbeiter/Bearbeiterin:

Funktion/Tätigkeit des Bearbeiters/der Bearbeiterin:

IFP STAATSINSTITUT FÜR FRÜHPÄDAGOGIK

TQ Trägerqualität

Teilprojekt V der Nationalen Qualitätsinitiative im System der Tageseinrichtungen für Kinder
Entwicklung von Kriterien zur Erfassung der Qualität der Arbeit von Trägern sowie Erarbeitung und Erprobung eines handhabbaren Feststellungsverfahrens

Modul 7

Einführung

Dieser Evaluationsbogen richtet sich an **Rechtsträger von Kindertageseinrichtungen.** Er dient dazu, die Qualität der eigenen Arbeit selbst einzuschätzen und so zur Qualitätsfeststellung sowie zur Qualitätssicherung und -entwicklung beizutragen. Der Evaluationsbogen ist so angelegt, dass er vom Rechtsträger selbst ausgefüllt, ausgewertet und interpretiert wird. Alle Ergebnisse können somit beim Träger verbleiben. Wenn dieses Instrument sorgfältig und überlegt ausgefüllt wird, bietet es die Möglichkeit, die Strukturen des Rechtsträgers und die Stärken und Schwächen seiner Arbeit besser kennenzulernen und Maßnahmen für die Qualitätsentwicklung abzuleiten.

Alle Arbeitsschritte finden Sie auch im Heft **„Leitfaden"** genau beschrieben.

Modul 7

Im Modul **„Gemeinwesenorientierte Vernetzung und Kooperation"** wird thematisiert, dass eine Zusammenarbeit zwischen verschiedenen Partnern sowohl im KJHG (vgl. §78, §80, etc.) festgeschrieben ist, als auch in den Vorgaben von Trägerorganisationen zu finden ist. Ziel einer funktionierenden Vernetzung ist es, zwischen verschiedenen Partnern den Austausch von Informationen möglich zu machen sowie diese Zusammenarbeit zu fördern, um damit letztendlich Effizienz und Effektivität in der Trägerarbeit zu steigern.

Aufgabe des Trägers ist es hier vor allem, solche Vernetzungsbestrebungen anzuregen und zu unterstützen. Dies sollte vor allem in drei großen Bereichen geschehen: zum einen in fachlicher Hinsicht (z.B. über den Trägerverband, wiss. Institutionen), dann im Bereich von Politik und sozialem Engagement (z.B. Kontakte zu familienbezogenen Diensten, Vertretung in kommunalen Gremien), und nicht zuletzt im wirtschaftlichen Bereich (z.B. zu Unternehmen im Umkreis). Eine grundsätzliche Voraussetzung für funktionierende Netzwerke ist die allgemeine Bereitschaft zur Zusammenarbeit mit anderen.

Hinweise zur Bearbeitung

Im folgenden finden Sie Fragen zu verschiedenen Qualitätskriterien aus dem Bereich „Gemeinwesenorientierte Vernetzung und Kooperation". Zu jedem einzelnen Qualitätskriterium sind drei Fragen zu beantworten (siehe auch Leitfaden, Teil I):

Beispiel:

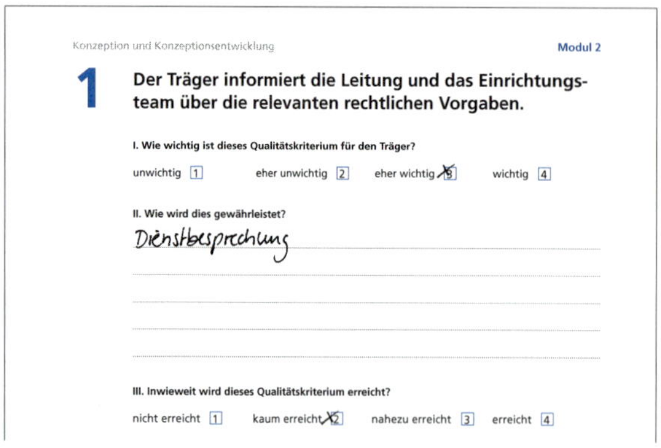

Konzeption und Konzeptionsentwicklung — Modul 2

1 Der Träger informiert die Leitung und das Einrichtungsteam über die relevanten rechtlichen Vorgaben.

I. Wie wichtig ist dieses Qualitätskriterium für den Träger?
unwichtig [1]   eher unwichtig [2]   eher wichtig [☒3]   wichtig [4]

II. Wie wird dies gewährleistet?
Dienstbesprechung

III. Inwieweit wird dieses Qualitätskriterium erreicht?
nicht erreicht [1]   kaum erreicht [☒2]   nahezu erreicht [3]   erreicht [4]

Zu I: Zunächst schätzen Sie bitte die Wichtigkeit des Qualitätskriteriums für den Träger auf der vorgegebenen Antwortskala ein.

Zu II: Anschließend überlegen Sie bitte, welche konkreten Maßnahmen oder Regelungen der Träger durchführt, um das genannte Qualitätskriterium zu erfüllen. Schreiben Sie dies bitte in Stichpunkten auf.

Zu III: Zuletzt schätzen Sie bitte auf der vorgegebenen Antwortskala ein, inwieweit der Träger das Qualitätskriterium erreicht.

Bitte beachten Sie, dass aus Gründen der Lesbarkeit immer von „einer Kindertageseinrichtung" die Rede ist, aber selbstverständlich auch mehrere Einrichtungen gemeint sein können.

1 Der Träger verfügt über ein Vernetzungskonzept.

I. Wie wichtig ist dieses Qualitätskriterium für den Träger?

unwichtig [1] eher unwichtig [2] eher wichtig [3] wichtig [4]

II. Wie wird dies gewährleistet?

____

____

____

____

____

III. Inwieweit wird dieses Qualitätskriterium erreicht?

nicht erreicht [1] kaum erreicht [2] nahezu erreicht [3] erreicht [4]

2 Der Träger nutzt Angebote seines Trägerverbandes.

I. Wie wichtig ist dieses Qualitätskriterium für den Träger?

unwichtig [1] eher unwichtig [2] eher wichtig [3] wichtig [4]

II. Wie wird dies gewährleistet?

____

____

____

____

____

III. Inwieweit wird dieses Qualitätskriterium erreicht?

nicht erreicht [1] kaum erreicht [2] nahezu erreicht [3] erreicht [4]

3 Der Träger kooperiert mit anderen Trägern.

I. Wie wichtig ist dieses Qualitätskriterium für den Träger?

unwichtig [1] eher unwichtig [2] eher wichtig [3] wichtig [4]

II. Wie wird dies gewährleistet?

____

____

____

____

____

III. Inwieweit wird dieses Qualitätskriterium erreicht?

nicht erreicht [1] kaum erreicht [2] nahezu erreicht [3] erreicht [4]

4 Der Träger fördert die Kooperation mit anderen Kindertageseinrichtungen.

I. Wie wichtig ist dieses Qualitätskriterium für den Träger?

unwichtig [1] eher unwichtig [2] eher wichtig [3] wichtig [4]

II. Wie wird dies gewährleistet?

____

____

____

____

____

III. Inwieweit wird dieses Qualitätskriterium erreicht?

nicht erreicht [1] kaum erreicht [2] nahezu erreicht [3] erreicht [4]

5 Der Träger fördert Kontakte zu Ausbildungsstätten.

I. Wie wichtig ist dieses Qualitätskriterium für den Träger?

unwichtig [1] eher unwichtig [2] eher wichtig [3] wichtig [4]

II. Wie wird dies gewährleistet?

____

____

____

____

____

III. Inwieweit wird dieses Qualitätskriterium erreicht?

nicht erreicht [1] kaum erreicht [2] nahezu erreicht [3] erreicht [4]

6 Der Träger fördert Kontakte zu wissenschaftlichen Institutionen.

I. Wie wichtig ist dieses Qualitätskriterium für den Träger?

unwichtig [1] eher unwichtig [2] eher wichtig [3] wichtig [4]

II. Wie wird dies gewährleistet?

____

____

____

____

____

III. Inwieweit wird dieses Qualitätskriterium erreicht?

nicht erreicht [1] kaum erreicht [2] nahezu erreicht [3] erreicht [4]

Gemeinwesenorientierte Vernetzung und Kooperation **Modul 7**

7 Der Träger fördert innovative Projekte in seiner Kindertageseinrichtung.

I. Wie wichtig ist dieses Qualitätskriterium für den Träger?

unwichtig ☐1 eher unwichtig ☐2 eher wichtig ☐3 wichtig ☐4

II. Wie wird dies gewährleistet?

_____
_____
_____
_____
_____

III. Inwieweit wird dieses Qualitätskriterium erreicht?

nicht erreicht ☐1 kaum erreicht ☐2 nahezu erreicht ☐3 erreicht ☐4

8 Der Träger kennt die soziale Infrastruktur in der Umgebung seiner Kindertageseinrichtung.

I. Wie wichtig ist dieses Qualitätskriterium für den Träger?

unwichtig ☐1 eher unwichtig ☐2 eher wichtig ☐3 wichtig ☐4

II. Wie wird dies gewährleistet?

_____
_____
_____
_____
_____

III. Inwieweit wird dieses Qualitätskriterium erreicht?

nicht erreicht ☐1 kaum erreicht ☐2 nahezu erreicht ☐3 erreicht ☐4

© Staatsinstitut für Frühpädagogik, München

9　Der Träger unterstützt die Kindertageseinrichtung im Kontakt zu Ämtern.

I. Wie wichtig ist dieses Qualitätskriterium für den Träger?

unwichtig ☐1　　　eher unwichtig ☐2　　　eher wichtig ☐3　　　wichtig ☐4

II. Wie wird dies gewährleistet?

_____

_____

_____

_____

III. Inwieweit wird dieses Qualitätskriterium erreicht?

nicht erreicht ☐1　　　kaum erreicht ☐2　　　nahezu erreicht ☐3　　　erreicht ☐4

10　Der Träger unterstützt die Kindertageseinrichtung im Kontakt zu Fachdiensten.

I. Wie wichtig ist dieses Qualitätskriterium für den Träger?

unwichtig ☐1　　　eher unwichtig ☐2　　　eher wichtig ☐3　　　wichtig ☐4

II. Wie wird dies gewährleistet?

_____

_____

_____

_____

III. Inwieweit wird dieses Qualitätskriterium erreicht?

nicht erreicht ☐1　　　kaum erreicht ☐2　　　nahezu erreicht ☐3　　　erreicht ☐4

© Staatsinstitut für Frühpädagogik, München

Gemeinwesenorientierte Vernetzung und Kooperation **Modul 7**

11 Der Träger unterstützt die Kindertageseinrichtung im Kontakt zu Schulen.

I. Wie wichtig ist dieses Qualitätskriterium für den Träger?

unwichtig [1] eher unwichtig [2] eher wichtig [3] wichtig [4]

II. Wie wird dies gewährleistet?

III. Inwieweit wird dieses Qualitätskriterium erreicht?

nicht erreicht [1] kaum erreicht [2] nahezu erreicht [3] erreicht [4]

12 Der Träger unterstützt die Kindertageseinrichtung im Kontakt zu anderen sozialen und kulturellen Einrichtungen.

I. Wie wichtig ist dieses Qualitätskriterium für den Träger?

unwichtig [1] eher unwichtig [2] eher wichtig [3] wichtig [4]

II. Wie wird dies gewährleistet?

III. Inwieweit wird dieses Qualitätskriterium erreicht?

nicht erreicht [1] kaum erreicht [2] nahezu erreicht [3] erreicht [4]

13 Der Träger vertritt die Angelegenheiten seiner Kindertageseinrichtung in kommunalen und (fach)politischen Gremien.

I. Wie wichtig ist dieses Qualitätskriterium für den Träger?

unwichtig ☐1   eher unwichtig ☐2   eher wichtig ☐3   wichtig ☐4

II. Wie wird dies gewährleistet?

_____
_____
_____
_____

III. Inwieweit wird dieses Qualitätskriterium erreicht?

nicht erreicht ☐1   kaum erreicht ☐2   nahezu erreicht ☐3   erreicht ☐4

14 Der Träger sorgt für Kontakte zur Wirtschaft im Hinblick auf Finanzierungen.

I. Wie wichtig ist dieses Qualitätskriterium für den Träger?

unwichtig ☐1   eher unwichtig ☐2   eher wichtig ☐3   wichtig ☐4

II. Wie wird dies gewährleistet?

_____
_____
_____
_____

III. Inwieweit wird dieses Qualitätskriterium erreicht?

nicht erreicht ☐1   kaum erreicht ☐2   nahezu erreicht ☐3   erreicht ☐4

© Staatsinstitut für Frühpädagogik, München

Gemeinwesenorientierte Vernetzung und Kooperation **Modul 7**

15

Wenn Sie der Meinung sind, dass es noch weitere Qualitätskriterien zu erfüllen gilt, können Sie dieses letzte Blanko-Blatt dazu benutzen, diese hinzuzufügen und wie die Vorhergehenden einzuschätzen.

I. Wie wichtig ist dieses Qualitätskriterium für den Träger?

unwichtig [1] eher unwichtig [2] eher wichtig [3] wichtig [4]

II. Wie wird dies gewährleistet?

III. Inwieweit wird dieses Qualitätskriterium erreicht?

nicht erreicht [1] kaum erreicht [2] nahezu erreicht [3] erreicht [4]

16

I. Wie wichtig ist dieses Qualitätskriterium für den Träger?

unwichtig [1] eher unwichtig [2] eher wichtig [3] wichtig [4]

II. Wie wird dies gewährleistet?

III. Inwieweit wird dieses Qualitätskriterium erreicht?

nicht erreicht [1] kaum erreicht [2] nahezu erreicht [3] erreicht [4]

Protokoll- und Analysebogen

Erreichung: III. Inwieweit wird dieses Qualitätskriterium erreicht?		**Wichtigkeit:** I. Wie wichtig ist das Qualitätskriterium für den Träger?	
		unwichtig 1 eher unwichtig 2	eher wichtig 3 wichtig 4
nicht erreicht	1	C	B
kaum erreicht	2		
nahezu erreicht	3	D	A
erreicht	4		

Qualitätskriterien		**Konstellation** A	B	C	D
1	Der Träger verfügt über ein Vernetzungskonzept.				
2	Der Träger nutzt Angebote seines Trägerverbandes.				
3	Der Träger kooperiert mit anderen Trägern.				
4	Der Träger fördert die Kooperation mit anderen Kindertageseinrichtungen.				
5	Der Träger fördert Kontakte zu Ausbildungsstätten.				
6	Der Träger fördert Kontakte zu wissenschaftlichen Institutionen.				
7	Der Träger fördert innovative Projekte in seiner Kindertageseinrichtung.				
8	Der Träger kennt die soziale Infrastruktur in der Umgebung seiner Kindertageseinrichtung.				
9	Der Träger unterstützt die Kindertageseinrichtung im Kontakt zu Ämtern.				
10	Der Träger unterstützt die Kindertageseinrichtung im Kontakt zu Fachdiensten.				
11	Der Träger unterstützt die Kindertageseinrichtung im Kontakt zu Schulen.				
12	Der Träger unterstützt die Kindertageseinrichtung im Kontakt zu anderen sozialen und kulturellen Einrichtungen.				
13	Der Träger vertritt die Angelegenheiten seiner Kindertageseinrichtung in kommunalen und (fach)politischen Gremien.				
14	Der Träger sorgt für Kontakte zur Wirtschaft im Hinblick auf Finanzierungen.				
15					
16					

Gemeinwesenorientierte Vernetzung und Kooperation **Modul 7**

Auswertungsbogen für mehrere Zeitpunkte und Bearbeiter

Bearbeiter: ____________ **Zeitpunkt:** ____________ **Zeitpunkt:** ____________

Qualitätskriterien	A	B	C	D	A	B	C	D
1 Der Träger verfügt über ein Vernetzungskonzept.								
2 Der Träger nutzt Angebote seines Trägerverbandes.								
3 Der Träger kooperiert mit anderen Trägern.								
4 Der Träger fördert die Kooperation mit anderen Kindertageseinrichtungen.								
5 Der Träger fördert Kontakte zu Ausbildungsstätten.								
6 Der Träger fördert Kontakte zu wissenschaftlichen Institutionen.								
7 Der Träger fördert innovative Projekte in seiner Kindertageseinrichtung.								
8 Der Träger kennt die soziale Infrastruktur in der Umgebung seiner Kindertageseinrichtung.								
9 Der Träger unterstützt die Kindertageseinrichtung im Kontakt zu Ämtern.								
10 Der Träger unterstützt die Kindertageseinrichtung im Kontakt zu Fachdiensten.								
11 Der Träger unterstützt die Kindertageseinrichtung im Kontakt zu Schulen.								
12 Der Träger unterstützt die Kindertageseinrichtung im Kontakt zu anderen sozialen und kulturellen Einrichtungen.								
13 Der Träger vertritt die Angelegenheiten seiner Kindertageseinrichtung in kommunalen und (fach)politischen Gremien.								
14 Der Träger sorgt für Kontakte zur Wirtschaft im Hinblick auf Finanzierungen.								
15								
16								

Leitfragen zur Interpretation

Konstellation A – Zielsetzung

Konstellation **A** bedeutet, dass Sie das jeweilige Qualitätskriterium als wichtiges Ziel einschätzen und dass dieses Ziel auch schon erreicht ist. Hier stellt sich die **Aufgabe der Qualitätssicherung,** d. h. Sie sollten sicherstellen, dass der Standard, der erreicht ist, auch in Zukunft erhalten wird.

1. Gibt es in Zukunft Veränderungen in der Trägerarbeit, die dazu führen könnten, dass die bisherigen Maßnahmen nicht mehr greifen?
2. Gibt es in Zukunft Veränderungen in der Trägerarbeit, die bewirken könnten, dass die bisherigen Maßnahmen nicht mehr durchgeführt werden?
3. Wie können Sie sicherstellen, dass die vorhandenen Maßnahmen weiterbestehen und weiterentwickelt werden?
4. Wann überprüfen Sie dieses Qualitätskritierum nocheinmal?

Konstellation B – Zielerfüllung

Bei Konstellation **B** wird das Qualitätsziel ebenfalls als wichtig angesehen, es wird jedoch noch nicht erreicht. Hier stellt sich die **Aufgabe der Zielerfüllung**. Für den Träger bedeutet dies, dass er Maßnahmen entwickeln und einleiten muss, die es ihm ermöglichen, das formulierte Ziel zu erreichen und damit den Qualitätsstandard zu erfüllen.

1. Welche Maßnahmen haben Sie, die der Zielerreichung dienen sollen?
2. Welche Bedingungen sind dafür verantwortlich, dass diese Maßnahmen nicht zum Ziel führen?
3. Wie können Sie die vorhandenen Maßnahmen so abändern, dass sie der Zielerreichung dienen?
4. Welche alternativen Maßnahmen können Sie sich vorstellen?
5. Welche Maßnahmen möchten Sie umsetzen?

Konstellation C – Zielreflexion

Konstellation **C** dokumentiert sowohl eine geringe Wichtigkeit als auch ein geringes Erreichen eines Kriteriums. In diesem Fall stellt sich die **Aufgabe der Zielreflexion**. Im Zuge der Zielreflexion kann sich herausstellen, dass das entsprechende Kriterium doch wichtiger ist, als Sie ursprünglich dachten. Oder Sie stellen auch nach der Reflexion fest: dieses Kriterium ist für mich als Trägervertreter nicht wichtig.
Bei der Zielreflexion kann es hilfreich sein, die Meinungen von anderen Personen einzuholen oder aber noch mehr Informationen bezüglich des Themas zu sammeln.

1. Weshalb halten Sie dieses Qualitätskriterium für unwichtig? Versuchen Sie, Ihr Urteil zu begründen.
2. Erscheint dieses Qualitätskriterium möglicherweise unwichtig, weil es komplett an andere Personen delegiert wurde oder weil es nicht in Ihren direkten Arbeitsbereich fällt?
3. Was kann schlimmstenfalls passieren, wenn dieses Qualitätskriterium zwei Jahre lang komplett vernachlässigt wird?
   > Sollten Sie zu dem Schluss gekommen sein, dass dieses Qualitätskriterium doch wichtig ist, nehmen Sie eine neue Einschätzung vor und dokumentieren Sie dies im Protokoll- und Analysebogen, indem Sie die Konstellation B ankreuzen, am besten in einer anderen Farbe. Danach können Sie dazu übergehen, für dieses Qualitätskriterium die Leitfragen der Konstellation B zu bearbeiten.
4. Erscheint dieses Qualitätskriterium möglicherweise unwichtig, weil es für den Träger momentan nicht zutreffend ist?

Konstellation D – weitergehende Klärung

Die Konstellation **D** zeigt eine geringe Wichtigkeit, aber auch die Erreichung des Kriteriums an, was zunächst unklar und mehrdeutig sein kann.
Aufgabenstellung ist hier eine **umfassende Klärung,** ob das betrachtete Qualitätskriterium tatsächlich für den Träger unwichtig ist. Dazu sollten Sie anhand der nebenstehenden Fragen prüfen, ob diese Einschätzung wirklich zutreffend ist.

1. Weshalb halten Sie dieses Qualitätskriterium für unwichtig? Versuchen Sie, Ihr Urteil kurz zu begründen.
2. Ist dieses Qualitätskriterium möglicherweise unwichtig, weil es kürzlich bearbeitet wurde und nun erfüllt ist, und Sie gewissermaßen eine "Pause" diesbezüglich einlegen?
3. Sind die Ressourcen, die für dieses (unwichtige) Ziel eingesetzt werden, alle notwendig und effektiv?
4. Ist dieses Qualitätskriterium möglicherweise unwichtig, weil Sie es als völlig selbstverständlichen Bestandteil der Trägerarbeit ansehen?
5. Ist dieses Qualitätskriterium möglicherweise unwichtig, weil es komplett an andere Personen delegiert wurde oder nicht in Ihren direkten Arbeitsbereich fällt?
6. Was kann schlimmstenfalls passieren, wenn dieses Qualitätskriterium zwei Jahre lang komplett vernachlässigt wird?
   > Falls eine der Möglichkeiten von 2 bis 5 zutrifft, überlegen Sie, ob Sie dieses Qualitätskriterium nicht doch für wichtig halten und eine neue Einschätzung vornehmen sollten.

Interpretationsbogen

Modul Nr.

Qualitätskriterium Nr.

Konstellation

A B C D

Literaturverzeichnis

AGJ / Deutsches Nationalkomitee von OMEP (Hrsg.) (1998). *Der Erzieherinnenberuf im europäischen Kontext. Qualifizierungsziele und -empfehlungen.* Bonn: Eigenverlag.

Altena, H. (1997). Formen und Funktionen sozialräumlicher Vernetzung. In BMFSFJ (Bundesministerium für Familie, Senioren, Frauen und Jugend; Hrsg.), *Materialien zur Qualitätssicherung in der Kinder und Jugendhilfe – Qualitätssicherung durch Zusammenarbeit, Qs 10* (S. 36–42). Bonn: Eigenverlag.

Antoni, C.-H. (1996). Qualitätszirkel als Medium der betrieblichen Personal- und Organisationsentwicklung. In H. Geissler (Hrsg.), *Arbeit, Lernen und Organisation* (S. 191–213). Weinheim: Deutscher Studienverlag.

Barnes, J. A. (1954). *Politics in a changing society.* London: Oxford University Press.

Bauer, R. (1996). »Hier geht es um Menschen, dort um Gegenstände«. Über Dienstleistungen, Qualität und Qualitätssicherung. *Widersprüche.* (S. 11–49). Offenbach/Main: Verlag 2000.

Baumert, J., Klieme, E., Neubrand, M., Prenzel, M., Schiefele, U., Schneider, W., Stanat, P., Tillmann, K. & Weiß, M. (2001). *PISA 2000. Basiskompetenzen von Schülerinnen und Schülern im internationalen Vergleich.* Opladen: Leske + Budrich.

Beck, G. (1999). *Controlling.* Augsburg: Ziel.

Beher, K. (2001). Kindertageseinrichtungen im Zwiespalt. Neue Qualität jenseits der Quantität? In T. Rauschenbach & M. Schilling (Hrsg.), *Kinder- und Jugendhilfereport 1. Analysen, Befunde und Perspektiven.* (S. 53–73) Münster: Votum.

Bettmer, F. (2002). Die öffentlichen Träger der Sozialen Arbeit. In W. Thole (Hrsg.), *Grundriss Soziale Arbeit. Ein einführendes Handbuch* (S. 431–482). Opladen: Leske + Budrich.

Binniger, G. & Larrá, F. (in Druck). *Fit für die Zukunft- Modellprojekt zur Entwicklung neuer Trägerstrukturen für katholische Kindertageseinrichtungen im Bistum Trier.* In Caritas-Jahrbuch 2003.

Birkigt, K. & Stadler, M. M. (1998). Corporate Identity – Grundlagen. In K. Birkigt, M. M. Stadler & H. J. Funck (Hrsg.), *Corporate Identity – Grundlagen. Funktionen. Fallbeispiele* (S. 11–61). Landsberg/Lech: Verlag Moderne Industrie.

BMFSFJ (Bundesministerium für Familie, Senioren, Frauen und Jugend; Hrsg.) (1998). *Zehnter Kinder- und Jugendbericht. Bericht über die Lebenssituation von Kindern und die Leistungen der Kinderhilfen in Deutschland.* Bonn: Eigenverlag.

BMFSFJ (Bundesministerium für Familie, Senioren, Frauen und Jugend; Hrsg.) (2001). *Zukunftsfähigkeit sichern! Für ein neues Verständnis von Bildung und Jugendhilfe. Eine Streitschrift des Bundesjugendkuratoriums.* Bonn: Eigenverlag.

BMFSFJ (Bundesministerium für Familie, Senioren, Frauen und Jugend; Hrsg.) (2002[a]). *Qs Kompendium. Gesamtausgabe aller Qs-Hefte (CD-Rom).* Bonn: Broschürenstelle.

BMFSFJ (Bundesministerium für Familie, Senioren, Frauen und Jugend; Hrsg.) (2002[b]). *Elfter Kinder- und Jugendbericht. Bericht über die Lebenssituation junger Menschen und die Leistungen der Kinder- und Jugendhilfe in Deutschland.* Bonn: Eigenverlag.

BMJFFG (Bundesministerium für Jugend, Familie, Frauen und Gesundheit; Hrsg.) (1990). *Achter Jugendbericht. Bericht über Bestrebungen und Leistungen der Jugendhilfe.* Bonn: Eigenverlag.

Bobzien, M., Stark, W. & Straus, F. (1996). *Qualitätsmanagement.* Alling: Sandmann.

Boeßenecker, K.-H. (2000). Perspektiven der Verbände – Die Debatte um Qualität und Qualitätsentwicklung. Zwischen ISO 9000 und fachlichen Wirkungsanalysen. In Institut für soziale Arbeit e. V. (Hrsg.), *Prädikat wertvoll – Qualität sozialer Arbeit. Jugendhilfe im Kontext sozialer Konflikte und individueller Krisen* (S. 138–147). Münster: Eigenverlag.

Boeßenecker, K.-H., Vilain, M., Biebricher, M., Buckley, A. & Markert, A. (Hrsg.) (2003). *Qualitätskonzepte in der Sozialen Arbeit. Eine Orientierung für Ausbildung, Studium und Praxis.* Weinheim: BeltzVotum.

Brommer, E. (1999). Qualitätsmanagement nach DIN EN ISO 9000ff im Dienstleistungsbereich. *Zeitschrift Führung und Organisation, 68,* 37–41.

Bruhns, M. & Tilmes, J. (1994). *Social Marketing. Einsatz des Marketing für nichtkommerzielle Organisationen.* Stuttgart: Kohlhammer.

Bundesarbeitsgemeinschaft der Landesjugendämter (Hrsg.) (1998). *Jugendhilfeplanung und »Neue« Steuerung der Verwaltung.* Kassel: Landesjugendamt Hessen.

Bundesarbeitsgemeinschaft der Landesjugendämter (Hrsg.) (2000). *Qualität in Kinderta-*

geseinrichtungen. Köln: Landschaftsverband Rheinland – Landesjugendamt.

Campbell, D. T. (1969). Reforms as experiments. *American Psychologist, 24*, 409–424.

Chen, H. T. (1990). *Theory-driven evaluations*. London: Sage.

Clarke, A. (1999). *Evaluation research: An introduction to principles, methods and practice*. London: Sage.

Clarke-Stewart, K. A. (1998). Qualität der Kinderbetreuung in den Vereinigten Staaten von Amerika. In W. E. Fthenakis & M. R. Textor (Hrsg.), *Qualität von Kinderbetreuung. Konzepte, Forschungsergebnisse, internationaler Vergleich* (S. 148–160). Weinheim und Basel: Beltz.

Colberg-Schrader, H. (2003). Informelle und institutionelle Bildungsorte. Zum Verhältnis von Familie und Kindertageseinrichtung. In W. E. Fthenakis (Hrsg.), *Elementarpädagogik nach PISA. Wie aus Kindertagesstätten Bildungseinrichtungen werden können* (S. 266–284). Freiburg, Basel, Wien: Herder.

Cronbach, L. J. (1982). *Designing evaluations of educational and social programs*. San Francisco, CA: Jossey-Bass.

Dahlberg, G. & Åsén, G. (1994). Evaluation and Regulation: A Question of Empowerment. In P. Moss & A. Pence (Eds.), *Valuing Quality in Early Childhood Services* (S. 157–171). London: Paul Chapman.

Dahlberg, G., Moss, P. & Pence, A. (1999). *Beyond Quality in Early Childhood Education: Postmodern Perspectives*. London: Falmer Press.

Deutscher Verein für öffentliche und private Fürsorge (Hrsg.) (3. Aufl., 1993). *Fachlexikon der sozialen Arbeit*. Frankfurt/Main: Eigenverlag.

Deutscher Verein für öffentliche und private Fürsorge (Hrsg.) (5. Aufl., 2002). *Fachlexikon der sozialen Arbeit*. Frankfurt/Main: Verlag Soziale Theorie und Praxis.

Dippelhofer-Stiem, B. & Kahle, I. (1995). *Die Erzieherin im evangelischen Kindergarten. Empirische Analysen zum professionellen Selbstbild, zur Sicht der Kirche und zu den Erwartungen der Eltern*. Bielefeld: Kleine.

Diskowski, D. (2001). Das Rechtssystem und die Organisation der Kinderbetreuung im KJHG und in den Ländergesetzen. In R. Prott (Hrsg.), *Rechtshandbuch für Erzieherinnen* (S. 15–88). Neuwied, Kriftel, Berlin: Luchterhand.

DJI (Deutsches Jugendinstitut e. V.), Abteilung Kinder und Kinderbetreuung (Hrsg.) (2002). *Zahlenspiegel. Daten zu Tageseinrichtungen für Kinder. Kindertageseinrichtungen in Stadtteilen mit besonderem Entwicklungsbedarf.* München: Eigenverlag.

Dölz, S. (1998). Ist das Gemeinwesen noch zu retten? *Jugendpolitik, 1*, 16–18.

Elschenbroich, D. (2001). *Weltwissen der Siebenjährigen. Wie die Kinder die Welt entdecken können*. München: Antje Kustermann.

Engelhardt, H. D., Graf, P. & Schwarz, G. (1996). *Organisationsentwicklung*. Alling: Sandmann.

Flösser G. & Otto H.-U. (1996). *Neue Steuerungsmodelle für die Jugendhilfe*. Neuwied, Kriftel, Berlin: Luchterhand.

Forum Bildung (Hrsg.) (2001). *Empfehlungen des Forum Bildung*. Bonn: Arbeitsstab Forum Bildung.

Fthenakis, W. E. (2000). Kindergarten – Eine Institution im Wandel. In Amt für Soziale Dienste (Hrsg.), *Kindergarten – Eine Institution im Wandel* (S. 11–91). Bremen: Edition Tennen.

Fthenakis, W. E. (2002a). Evaluation pädagogischer Qualität: Ein umstrittenes Terrain? In Bundesvereinigung Evangelischer Tageseinrichtungen für Kinder e. V. & Diakonisches Institut für Qualitätsentwicklung und Forschung (Hrsg.), *Bundes-Rahmenhandbuch Evangelischer Tageseinrichtungen für Kinder. Ein Leitfaden zur Qualitätsentwicklung*. Stuttgart: Eigenverlag.

Fthenakis, W. E. (2002b). Vielfalt statt Standardisierung. In Bayerischer Landesverband Katholischer Tageseinrichtungen für Kinder (Hrsg.), *Jahrbuch 2002/2003 »Bildung für alle Kinder«* (S. 171–172). München: Eigenverlag.

Fthenakis, W. E. (Hrsg.) (2003). Zur Neukonzeptualisierung von Bildung in der frühen Kindheit. In W.E. Fthenakis (Hrsg.), *Elementarpädagogik nach PISA. Wie aus Kindertagesstätten Bildungseinrichtungen werden können* (S. 18–37). Freiburg, Basel, Wien: Herder.

Fthenakis, W. E., Nagel, B., Strätz, R., Sturzbecher, D., Eirich, H. & Mayr, T. (1996[a]). *Neue Konzepte für Kindertageseinrichtungen: eine empirische Studie zur Situations- und Problemdefinition der beteiligten Interessengruppen*. Landesbericht Bayern, Band 2. München: Staatsinstitut für Frühpädagogik.

Fthenakis, W. E., Nagel, B., Strätz, R., Sturzbecher, D., Eirich, H. & Mayr, T. (1996[b]). *Neue*

Konzepte für Kindertageseinrichtungen: eine empirische Studie zur Situations- und Problemdefinition der beteiligten Interessengruppen. Endbericht, Band 1. München: Staatsinstitut für Frühpädagogik.

Fthenakis, W. E., Gisbert, K., Griebel, W., Minsel, B. Niesel, R. Wustmann, C. & Eirich, H. (in Vorbereitung). *Konzeptuelle Neubestimmung von Bildungsqualität in Tageseinrichtungen für Kinder mit Blick auf den Übergang in die Grundschule.*

Fthenakis, W. E. & Textor, M. (Hrsg.) (1998). *Qualität von Kinderbetreuung. Konzepte, Forschungsergebnisse, internationaler Vergleich.* Weinheim und Basel: Beltz.

Fthenakis, W. E. & Oberhuemer, P. (in Druck). *Frühpädagogik international. Bildungsqualität im Blickpunkt.* Opladen: Leske + Budrich.

Gamber, P. (1996). *Ideen finden, Probleme Lösen.* Weinheim und Basel: Beltz.

Gerull, P. (1999). *Selbstbewertung des Qualitätsmanagements.* Bonn: Eigenverlag.

Gerull, P. (2000). Zertifizierung von Qualitätsmanagementsystemen in der Kinder- und Jugendhilfe: Zur Problematik externer Beurteilungen. In B. Irskens & H. Vogt (Hrsg.), *Qualität und Evaluation. Eine Orientierung – nicht nur für Kindertageseinrichtungen* (S. 52–59). Frankfurt/Main: Eigenverlag des Deutschen Vereins für öffentliche und private Fürsorge.

Gordon, R. L. (1992). *Basic interviewing skills.* Itasca, IL: Peacock.

Graf, P. & Spengler, M. (2000). Leitbild- und Konzeptentwicklung. Augsburg: Ziel.

Green, A., Wolf, A. & Leney, T. (1999). *Convergence and Divergence in European Education and Training Systems.* London: Institute of Education, University of London.

Grunwald, K. (2001). *Neugestaltung der freien Wohlfahrtspflege.* Weinheim und München: Juventa.

Haberkorn, R. (2001). Eltern in Kindertageseinrichtungen. Von der Eltern-Bildung zur Erziehungspartnerschaft. *KiTa spezial, 10 Jahre KJHG – was hat es für die Kindertagesbetreuung gebracht? 1*, 39–41.

Harms, T., Clifford, R. M. & Cryer, D. (1998). *Early Childhood Environment Rating Scale, Revised Edition (ECERS-R).* New York: Teachers College Press.

Heiner, M. (2001). Planung und Durchführung von Evaluationen – Anregungen, Empfehlungen, Warnungen. In K. Heil, M. Heiner & U. Feldmann (Hrsg.), *Evaluation sozialer Arbeit* (S. 35–38). Frankfurt/Main: Eigenverlag des Deutschen Vereins für öffentliche und private Fürsorge.

Hoffmann, T. (2000). Können Organisationen lernen? Voraussetzungen, Methoden und Stolpersteine auf dem Weg zur lernenden Organisation. *Jugendhilfe, 38 (2)*, 61–67.

Hollmann, E. & Benstetter, S. (2000). *In sieben Schritten zur Konzeption.* Seelze: Kallmeyer.

Hughes, P. & MacNaughton, G. (2000). Consensus, Dissensus or Community: the politics of parent involvement in early childhood education. *Contemporary Issues on Early Childhood, 1(3)*, 241–258.

Irskens, B. & Vogt, H. (Hrsg.) (2000). *Qualität und Evaluation.* Frankfurt/Main: Eigenverlag des Deutschen Vereins für öffentliche und private Fürsorge.

Jordan, E. & Reismann, H. (1998). *Qualitätssicherung und Verwaltungsmodernisierung in der Jugendhilfe.* Münster: Votum.

Kalicki, B., Jäger, R., Hanssen, K., Nagel, B., Schreyer, I., Oberhuemer, P. & Fthenakis, W. E. (in Druck). *Ergebnisbericht zur bundesweiten Befragung von Rechtsträgern im System der Tageseinrichtungen für Kinder.* München: Staatsinstitut für Frühpädagogik.

Katz, L. (1996). Qualität der Früherziehung in Bildungseinrichtungen. Fünf Perspektiven. In W. Tietze (Hrsg.), *Früherziehung.* Neuwied, Kriftel, Berlin: Luchterhand.

KGSt (Kommunale Gemeinschaftsstelle; Hrsg.) (1993). *Das neue Steuerungsmodell: Begründung – Konturen – Umsetzung (Bericht Nr.5).* Köln: Eigenverlag.

KGSt (Kommunale Gemeinschaftsstelle; Hrsg.) (2001). *Kommunales Qualitätsmanagement von Bildung, Erziehung und Betreuung in Tageseinrichtungen für Kinder (Bericht Nr. 2).* Köln: Eigenverlag.

Kiessling, W. F. & Spannagl, P. (1996). *Corporate Identity.* München: Sandmann.

Klauth, A. & Giesecke, B. (1997). Der Verband für sozial-kulturelle Arbeit/Landesverband NRW e. V. – eine Form der Vernetzung. In BMFSFJ (Bundesministerium für Familie, Senioren, Frauen und Jugend; Hrsg.), *Materialien zur Qualitätssicherung in der Kinder- und Jugendhilfe, Qualitätssicherung durch Zusammenarbeit, Qs 10* (S. 62–65). Bonn: Eigenverlag.

Knorr, F. & Offer, H. (1999). *Betriebswirtschaftslehre. Grundlagen für die Soziale Arbeit.* Neuwied, Kriftel, Berlin: Luchterhand.

Komrey, H. (1995). Evaluation. Empirische Konzepte zur Bewertung von Handlungsprogrammen und die Schwierigkeit ihrer Realisierung. *Zeitschrift für Soziologie der Erziehung und Sozialisation, 15(4)*, 313–336.

Komrey, H. (2000). Die Bewertung von Humandienstleistungen. Fallstricke bei der Implementations- und Wirkungsforschung sowie methodische Alternativen. In H. Müller-Kohlenberg & K. Münstermann (Hrsg.), *Qualität von Humandienstleistungen* (S. 19–57). Opladen: Leske + Budrich.

Kreyenfeld, M., Spieß C.K. & Wagner G.G. (2001). *Finanzierungs- und Organisationsmodelle institutioneller Kinderbetreuung.* Neuwied, Kriftel, Berlin: Luchterhand.

Kronberger Kreis für Qualitätsentwicklung in Kindertageseinrichtungen (Hrsg.) (1998). *Qualität im Dialog entwickeln.* Seelze: Kallmeyer.

Krug, M. (2002). Kindertageseinrichtungen als Teil der Jugendhilfelandschaft. In C. Lipp-Peetz & I. Wagner (Hrsg.), *Bildungsort und Nachbarschaftszentrum. Kindertageseinrichtungen im zweiten Jahrzehnt des KJHG. Jahrbuch 7 des Pestalozzi-Fröbel-Verbandes* (S. 6–28). Baltmannsweiler: Schneider Verlag Hohenngehren.

Kulbach, R. (1996). Qualitätssicherung als Aufgabe der Träger sozialer Dienste. *Soziale Arbeit, 11*, 367–371.

Laewen, H. & Andres, B. (Hrsg.) (2002). *Bildung und Erziehung in der frühen Kindheit. Bausteine zum Bildungsauftrag von Kindertageseinrichtungen.* Weinheim, Basel, Berlin: Beltz.

Lamberti, M.-A. (2000). PE-Glossar. *KiTa spezial, Personalentwicklung in Kindertageseinrichtungen. 1*, 47–48.

Lange, C. (2002). Subsidiarität – ein hilfreiches oder ein nebulöses Prinzip? *Sozial Extra, 12*, 6–11.

Langnickel, H. (1997). Patentrezept Vernetzung – Zwischen Sparzwängen und Qualitätsansprüchen. In BMFSFJ (Bundesministerium für Familie, Senioren, Frauen und Jugend; Hrsg.), *Materialien zur Qualitätssicherung in der Kinder und Jugendhilfe – Qualitätssicherung durch Zusammenarbeit, Qs 10* (S. 7–21). Bonn: Eigenverlag.

Liebald, C. (1998). Leitfaden für Selbstevaluation und Qualitätssicherung. In BMFSFJ (Bundesministerium für Familie, Senioren, Frauen und Jugend; Hrsg.), *Materialien zur Qualitätssicherung in der Kinder- und Jugendhilfe, Qs 19.* Bonn: Eigenverlag.

Lier, A., Meyer, E. & Wittulski E. (2000). *Öffentlichkeitsarbeit für Alteneinrichtungen. Vom Logo bis zum Internet.* München, Jena: Urban und Fischer.

Lipp, U. & Will, H. (2001). *Das große Workshop-Buch.* Weinheim und Basel: Beltz.

Marchal, P. & Spura, U. (1981). *Öffentlichkeitsarbeit im sozialen Bereich.* Weinheim und Basel: Beltz.

Meinhold, M. (1995). Über einige Mißverständnisse in den aktuellen Qualitätsdiskussionen. *neue praxis, 25 (3)*, 288–292.

Meinhold, M. (1998). *Qualitätssicherung und Qualitätsmanagement in der Sozialen Arbeit.* Freiburg i. Br.: Lambertus.

Merchel, J. (Hrsg.) (1999). *Qualität in der Jugendhilfe.* Münster: Votum.

Merchel, J. (2003). *Trägerstrukturen in der Sozialen Arbeit.* Weinheim: Juventa.

Millar, R., Crute, V. & Hargie, O. (1992). *Professional interviewing.* Florence, KY: Taylor & Francis/Routledge.

Moss, P. (1994). Defining Quality: Values, stakeholders and processes. In P. Moss & A. Pence (Eds.), *Valuing quality in early childhood services. New approaches to defining quality* (S. 1–9). London: Paul Chapman.

Moss, P. (2000). Beyond Quality in Early Childhood Education and Care. In H. Colberg-Schrader & P. Oberhuemer (Hrsg.), *Qualifizieren für Europa* (S. 18–27). Baltmannsweiler: SchneiderVerlag Hohengehren.

Müller, B. (1990). Öffentlichkeitsarbeit für soziale Organisationen. *Deutsche Zeitschrift für Sozialarbeit, Blätter der Wohlfahrtspflege, 6*, 147–149.

Müller-Kohlenberg, H. & Beywl, W. (2002, Entwurfsfassung). *Standards der Selbstevaluation.* www.degeval.de/ak_soz/Selbstevaluation.rtf.

Mutschler, R. (1998). Kooperation ist eine Aufgabe Sozialer Arbeit. *Deutsche Zeitschrift für Sozialarbeit, Blätter der Wohlfahrtspflege, 3+4*, 49–52.

Netzwerk Kinderbetreuung der Europäischen Kommission (1996). *40 Vorschläge für ein 10jähriges Aktionsprogramm.* Brüssel: Europäische Kommission.

Nikles, B.W. (1995). *Planungsverantwortung und Planung in der Jugendhilfe*. Stuttgart: Richard Boorberg Verlag.

Norwegian Ministry of Children and Family Affairs (Hrsg.) (1998). *OECD – Thematic Review of Early Childhood Education and Care Policy. Background Report from Norway.* http://www.oecd.org/dataoecd/48/53/2476185.pdf.

Oberhuemer, P. (1998). Qualifizierung des Fachpersonals. Schlüsselthema in der Qualitätsdiskussion. In W.E. Fthenakis & M.R. Textor (Hrsg.), *Qualität von Kinderbetreuung. Konzepte, Forschungsergebnisse, internationaler Vergleich* (S. 127–136). Weinheim: Beltz.

Oberhuemer, P. (2001a). Pädagogik der Vielfalt – interkulturelle Pädagogik. In M. Ulich, P. Oberhuemer & M. Soltendieck (Hrsg.), *Die Welt trifft sich im Kindergarten. Interkulturelle Arbeit und Sprachförderung* (S. 13–17). Weinheim, Basel, Berlin: Beltz.

Oberhuemer, P. (2001b). Welche Pädagoginnen will das KJHG? Professionalisierung und Fachlichkeit im Blickpunkt. *KiTa spezial, 10 Jahre KJHG – was hat es für die Kindertagesbetreuung gebracht? 1*, 5–7.

Oberhuemer, P. (2002). Internationale Entwicklungen in der vorschulischen Bildung und Kindertagesbetreuung. OECD-Studie in zwölf Ländern. *KiTa spezial, Bildungsdebatte im Elementarbereich, 3*, 5–7.

Oberhuemer, P. (2003). Bildungsprogrammatik für die Vorschuljahre: ein internationaler Vergleich. In W.E. Fthenakis (Hrsg.), *Elementarpädagogik nach PISA. Wie aus Kindertagesstätten Bildungseinrichtungen werden können* (S. 38–56). Freiburg, Basel, Wien: Herder.

Oberhuemer, P. (in Druck). Bildungskonzepte für die frühe Kindheit in internationaler Perspektive. In W.E. Fthenakis & P. Oberhuemer (Hrsg.), *Frühpädagogik international. Bildungsqualität im Blickpunkt*. Opladen: Leske + Budrich.

Oberhuemer, P. & Ulich, M. (1998). Tageseinrichtungen und Dezentralisierung. Tendenzen in einigen europäischen Ländern. In Pestalozzi-Fröbel-Verband (Hrsg.), *Kindergartenentwicklung. Profil trotz Finanzkrise. Jahrbuch 2* (S. 25–40). Weinheim: Beltz.

Oberhuemer, P., Ulich, M. & Soltendieck, M. (2001). Kulturenvielfalt in Kindertageseinrichtungen. Empfehlungen an Träger und Trägerorganisationen. *KiTa aktuell BY, 4*, 89–91.

OECD (Organisation for Economic Co-Operation and Development) (2000). *Early Childhood Education and Care Policy in the United States of America.* http://www.oecd.org/dataoecd/52/33/2535075.pdf.

OECD (Organisation for Economic Co-Operation and Development) (2001). *Starting Strong*. Paris: Author.

Penn, H. (1998). Comparative research: A way forward? In T. David (Ed.), *Researching Early Childhood Education. European Perspectives* (S. 7–24). London: Paul Chapman.

Pestalozzi-Fröbel-Verband (Hrsg.) (1998). *Kindergartenentwicklung. Profil trotz Finanzkrise.* Weinheim und Basel: Beltz.

Postler, J. & Schneider, H. (1994). Konzeptionelle Anforderungen an die Entwicklung der Kindertagesstättenplanung. In H. Schneider & N. Johrent (Hrsg.), *Kommunale Jugendhilfeberichterstattung und Jugendhilfeplanung. BDS-Schriftenreihe* (Bd. 12, S. 147–159). Bielefeld: Berufsverband Deutscher Soziologen.

Preissing, C. (Hrsg) (2003). *Qualität im Situationsansatz. Qualitätskriterien und Materialien für die Qualitätsentwicklung in Kindertageseinrichtungen.* Weinheim, Basel, Berlin: Beltz.

Prott, R. (2001). *Rechtshandbuch für Erzieherinnen.* Neuwied, Kriftel, Berlin: Luchterhand.

Rauschenbach, T., Sachße, C. & Olk, T. (Hrsg.). (1995). *Von der Wertgemeinschaft zum Dienstleistungsunternehmen. Jugend- und Wohlfahrtsverbände im Umbruch.* Frankfurt/Main: Suhrkamp.

Reidelhuber, A. (2000). *Umweltbildung*. Freiburg: Lambertus.

Rieder-Aigner, H. (Hrsg.) (1994). *Handbuch Kindertageseinrichtungen*. Regensburg, Bonn: Walhalla u. Praetoria.

Rossi, P.H., Freeman, H.E. & Lipsey, M. (1999). *Evaluation*. London: Sage.

Schlummer, B. & Schlummer, W. (2003). *Erfolgreiche Konzeptionsentwicklung in Kindertagesstätten.* München: Ernst Reinhardt Verlag.

Schmidt, R. (1995). Bürgerschaftliches Engagement bricht Verkrustungen auf. *Deutsche Zeitschrift für Sozialarbeit, Blätter der Wohlfahrtspflege, 9*, 201–203.

Schreyer, I., Hanssen, K., Kalicki, B., Nagel, B., & Oberhuemer, P. (2003). Trägerqualität – Die Steuerung von Bildungs-, Erziehungs- und Betreuungsqualität durch Evaluation. In

W. E. Fthenakis (Hrsg.), *Elementarpädagogik nach PISA. Wie aus Kindertagesstätten Bildungseinrichtungen werden können* (S. 352–371). Freiburg, Basel, Wien: Herder.

Schröer, H. (1998). Jugendhilfe als Diensleistungsunternehmen? Verwaltungsreform und ihre Auswirkungen auf die freien Träger. In Pestalozzi-Fröbel-Verband (Hrsg.), *Kindergartenentwicklung. Profil trotz Finanzkrise* (S. 58–67). Weinheim & Basel: Beltz.

Schwarz, G. & Beck, R. (1997). *Personalmanagement*. Alling: Sandmann.

Scriven, M. (1991). *Evaluation thesaurus*. London: Sage.

Seckinger, M. (1997). Qualität durch Kooperation – eine begründete Hoffnung? In BMFSFJ (Bundesministerium für Familie, Senioren, Frauen und Jugend; Hrsg.), *Materialien zur Qualitätssicherung in der Kinder- und Jugendhilfe, Qualitätssicherung durch Zusammenarbeit, Qs 10* (S. 44–50). Bonn: Eigenverlag.

Seehausen, H. (2000). Kinder im Wandel der Arbeitswelt – vom unerläßlichen Dialog zwischen Kindergärten und Wirtschaftsunternehmen. In T. Wunderlich, M. Hugoth & F. Jansen (Hrsg.), *Themenwechsel*. Freiburg: Verband Katholischer Tageseinrichtungen für Kinder (KTK).

Spiegel, H. von (1993). *Aus Erfahrung lernen: Qualifizierung durch Selbstevaluation*. Münster: Votum.

Staatsinstitut für Frühpädagogik (Hrsg.) (in Vorbereitung). *Qualitätsentwicklungen im Kontext einer Großstadt*. Berichte der Städte Frankfurt/Main, Köln, München und Nürnberg. München: Staatsinstitut für Frühpädagogik.

Steyer, R. & Eid, M. (1993). *Messen und Testen*. Heidelberg: Springer.

Strätz, R., Hermens, C., Fuchs, R., Kleinen, K., Nordt, G. & Wiedemann, P (2003). *Qualität für Schulkinder in Tageseinrichtungen. Ein nationaler Kriterienkatalog*. Weinheim, Basel, Berlin: Beltz.

Sturzbecher, D. & Bredow, C. (1998). Das Zusammenwirken von Familie und Kita: Voraussetzungen und Erfahrungen aus der Perspektive von drei Bundesländern. In D. Sturzbecher (Hrsg.), *Kinderbetreuung in Deutschland. Bilanzen und Perspektiven* (S. 233–243). Freiburg: Lambertus.

Suppes, P. & Zinnes, J. L. (1963). Basic measurement theory. In R. D. Luce, R. B. Bush & E. Galanter (Eds.), *Mathematical psychology, Vol. 1* (S. 1–77). New York: Wiley.

Textor, M. (2001). Erzieherinnen und Eltern als Partner. *klein & groß, 1*, 34–39.

Tietze, W., Schuster, K.-M., Grenner, K. & Rossbach, H.-G. (2001). *Die Kindergartenskala. Revidierte Fassung (KES-R)*. Neuwied, Kriftel, Berlin: Luchterhand.

Tietze, W. & Viernickel, S. (2002). *Pädagogische Qualität in Tageseinrichtungen für Kinder. Ein nationaler Kriterienkatalog*. Weinheim, Basel, Berlin: Beltz.

Ulich, M. & Oberhuemer, P. (2003). Interkulturelle Kompetenz und mehrsprachige Bildung. In W. E. Fthenakis (Hrsg.), *Elementarpädagogik nach PISA. Wie aus Kindertagesstätten Bildungseinrichtungen werden können* (S. 152–168). Freiburg, Basel, Wien: Herder.

van Santen, E. & Seckinger, M. (1999). Freien Trägern auf der Spur. In N. Weigel, M. Seckinger, E. van Santen & A. Markert (Hrsg.) *Freien Trägern auf der Spur. Analyse zu Strukturen und Handlungsfeldern der Jugendhilfe*. (S. 177–190) Opladen: Leske + Budrich.

Westermann, R. (2002). Merkmale und Varianten von Evaluationen. Überblick und Klassifikationen. *Zeitschrift für Psychologie, 210*, 4–26.

Woodhead, M. (2000). Towards a global paradigm for research into early childhood. In Penn, H. (Ed.), *Early childhood services. Theory, policy and practice* (S. 15–35). Buckingham; Philadelphia: Open University Press.

Wottawa, H. & Thierau, H. (1998). *Lehrbuch der Evaluation*. Bern: Huber.

Wunderlich, T. & Jansen, F. (Hrsg.) (1997). *Katholische Kindergärten auf Entwicklungskurs*. Freiburg: Verband Kath. Tageseinrichtungen für Kinder (KTK).

Anhang

Anhang A: Empfehlungen und Vorgaben der Trägerorganisationen

Die in diesem Anhang zusammengestellten Informationen erheben keinen Anspruch auf Vollständigkeit. Alle genannten Internet-Adressen wurden im August 2003 auf ihre Funktionsfähigkeit geprüft.

TQ-Dimension 1: Organisations- und Dienstleistungsentwicklung

	Materialien / Quellen
Öffentliche Träger	• Kommunale Gemeinschaftsstelle (Hrsg.) (1993). *Das neue Steuerungsmodell: Begründung – Konturen – Umsetzung.* KGSt-Bericht 5/1993. Köln: Eigenverlag. (siehe auch http://www.kgst.de, Rubrik »Produkte«) • Bundesarbeitsgemeinschaft der Landesjugendämter (2000). *Qualität in Kindertageseinrichtungen.*[1] (siehe auch http://www.bagljae.de, Rubrik »Stellungnahmen«)
Kirchliche Träger	**Evangelische Träger / Diakonie** zur Organisation allgemein: • *Leitbild der Diakonie.* http://www.diakonie.de/, Rubrik »Die Diakonie« bezogen auf Kitas: • Bundesvereinigung Evangelischer Tageseinrichtungen für Kinder e. V. *Aufgaben.* http://www.beta-diakonie.de/cmain/Aufgaben.html[10] • Bremische Evangelische Kirche & Landesverband Evangelischer Tageseinrichtungen für Kinder e. V. der Bremischen Evangelischen Kirche (Hrsg.) (2001). *Konzept des Landesverbandes Evangelischer Tageseinrichtungen für Kinder.* (unveröffentlichtes Material)[15] • Evangelische Kirche in Hessen und Nassau (Hrsg.) (2003). *Handbuch für Kirchenvorsteher in der Evangelischen Kirche in Hessen und Nassau.*[2] **Katholische Träger / Caritas** zur Organisation allgemein: • *Leitbild des Deutschen Caritasverbandes auf einen Blick.* http://www.caritas.de/2230.html bezogen auf Kitas: • Verband Katholischer Tageseinrichtungen für Kinder (KTK) – Bundesverband e. V.: *Was uns verbindet: Leitlinien, Ziele und Grundsätze.*[3] • Ständiger Rat der Deutschen Bischofskonferenz – Positionspapier der Kommission Ehe und Familie (23.08.1999). *Aspekte zur Weiterentwicklung des Regelkindergartens in katholischer Trägerschaft als Antwort auf veränderte Lebenssituationen der Familien in Deutschland.* (Zusammenfassung unter http://www.lvkita.de/db12.html#ch71) • Bayerischer Landesverband katholischer Tageseinrichtungen für Kinder e. V. (Hrsg.) (2003). *Ein klares Profil! Katholische Tageseinrichtungen für Kinder in Bayern. München.*[4]
Andere Freie Träger	**Arbeiterwohlfahrt** zur Organisation allgemein: • Leitsätze und Leitbild der Arbeiterwohlfahrt. Stand: Dezember 1998. http://www.awo.org/pub/awo_bv/basis/leits_b/view bezogen auf Kitas: • Das Leitbild der Arbeiterwohlfahrt. http://www.awo.org/pub/kinder/kita/AWO_kita/wzk/leitbild.html/view **Deutsches Rotes Kreuz** • Deutsches Rotes Kreuz, Generalsekretariat (Hrsg.) (2000). Leitbild der DRK-Kindertageseinrichtung. Eigenverlag.[5] (siehe auch http://drk.de/generalsekretariat/leitbild.html, 18.08.03) **PARITÄTISCHER Wohlfahrtsverband** • Grundsätze der Verbandspolitik / Wie wir uns sehen. http://www.paritaet.org, Rubrik »Wir über uns«

TQ-Dimension 2: Konzeption und Konzeptionsentwicklung

	Materialien / Quellen
Öffentliche Träger	**Landeshauptstadt München** • Landeshauptstadt München, Sozialreferat – Stadtjugendamt (Hrsg.) (2000). *Die pädagogische Rahmenkonzeption für Kinderkrippen der Landeshauptstadt München* – Kurzfassung.[6] • Landeshauptstadt München, Sozialreferat (Hrsg.) (2000). *Leitlinien für eine interkulturell orientierte Kinder- und Jugendhilfe auf Grundlage des §9 Abs. 1 und 2 KJHG.*[7] • Landeshauptstadt München, Schulreferat (Hrsg.) (2000). *Qualität für Kinder – Interkulturelle Pädagogik. Pädagogisches Rahmenkonzept zur Weiterentwicklung der Kindergarten-, Hort- und Tagesheimpädagogik.*[8] **Stadt Frankfurt am Main** • Dezernat für Schule, Bildung und Frauen – Stadtschulamt (Hrsg.) (2001). *Meine, deine, unsere Sprache. Konzeption für eine Sprachförderung zwei- und mehrsprachiger Kinder.*[9]
Kirchliche Träger	**Evangelische Träger / Diakonie** • Bundesvereinigung Evangelischer Tageseinrichtungen für Kinder e. V. (BETA) (Hrsg.) (2002). *Vielfalt leben – Profil gewinnen. Interkulturelle und interreligiöse Erziehung und Bildung in evangelischen Tageseinrichtungen für Kinder. Stuttgart: Eigenverlag.*[10] • Bundesvereinigung Evangelischer Tageseinrichtungen für Kinder e. V. (BETA) & Verband Katholischer Tageseinrichtungen für Kinder (KTK) – Bundesverband e. V. (Hrsg.) (2002). *Bildung von Anfang an. Der Bildungsauftrag von Kindertageseinrichtungen in kirchlicher Trägerschaft.* Stuttgart: Eigenverlag.[10] • Bundesvereinigung Evangelischer Tageseinrichtungen für Kinder e. V. (BETA) (Hrsg.). (2002). *Texte zur aktuellen Bildungsdiskussion in evangelischen Tageseinrichtungen für Kinder.* Stuttgart: Eigenverlag.[10] • Bayerischer Landesverband Evangelischer Tageseinrichtungen und Tagespflege für Kinder e. V. (Hrsg.). *Handbuch für Evangelische Tageseinrichtungen und Tagespflege für Kinder in Bayern.* Nürnberg: Eigenverlag. (Kapitel 5: Konzeption) • Evangelische Kirche in Hessen und Nassau (Hrsg.). *Handbuch für Kindertagesstätten in der Evangelischen Kirche in Hessen und Nassau.* Northeim: Verlag Christa Ditschler[2] **Katholische Träger / Caritas** • Verband Katholischer Tageseinrichtungen für Kinder (KTK) – Bundesverband e. V. (Hrsg.) (2001). *Gemeinsam Gemeinde gestalten. Ziel und Aufgabe von katholischen Tageseinrichtungen für Kinder und Kirchengemeinden.* Freiburg: Eigenverlag.[11] • Verband Katholischer Tageseinrichtungen für Kinder (KTK) – Bundesverband e. V. (Hrsg.) (2000). *Themenwechsel. Die Zukunft lernt im Kindergarten.* Freiburg: Eigenverlag.[11] • Verband Katholischer Tageseinrichtungen für Kinder (KTK) – Bundesverband e. V. (Hrsg.) (1995). *Konzeptionsentwicklung als Dauerbrenner.* Freiburg: Eigenverlag.[11] • Bayerischer Landesverband katholischer Tageseinrichtungen für Kinder e. V. (Hrsg.) (2003). *Ein klares Profil! Katholische Tageseinrichtungen für Kinder in Bayern.* München.[4]
Andere Freie Träger	**Arbeiterwohlfahrt** • Arbeiterwohlfahrt Bundesverband e. V. (Hrsg.) (2003). *Bildungsqualität in Tageseinrichtungen für Kinder gestalten, steuern und weiterentwickeln. Ein Diskussionspapier der Arbeiterwohlfahrt.* Bonn: Eigenverlag.[12] • Arbeiterwohlfahrt Bundesverband e. V. (Hrsg.) (2003). *Interkulturelle Öffnung in Tageseinrichtungen für Kinder der AWO.* Bonn: Eigenverlag.[12] • Arbeiterwohlfahrt Bundesverband e. V. (Hrsg.) (2002). *Mitreden, Einfluss nehmen. Partizipation in Tageseinrichtungen für Kinder.* Bonn: Eigenverlag.[12] • Arbeiterwohlfahrt Bundesverband e. V. (Hrsg.) (2002). *»Gemeinsam Leben und Lernen« – Interkulturelle Orientierung in Tageseinrichtungen für Kinder.* Bonn: Eigenverlag.[12] • Arbeiterwohlfahrt Bundesverband e. V. (Hrsg.) (1999). *Grundsatzprogramm der Arbeiterwohlfahrt.* Bonn: Eigenverlag.[12] (siehe auch http://www.awo.org/pub/awo_bv/basis/grundsatzprogramm.html/gprg-awo.pdf, 18.08.03) • Arbeiterwohlfahrt Bundesverband e. V. (Hrsg.) (1999). *Leitsätze und Leitbild der Arbeiterwohlfahrt.* Bonn: Eigenverlag.[12] • Arbeiterwohlfahrt Bundesverband e. V. (Hrsg.) (1997). *Grundpositionen der Arbeiterwohlfahrt für die Arbeit in Tageseinrichtungen für Kinder.* Bonn: Eigenverlag.[12]

	Materialien / Quellen
Andere Freie Träger	• Arbeiterwohlfahrt Landesverband Bayern e. V. (Hrsg.) (2002). *Kinder mit erhöhtem Förderbedarf im Kindergarten.* Positionspapier. • Arbeiterwohlfahrt Bezirksverband Oberbayern (Hrsg.) (1999). *Das aktuelle Bildungsverständnis in Kindertageseinrichtungen.* • *Pädagogische Ziele und Qualitätsprofil.* http://www.awo.org/pub/kinder/kita/AWO_kita/wzk/ziele.html • *Die Konzeption – die Visitenkarte der Einrichtung.* http://www.awo.org/pub/kinder/kita/AWO_kita/quq/konzept.html **Deutsches Rotes Kreuz** • Deutsches Rotes Kreuz (Hrsg.) (1996). *Die Bedeutung der Rotkreuz-Grundsätze für die pädagogische Arbeit in den DRK-Kindertageseinrichtungen.* Bonn: Eigenverlag. **PARITÄTISCHER Wohlfahrtsverband** • Arbeitsgruppe der Kindergärten von Mitgliedsorganisationen des PARITÄTISCHEN, Bezirksverband Oberbayern (Hrsg.) (1999). *Handreichung für Kindertagesstätten im PARITÄTISCHEN.* München: Eigenverlag. • Deutscher PARITÄTISCHER Wohlfahrtsverband – Gesamtverband e. V. (Hrsg.) (2002). *PISA und die Folgen – Positionen und Forderungen zur bildungspolitischen Debatte aus der Sicht des PARITÄTISCHEN Wohlfahrtsverbandes – Gesamtverband e. V.* Frankfurt/M.: Eigenverlag.[13] • Deutscher PARITÄTISCHER Wohlfahrtsverband – Gesamtverband e. V. (Hrsg.) (2000). *Mit Mädchen arbeiten – Qualität sichtbar.* Projektbericht. Frankfurt/Main: Eigenverlag.[13] • Deutscher PARITÄTISCHER Wohlfahrtsverband – Gesamtverband e. V. (Hrsg.) (1996). *Arbeitshilfe für Elterninitiativen und selbstorganisierte Gruppen – Anregungen zur konzeptionellen und strukturellen Entwicklung im Bereich Tageseinrichtungen für Kinder.* Frankfurt/Main: Eigenverlag.[13] • PARITÄTISCHER Landesverband Sachsen (Hrsg.) (2003). *Qualitätshandbuch für Elterninitiativen – Von der Weiterentwicklung der Praxis zum systematischen Qualitätsnachweis – Hinweise, Fragen und Antworten.* Dresden: Eigenverlag.[14]

TQ-Dimension 3: Qualitätsmanagement

	Materialien / Quellen
Öffentliche Träger	• Kommunale Gemeinschaftsstelle (Hrsg.) (2001). *Kommunales Qualitätsmanagement von Bildung, Erziehung und Betreuung in Tageseinrichtungen für Kinder.* KGSt-Bericht 2/2001. Köln: Eigenverlag. (siehe auch http://www.kgst.de, Rubrik »Produkte«) • Bundesarbeitsgemeinschaft der Landesjugendämter (Hrsg.) (2000). *Qualität in Kindertageseinrichtungen.*[1] (siehe auch http://www.bagljae.de, Rubrik »Stellungnahmen«) **Landeshauptstadt München** • Landeshauptstadt München, Schul- und Kultusreferat (Hrsg.) (2003). *Qualitätssicherung und Qualitätsentwicklung.* Handbuch – Modellausgabe. B: Einrichtungsspezifischer Teil. München: Eigenverlag.[8]
Kirchliche Träger	**Evangelische Träger / Diakonie** • Bundesvereinigung Evangelischer Tageseinrichtungen für Kinder e.V. (BETA) & Diakonisches Institut für Qualitätsentwicklung und Forschung gGmbH (Hrsg.) (2002). *Bundes-Rahmenhandbuch Evangelischer Tageseinrichtungen für Kinder. Ein Leitfaden zur Qualitätsentwicklung.* Stuttgart: Eigenverlag.[10] • Landesverband Evangelischer Tageseinrichtungen für Kinder e.V. der Bremischen Evangelischen Kirche. Rahmenkonzept zur Qualitätsentwicklung (Entwurf 2001). (unveröffentlichtes Material)[15] • Bayerischer Landesverband Evangelischer Tageseinrichtungen und Tagespflege für Kinder e.V. (Hrsg.). *Handbuch für Evangelische Tageseinrichtungen und Tagespflege für Kinder in Bayern.* Nürnberg: Eigenverlag. • Evangelische Kirche in Hessen und Nassau (Hrsg.) (vsl. Feb. 2004). Trägerhandbuch für Kindertagesstätten.[16] **Katholische Träger / Caritas** Verband Katholischer Tageseinrichtungen für Kinder (KTK) – Bundesverband e.V. (Hrsg.) (2002). *Starke Aussichten.* Freiburg: Eigenverlag.[11] Verband Katholischer Tageseinrichtungen für Kinder (KTK) – Bundesverband e.V. (Hrsg.) (1998). Kindergärten mit Gütesiegel. Freiburg: Eigenverlag.[11]
Andere Freie Träger	**Arbeiterwohlfahrt** • *Qualitätspolitik der Arbeiterwohlfahrt.* http://www.awo.org/pub/kinder/kita/AWO_kita/quq/qualipolitik.html/view • *Das AWO-Musterqualitätshandbuch »Dienstleistungen in der Praxis der Tageseinrichtungen für Kinder«.* http://www.awo.org/pub/kinder/kita/qm_handb.html/view • Arbeiterwohlfahrt, Bezirksverband Ostwestfalen-Lippe e.V. (Hrsg.) (1999). *Handbuch zur Qualitätssicherung in Tageseinrichtungen für Kinder.* Eigenverlag. • Qualitätspolitische Grundlagen der Arbeiterwohlfahrt (o.J.), Bestnr.: 01025[17] • *Handbuch für die Qualitätsentwicklung in Tageseinrichtungen für Kinder* (o.J.), Bestnr.: 02029 [17] **PARITÄTISCHER Wohlfahrtsverband** • *Qualitätspolitische Grundsätze des PARITÄTISCHEN* – Dokument vom 20.04.2001. http://www.paritaet.org/gv/infothek/pid/, Rubrik »Datum«, »20.04.2001« • Rieder-Aigner, Hildegard (2003). *Qualität – 11 Empfehlungen für eine bessere Praxis. Qualitäts-Empfehlungen des PARITÄTISCHEN, Hamburg.* In: Zukunfts-Handbuch Kindertageseinrichtungen. Regensburg: Walhalla-Fachverlag. • PARITÄTISCHER Landesverband Sachsen (Hrsg.) (2003). *Qualitätshandbuch für Elterninitiativen – Von der Weiterentwicklung der Praxis zum systematischen Qualitätsnachweis – Hinweise, Fragen und Antworten.* Dresden: Eigenverlag.[14]

TQ-Dimension 4: Personalmanagement

	Materialien / Quellen
Öffentliche Träger	**Stadt Hamburg** • Vereinigung Hamburger Kindertagesstätten e. V. (Hrsg.) (2001). *Aufgabenbeschreibung für Kita-Leiterinnen (L), Leitungsvertreterinnen (LV) und Pädagogische Abteilungsleiterinnen (AL).*[18] (siehe unten) **Landeshauptstadt München** • Landeshauptstadt München, Schul- u. Kultusreferat (Hrsg.) (2003). *Einarbeitung neuer Mitarbeiterinnen und Mitarbeiter.* München: Eigenverlag.[8]
Kirchliche Träger	**Evangelische Träger / Diakonie** • Bundesvereinigung Evangelischer Kindertagesstätten e. V. (Hrsg.) (1992). *Beruf: Erziehen. Veränderungen im Berufsfeld und Berufsbild der Erzieherin im Kindertagesstättenbereich in den 90er Jahren.* Positionspapiere I und II. Stuttgart: Eigenverlag. **Katholische Träger / Caritas** • Verband Katholischer Tageseinrichtungen für Kinder (KTK) – Bundesverband e. V. (Hrsg.) (2002). *Starke Aussichten.* Freiburg: Eigenverlag.[11]
Andere Freie Träger	**Arbeiterwohlfahrt** • *Zusammenarbeit zwischen Erzieherin und Arbeiterwohlfahrt.* http://www.awo.org/pub/kinder/kita/AWO_kita/wzk/zusammenarbeit.html **Deutsches Rotes Kreuz** • Deutsches Rotes Kreuz, Generalsekretariat (Hrsg.) (1996). *Zur Anleitung von Praktikantinnen und Praktikanten in DRK-Kindertageseinrichtungen – Empfehlungen.* Eigenverlag.[5] **PARITÄTISCHER Wohlfahrtsverband** • PARITÄTISCHER Landesverband Sachsen (Hrsg.) (2003). *Qualitätshandbuch für Elterninitiativen – Von der Weiterentwicklung der Praxis zum systematischen Qualitätsnachweis – Hinweise, Fragen und Antworten.* Dresden: Eigenverlag.[14]

Vereinigung Hamburger Kindertagesstätten e.V., 2001

Aufgabenbeschreibung für Kita-Leiterinnen (L), Leitungsvertreterinnen (LV) und Pädagogische Abteilungsleiterinnen (AL)

1. Grundsätze

Leitungskräfte in Kindertagesstätten haben eine herausgehobene Verantwortung für die Entwicklung ihrer Einrichtung. Als wichtige Funktionsträger der ›Vereinigung‹ sind sie an gesamtbetrieblichen Planungs-, Entscheidungs- und Umsetzungsprozessen beteiligt und müssen für das Gesamtunternehmen mit einstehen.

Die im Unternehmensleitbild niedergelegten **Aufgaben und Ziele der ›Vereinigung‹** sind für das Handeln der Leitungskräfte in den Kitas verbindlich.

L, **LV** und **AL** erfüllen Managementfunktionen in einem pädagogischen Aufgabenfeld. Sie müssen Kompetenz und Engagement auf pädagogischem Gebiet verbinden mit der Fähigkeit zur Leitung von Betriebseinheiten in all ihren pädagogischen und betriebswirtschaftlichen Aspekten.

Das Verhältnis der vier Leitungskräfte **L**, **LV**, **AL** und Hauswirtschaftsleitung (deren Aufgaben gesondert beschrieben werden) ist gekennzeichnet durch

- abgestufte Befugnisse und Verantwortlichkeiten,
- Arbeitsteilung in der Wahrnehmung der Leitungsaufgaben und
- die Verpflichtung zum Austausch und zur Kooperation.

2. Verantwortlichkeiten und Zuständigkeiten der Leitungskräfte

Die L ist für das laufende Geschehen in der Kita und für ihre langfristige Entwicklung verantwortlich. Sie ist gegenüber allen Mitarbeiterinnen der Kita – auch gegenüber den anderen Leitungskräften – weisungsbefugt.

Die **L** ist dafür verantwortlich, dass gemäß den Erfordernissen der Kindertagesstätte Leitungsaufgaben delegiert werden. Im Rahmen der sich daraus ergebenden Arbeitsteilung zwischen den Leitungskräften übt die **L** bestimmte Leitungsaufgaben selbst aus. Andere Leitungsaufgaben werden von **LV**, **AL** und **HWL** ausgeübt, wobei die **L** auch bei den delegierten Leitungsaufgaben die Verantwortung dafür behält, dass Ziele gesetzt, Aufgaben übermittelt sowie Ergebnisse gewährleistet werden.

Die L muss sicherstellen, dass die Arbeitsteilung im Leitungsbereich klar definiert und schriftlich festgehalten ist, dass sie den betrieblichen Erfordernissen der Kita entspricht und für die Mitarbeiterschaft transparent ist. Die **L** ist an erster Stelle dafür verantwortlich, dass das Handeln aller Leitungskräfte der Kita gut ineinander greift und dass die Gesamtheit der Arbeitsprozesse der Kita aufeinander abgestimmt ist. Sie trägt die Verantwortung dafür, dass die Kita sich eine Konzeption gibt und sie kontinuierlich weiterentwickelt. Sie gewährleistet die Kooperation zwischen Kita und Zentrale.

Die LV übernimmt bei Abwesenheit der **L** deren Aufgaben. Sie muss daher ähnlich wie die **L** alle Leitungsaufgaben ausfüllen können und über alle wesentlichen Vorgänge der Kita im Bilde sein.

Außerhalb von Vertretungssituationen erfüllt die **LV** Leitungsaufgaben und trägt Verantwortung im Rahmen der Arbeitsteilung zwischen den Leitungskräften. Ihre Leitungszuständigkeit kann sich auf bestimmte Betreuungsbereiche der Kita und/oder auf bestimmte Aufgabenkomplexe (z. B. finanzielle Steuerung, Öffentlichkeitsarbeit ...) beziehen. Die Zuständigkeit für bestimmte Bereiche[1] schließt die Aufgaben der Personalführung[2] gegenüber den dort tätigen Mitarbeiterinnen ein.

Die AL erfüllt Leitungsaufgaben und trägt Verantwortung im Rahmen der Arbeitsteilung zwischen den Leitungskräften. Auch ihre Leitungszuständigkeit kann sich auf bestimmte Betreuungsbereiche der Kita und/oder auf bestimmte Aufgabenkomplexe beziehen. Die Zuständigkeit für einen bestimmten Bereich schließt die Aufgaben der Personalführung gegenüber den dort tätigen Mitarbeiterinnen ein.

Die **Arbeitsteilung zwischen den Leitungskräften** ist so zu gestalten, dass **LV** und **AL** jeweils über zusammenhängende Aufgabengebiete verfügen, in denen Gestaltungsmöglichkeiten verantwortlich wahrgenommen werden können. Die **L** soll im Rahmen ihrer Verantwortung für delegierte Leistungsaufgaben vorrangig mit Zielvereinbarungen und Ergebniskontrollen arbeiten. Einzelfallbezogene Eingriffe sollen die Ausnahme sein.

Alle Leitungskräfte sind gehalten, über ihren unmittelbaren Gestaltungsbereich hinaus für die Kita als ganze zu denken und zu arbeiten. Die **L** ist verpflichtet, auch gegenüber den anderen Leitungskräften die Prinzipien der Partizipation zu verwirklichen. Wichtige Fragen des Leitungshandelns, insbesondere auch des Handelns der Leitungskräfte gegenüber den Mitarbeiterinnen der Kita, sind zwischen allen Leitungskräften im Bemühen um einen Konsens zu erörtern. Nicht-konsensuale Entscheidungen muss die **L** begründen.

3. Allgemeine Grundsätze und Aufgaben der Mitarbeiterführung

L, **LV** und **AL** haben – ggf. arbeitsteilig nach Bereichen – die Aufgabe, Erziehungskräfte in ihrer Arbeit zu beraten und anzuleiten. Sie haben für ihre Kita die Einhaltung der pädagogischen Grundsätze zu gewährleisten, die im Leitbild der ›Vereinigung‹ niedergelegt sind.

Sie stellen sicher,
- dass sich die Kita unter Berücksichtigung ihrer spezifischen Erfahrungen und Ausgangsbedingungen eine Konzeption gibt und diese regelmäßig fortschreibt,
- dass sich die pädagogische Praxis an den konzeptionellen Vorgaben orientiert und
- dass die Qualität der pädagogischen Arbeit laufend überprüft wird.

Bei der Beratung und Anleitung der Erziehungskräfte haben die Leitungskräfte den Grundsatz zu beachten, dass die Teams der Erziehungskräfte das pädagogische Geschehen in den einzelnen Bereichen und die konkrete pädagogische Arbeit mit Gruppen und einzelnen Kindern mit einem hohen Maß an Eigenständigkeit erledigen sollen. Es ist Aufgabe der Leitungskräfte, die fachliche Kompetenz und die Selbstregulierungsfähigkeit der Teams zu stärken und einzelfallbezogene Eingriffe in den pädagogischen Alltag nach Möglichkeit zu reduzieren.

Die Leitungskräfte gewährleisten die Koordination der pädagogischen Aktivitäten der verschiedenen Bereiche sowie die Planung und Organisation bereichsübergreifender Aktivitäten. Sie planen die Zugehörigkeit der Kinder zu Gruppen und Bereichen im Dialog mit Erziehungskräften und Eltern.

Sie initiieren und fördern die Teilnahme einzelner Kita-Mitarbeiterinnen an Fortbildungsmaßnahmen. Sie ermitteln Fortbildungsbedarfe, die einzelne Teams oder die gesamte Kita-Belegschaft betreffen, und realisieren sie mit Mitteln der Kita oder in Kooperation mit der Zentrale.

1 Mit »Bereich« ist in diesem Text jede interne Einheit einer Kita gemeint, die für Zwecke der Kinderbetreuung gebildet wurde. Dabei kann es sich sowohl um klassische *Gruppen* als auch um *größere Bereiche* handeln.
2 Der Begriff der Personalführung schließt die *Weisungsbefugnis* ein.

Vereinigung Hamburger Kindertagesstätten e. V., 2001

Sie gewährleisten bzw. übernehmen die Anleitung von Praktikantinnen und kooperieren mit den Ausbildungsträgern.

4. Allgemeine Grundsätze und Aufgaben der Mitarbeiterführung

Die Kita-Leitungskräfte sind verpflichtet, die in Abschnitt 3 des Leitbilds der ›Vereinigung‹ formulierten Grundsätze der Mitarbeiterführung in ihrer Kita umzusetzen. Als wesentliche Aufgaben jeder Leitungskraft beschreibt das Leitbild das Fordern qualifizierter und verlässlicher Arbeitsleistung und die Förderung der professionellen

- Fähigkeiten der Mitarbeiterinnen,
- die Fürsorge für Mitarbeiterinnen,
- das Ausgestalten von Leitung als Prozess der Zusammenarbeit und des Dialogs (kooperativer Führungsstil),
- das Fördern und Organisieren von Partizipation und
- das Einräumen eigenständiger Gestaltungs- und Entscheidungsmöglichkeiten der Mitarbeiterinnen, in der Regel im Rahmen von Teams, in ihrem unmittelbaren Arbeitsbereich.

Die **L**, **LV** und **AL** sind – ggf. arbeitsteilig nach Bereichen – zuständig für die Auswahl der Erziehungskräfte, weiterer Beschäftigter im pädagogischen Bereich und ggf. der Therapeutinnen, soweit nicht aufgrund personalwirtschaftlicher Zwänge der ›Vereinigung‹ Vorgaben der Zentrale greifen. Sie sichern die Einarbeitung des Personals, führen Beurteilungsgespräche und erstellen Beurteilungen im Rahmen der jeweiligen betrieblichen Regeln. Ihnen obliegt die Feststellung und Verfolgung von Pflichtverletzungen durch die Mitarbeiterinnen bis hin zur Initiierung förmlicher arbeitsrechtlicher Maßnahmen, für deren Durchführung die Zuständigkeit in der Zentrale liegt.

Die Leitungskräfte sind verantwortlich für Planung und Durchführung eines Besprechungswesens, das in geeigneten Formen die Information und die Partizipation aller Mitarbeiterinnen sicherstellt.

5. Aufgaben im Verhältnis zum Zentralbereich und zu den Leitungen anderer Kitas

Die Kita-Leitungskräfte wirken – im Rahmen der Leitungssitzungen der Kreise und in anderen Arbeitszusammenhängen – an der Entwicklung von Grundsätzen, Regeln und Problemlösungen für die gesamte ›Vereinigung‹ mit. Sie haben dabei auch die Aufgabe, Kritik am gesamtbetrieblichen Handeln der ›Vereinigung‹ zu formulieren bzw. aus der Mitarbeiterschaft zu transportieren, wo dies aus der Sicht der Kita geboten erscheint.

Sie informieren die Referentin und gewährleisten ihr gegenüber die Transparenz aller wichtigen Entwicklungen und Probleme in der Kita. Die Referentin ist gegenüber den Kita-Leitungskräften weisungsbefugt.

Die Kita-Leitungskräfte arbeiten mit den übrigen Stellen des Zentralbereichs in offener und konstruktiver Weise zusammen.

Unter den Leitungskräften der Kitas der ›Vereinigung‹ soll auch auf direktem Wege Erfahrungsaustausch und wechselseitige Unterstützung und Beratung praktiziert werden.

Vereinigung Hamburger Kindertagesstätten e. V., 2001

6. Ermittlung von Bedarfen und Gestaltung von Angeboten, Auslastungssicherung[3]

Die Leitungskräfte – an erster Stelle die **L** – sind dafür verantwortlich, dass das Leistungsangebot der Kita qualitativ und quantitativ so gut wie möglich an die Nachfrage nach Kindertagesbetreuung im Stadtteil angepasst wird, wie sie sich einerseits aus den Bedürfnissen von Kindern und Eltern und andererseits aus den Leistungsbewilligungen der zuständigen staatlichen Stellen ergibt.

Sie müssen sich Informationen beschaffen und analysieren,

- wie sich Kinderzahlen, zeitliche Betreuungsbedarfe und die Angebote anderer Tagesbetreuungseinrichtungen im Einzugsgebiet der Kita entwickeln,
- wie sich qualitative Erwartungen und Bewertungen von Eltern sowie Bewilligungskriterien und Bewilligungspraxis der zuständigen staatlichen Stellen entwickeln und
- wie sich die Bewertung der Arbeit der eigenen Kita durch Kinder, Eltern und Öffentlichkeit entwickelt.

Auf dieser Grundlage müssen sie das Leistungsangebot der Kita überprüfen und weiterentwickeln, d. h. entscheiden, für welche Altersstufen, für welche Betreuungszeiten, in welcher Anzahl und mit welchen Organisationsstrukturen innerhalb der Kita Angebote gemacht und Kinder aufgenommen werden sollen, um eine angemessene Auslastung der Kapazitäten der Kita zu sichern. Sie müssen – je nach Nachfragesituation – Notwendigkeiten der Erweiterung, der Verkleinerung oder der Veränderung von Angeboten rechtzeitig erkennen, diese im eigenen Haus vermitteln und – soweit betriebliche Regeln es erfordern – mit der Zentrale abstimmen. Sie müssen also einen kontinuierlichen Prozess der Fortschreibung der Kita-Konzeption in Gang halten, bei dem Nachfrageentwicklungen, pädagogische Qualitätsziele und die Ressourcensituation der Kita gleichermaßen von Bedeutung sind. Die Beachtung der Grundsätze der Partizipation ist dabei unabdingbar.

7. Zusammenarbeit mit Eltern

Die Leitungskräfte stellen sicher, dass die im Leitbild der 'Vereinigung' niedergelegten Grundsätze der partnerschaftlichen Zusammenarbeit mit Eltern in die Praxis umgesetzt werden. Diese Aufgabe umfasst insbesondere

- die Information interessierter Eltern über die Arbeit der Kita und das Führen von Aufnahmegesprächen,
- die Unterstützung und Anleitung von Erziehungskräften bei der Kooperation mit den Eltern ihrer Gruppe bzw. ihres Bereichs, und die Sicherung eines offenen, informationsbereiten und einladenden Umgangs mit Eltern in der gesamten Kita,
- den intensiven Kontakt mit Eltern in Problemfällen und ein qualifiziertes Konfliktmanagement im Umgang mit Elternbeschwerden,
- die Gewährleistung der formalisierten Elternmitwirkung durch Elternvertreterinnen und Elternbeiräte, insbesondere der regelmäßigen Beteiligung des Elternbeirats in wichtigen Fragen der Kita-Arbeit und
- das Bemühen, Eltern in die laufende Arbeit der Kita und in besonderen Aktionen einzubeziehen und – soweit möglich – die Kita auch zu einem Ort der Begegnung zwischen Eltern zu entwickeln.

3 Die Formulierung dieses Absatzes unterstellt, dass die Kitas in Hamburg demnächst im Rahmen eines neuen Steuerungsmodells von starren Strukturvorgaben befreit werden, und dass im Rahmen eines Gutscheinsystems die Angebotsstrukturen »über die Nachfrage« gesteuert werden. *Vor* einem solchen Systemwechsel haben Kita-Leitungen *keine* Möglichkeit, die hier formulierte umfassende Aufgabe der Angebotsgestaltung wahrzunehmen.

Vereinigung Hamburger Kindertagesstätten e. V., 2001

8. Öffentlichkeitsarbeit

Die Kita-Leitungskräfte haben die Aufgabe, die Arbeit ihrer Kita in der Öffentlichkeit, insbesondere in ihrem jeweiligen Stadtteil, darzustellen und für die Kita zu werben. Sie vertreten die Standpunkte der ›Vereinigung‹ in der Öffentlichkeit in Abstimmung mit der zuständigen Stelle in der Zentrale.

9. Zusammenarbeit mit anderen Institutionen

Die Leitungskräfte pflegen Kontakte zu den benachbarten Schulen, bemühen sich um Austausch und Abstimmung über konzeptionelle und praktische Fragen und fördern den Kontakt zwischen Erziehungskräften und Lehrkräften im Interesse der in beiden Institutionen betreuten Kinder.

Sie arbeiten mit anderen sozialen Institutionen, insbesondere im jeweiligen Stadtteil, zusammen, um

- einzelnen Kindern zu ergänzenden entwicklungsunterstützenden Angeboten zu verhelfen,
- Eltern weitere Begegnungs- und Beratungsmöglichkeiten zu erschließen und
- gemeinsam auf Probleme von Kindern und Familien einzugehen bzw. die Öffentlichkeit darauf hinzuweisen.

Sowohl zur Lösung von Einzelproblemen als auch für Zwecke der Kinder- und Jugendhilfeplanung kooperieren sie mit den bezirklichen Jugendämtern und mit anderen im Stadtteil vertretenen Trägern der Kinder- und Jugendhilfe.

Sie pflegen Kontakte zu Menschen und Einrichtungen, mit denen zusammen den Kindern zusätzliche Lern- und Erfahrungsmöglichkeiten im Stadtteil eröffnet werden können, oder die die Kita als Helfer oder Sponsoren unterstützen können.

10. Ressourcensteuerung und Verwaltung

Die L ist gegenüber der Zentrale verantwortlich für den zielgerichteten und wirtschaftlichen Umgang mit Ressourcen, für die Einhaltung der jeweiligen Budgetvorgaben und für die korrekte Abwicklung der den Kitas durch die Zentrale vorgegebenen Verwaltungsaufgaben.

Ressourcensteuerungs- und Verwaltungsaufgaben können im Rahmen der Arbeitsteilung auch anderen Leitungskräften als der L übertragen werden. Wesentliche Fragen sind im Kreis der Leitungskräfte gemeinsam zu beraten. Alle Mitarbeiterinnen der Kita müssen nach den Grundsätzen der Partizipation in wichtige wirtschaftliche Entscheidungen einbezogen werden. Eigenständige Gestaltungsmöglichkeiten der Teams müssen auch auf finanzieller Ebene abgesichert werden.

Zu den Aufgaben der Ressourcensteuerung und Verwaltung gehören insbesondere
- die Steuerung des Ressourcenabflusses in allen Personal- und Sachmittelbereichen, für die die Budgetverantwortung in der Kita liegt, einschließlich der Nutzung von Umschichtungsmöglichkeiten und der Bildung und Auflösung von Rücklagen,
- die Wahrnehmung von Beschaffungsaufgaben (unter Beachtung von Rahmenvorgaben der Zentrale),
- die Wahrnehmung von Aufgaben der Bauunterhaltung und der Unterhaltung der Außenanlagen im Rahmen der jeweils geltenden Arbeitsteilung mit der Zentrale,
- die Abwicklung und Kontrolle des Zahlungsverkehrs der Kita,
- der Abschluss von Betreuungsverträgen mit Eltern und die Sicherstellung der formalen Voraussetzungen für die Betreuung von Kindern in der Kita,

Vereinigung Hamburger Kindertagesstätten e. V., 2001

- die Erhebung der finanziellen Eigenbeiträge der Familien und die Betreibung von Rückständen bzw. ihre Weitergabe an die Zentrale,
- die Verwaltung und Bereitstellung aller Informationen, die seitens der Zentrale für Zwecke der Leistungsabrechnung und Statistik benötigt werden,
- die Personaleinsatzplanung der Kitas (sei es durch eigene Planung oder durch Koordination, Unterstützung und Kontrolle der Planungen der einzelnen Teams)
- die Abwicklung aller den Kitas zugewiesenen Verwaltungsaufgaben auf dem Gebiet des Personalwesens.

Soweit entsprechende EDV-Anwendungen eingeführt sind, erledigen die Leitungskräfte diese Aufgaben mit den Mitteln der elektronischen Datenverarbeitung. Sie nehmen an den diesbezüglichen Schulungs- und Unterstützungsmaßnahmen teil und übernehmen nach den Vorgaben der Zentrale Aufgaben zur Sicherstellung des EDV-Betriebs.

11. Betreuungsintegrierte Tätigkeitsanteile

Ausnahmesituationen

In besonderen Personalausfallsituationen und für arbeitsintensive pädagogische Aktivitäten entscheiden die Leitungskräfte situationsbezogen, ob und in welchem Umfang sie selbst auch in der unmittelbaren Betreuung der Kinder tätig werden.

Regelsituationen

Über solche Einzelsituationen hinaus gibt es in manchen Kitas (in Abhängigkeit von ihrer Größe) dauerhaft
- teilweise oder vollständig betreuungsintegrierte Leitungsvertretungen oder
- teilweise betreuungsintegrierte Abteilungsleitungen.

Teilweise betreuungsintegrierte Leitungsvertretungen und Abteilungsleitungen können im Rahmen der Arbeitsteilung (vgl. Ziffer 2) Leitungsaufgaben nur in entsprechend geringerem Umfang übernehmen. Dies gilt erst recht für vollständig betreuungsintegrierte Leitungsvertretungen in sehr kleinen Kitas. Die in Ziffer 2 genannten Anforderungen
- klare Festlegung der Arbeitsteilung der Leitungskräfte,
- Befähigung der **LV** zur umfassenden Vertretung der **L**,
- Information und Partizipation in allen wichtigen Leitungsfragen

gelten aber auch in diesen Situationen uneingeschränkt.

Bei den betreuungsintegrierten Anteilen ihrer Tätigkeit arbeitet die **LV** bzw. die **AL** mit anderen Erziehungskräften der Gruppe bzw. des Bereiches partnerschaftlich zusammen. Bezüglich der in der unmittelbaren Kinderbetreuung anfallenden Arbeiten hat sie die gleichen Rechte und Pflichten wie Kolleginnen, die keine Leitungsfunktion innehaben. Ihre Leitungsfunktion auch gegenüber ihren unmittelbaren Kolleginnen in der Kinderbetreuung bleibt hiervon unberührt.

12. Qualifizierung

Die Aufgabe der Leitung von Kindertagesstätten stellt im Laufe der Zeit oft zusätzliche oder andersartige Anforderungen. Leitungskräfte in Kindertagesstätten müssen die Bereitschaft mitbringen, sich im Laufe ihrer Tätigkeit kontinuierlich weiter zu informieren und zu qualifizieren. Sie müssen Qualifizierungsmöglichkeiten, die ihnen die ›Vereinigung‹ anbietet, nutzen, aber auch aktiv Schritte zum Ausbau des eigenen Wissens und eigener Fähigkeiten unternehmen.

TQ-Dimension 5: Finanzmanagement

	Materialien / Quellen
Kirchliche Träger	**Evangelische Träger / Diakonie** • Bayerischer Landesverband Evangelischer Tageseinrichtungen und Tagespflege für Kinder e. V. (Hrsg.). *Handbuch für Evangelische Tageseinrichtungen und Tagespflege für Kinder in Bayern.* Nürnberg: Eigenverlag. (Kap. 3: Finanzierung) • Landesverband evangelischer Tageseinrichtungen für Kinder e. V. der Bremischen Evangelischen Kirche (Hrsg.) (2002). *Vertrag zur Finanzierung von Einrichtungen zur Tagesbetreuung von Kindern* in Kirchengemeinden der Bremischen Evangelischen Kirche nach dem Bremischen Tageseinrichtungs- und Tagespflegegesetz und gemäß VV Nr. 5.3 zu § 44 Abs. 1 LHO zwischen a) der Bremischen Evangelischen Kirche und b) der Stadtgemeinde Bremen, vertreten durch das Amt für Soziale Dienste (unveröffentlichtes Material)[15] **Katholische Träger / Caritas** • Verband Katholischer Tageseinrichtungen für Kinder (KTK) – Bundesverband e. V. (Hrsg.) (2002). *Starke Aussichten.* Freiburg: Eigenverlag.[11] • Verband Katholischer Tageseinrichtungen für Kinder (KTK) – Bundesverband e. V. (Hrsg.) (2000). *Themenwechsel. Die Zukunft lernt im Kindergarten.* Freiburg: Eigenverlag.[11]
Andere Freie Träger	**Arbeiterwohlfahrt** • *Grundlagen der Finanzierung.* http://www.awo.org/pub/awo_bv/finanz/grund_finanz.html/view **Deutsches Rotes Kreuz** • Deutsches Rotes Kreuz (Hrsg.) (2000). *Träger von DRK-Kindertageseinrichtungen – Aufgaben und Verpflichtungen.* Bonn: Eigenverlag. • Deutsches Rotes Kreuz (Hrsg.) (1996). *Die Bedeutung der Rotkreuz-Grundsätze für die pädagogische Arbeit in den DRK-Kindertageseinrichtungen.* Bonn: Eigenverlag. **PARITÄTISCHER Wohlfahrtsverband** • Arbeitsgruppe der Kindergärten von Mitgliedsorganisationen des PARITÄTISCHEN, Bezirksverband Oberbayern (Hrsg.) (1999). *Handreichung für Kindertagesstätten im PARITÄTISCHEN.* München: Eigenverlag.

TQ-Dimension 6: Familienorientierung und Elternbeteiligung

	Materialien / Quellen
Kirchliche Träger	**Evangelische Träger / Diakonie** • Bundesvereinigung Evangelischer Tageseinrichtungen für Kinder e. V. (BETA) (Hrsg.) (2002). *Familien brauchen mehr als Geld – Evangelische Kindertageseinrichtungen vor neuen Herausforderungen.* Stuttgart: Eigenverlag.[10] **Katholische Träger / Caritas** • Verband Katholischer Tageseinrichtungen für Kinder (KTK) – Bundesverband e. V. (Hrsg.) (2002). *Starke Aussichten.* Freiburg: Eigenverlag.[11] • Verband Katholischer Tageseinrichtungen für Kinder (KTK) – Bundesverband e. V. (Hrsg.) (2000). *Themenwechsel. Die Zukunft lernt im Kindergarten.* Freiburg: Eigenverlag.[11]
Andere Freie Träger	**Arbeiterwohlfahrt** • Arbeiterwohlfahrt Bundesverband e. V. (2000). *Qualitätsentwicklung in Tageseinrichtungen für Kinder. Grundlagen, Ziele und Standards.* Bonn: Eigenverlag.[12] • *Kindertageseinrichtungen als Dienstleistung für Familien und ihre Kinder.* http://www.awo.org/pub/kinder/kita/AWO_kita/wzk/dienstleistung.html **PARITÄTISCHER Wohlfahrtsverband** • Deutscher PARITÄTISCHER Wohlfahrtsverband – Gesamtverband e. V. (Hrsg.) (2001). *PARITÄTISCHES Konzept »Mehr Chancen für Familien«.* Frankfurt: Eigenverlag.[13]

TQ-Dimension 7: Gemeinwesenorientierte Vernetzung und Kooperation

	Materialien / Quellen
Öffentliche Träger	**Stadt Lüdenscheid** • Stadt Lüdenscheid – Jugendamt (Hrsg.) (2000). Konzeption der städtischen Kindertageseinrichtungen, S. 22f[19] **Stadt Mainz** • Stadt Mainz, Sozialdezernat (Hrsg.) (2000). Städtische Kindertagesstätten – Pädagogische Rahmenkonzeption, S. 34ff[20] **Landeshauptstadt München** • Landeshauptstadt München, Schul- und Kultusreferat (Hrsg.) (2003). *Qualitätssicherung und Qualitätsentwicklung.* Handbuch – Modellausgabe. B: Einrichtungsspezifischer Teil. München: Eigenverlag. Kap. II.3.2 – II.3.4.7[8] • Landeshauptstadt München, Schul- und Kultusreferat (Hrsg.) (1999). *Qualität für Kinder. Empfehlungen der Kommission »Qualität für Kinder« zur Weiterentwicklung der Kindergarten-, Hort- und Tagesheimpädagogik.* S. 54, 70[8] • Landeshauptstadt München, Schul- und Kultusreferat (Hrsg.) (1997). Qualität für Kinder. Kindergärten, Horte, Tagesheime des Schulreferates der Landeshauptstadt München. S. 26[8]
Kirchliche Träger	**Evangelische Träger / Diakonie** • Bayerischer Landesverband Evangelischer Tageseinrichtungen und Tagespflege für Kinder e. V. (Hrsg.). *Handbuch für Evangelische Tageseinrichtungen und Tagespflege für Kinder in Bayern.* Nürnberg: Eigenverlag. (Kap. 10.4.2: Satzung der Bundesvereinigung Evangelischer Tageseinrichtungen e. V.) • Schmidt, F. & Götzelmann, A. (Hrsg.) (1997). *Der evangelische Kindergarten als Nachbarschaftszentrum in der Gemeinde.* Heidelberg. • Landesverband Evangelischer Tageseinrichtungen für Kinder e. V. der Bremischen Evangelischen Kirche (Hrsg.) (2002). *Leistungs- und Angebotsbeschreibung für die Betreuung, Bildung und Erziehung von Kindern in den Einrichtungen zur Tagesbetreuung von Kindern der Bremischen Evangelischen Kirche* (Anlage 2 des Vertrages zur Finanzierung von Einrichtungen zur Tagesbetreuung von Kindern in Kirchengemeinden der Bremischen Evangelischen Kirche nach dem Bremischen Tageseinrichtungs- und Tagespflegegesetz und gemäß VV Nr. 5.3 zu § 44 Abs. 1 LHO zwischen a) der Bremischen Evangelischen Kirche und b) der Stadtgemeinde Bremen, vertreten durch das Amt für Soziale Dienste (unveröffentlichtes Material)[15] • Landesverband Evangelischer Tageseinrichtungen für Kinder e. V. der Bremischen Evangelischen Kirche (Hrsg.). *Jahresbericht 2001.* (unveröffentlichtes Material)[15] • Bremische Evangelische Kirche & Landesverband Evangelischer Tageseinrichtungen für Kinder e. V. der Bremischen Evangelischen Kirche (Hrsg.) (2001). *Konzept des Landesverbandes Evangelischer Tageseinrichtungen für Kinder.* S. 10. (unveröffentlichtes Material)[15] **Katholische Träger / Caritas** • Verband Katholischer Tageseinrichtungen für Kinder (KTK) – Bundesverband e. V. (Hrsg.) (2001). *Gemeinsam Gemeinde gestalten. Ziel und Aufgabe von katholischen Tageseinrichtungen für Kinder und Kirchengemeinden.* Freiburg: Eigenverlag.[11] • *Leitbild des Deutschen Caritasverbandes auf einen Blick.* http://www.caritas.de/2230.html • *Katholische Tageseinrichtungen für Kinder in der Erzdiözese Freiburg.* http://www.dicvfreiburg.caritas.de/asp/idx.asp?area=dicvfre&dist=fach/kjfam&fo=4&schema=99&ful=mom.asp?aktiv=1&fur=/fach/kjfam/401.htm, Rubrik »Tageseinrichtungen für Kinder« • Deutscher Caritasverband: *Leistungsprofil.* http://www.caritas.de/2507.html
Andere Freie Träger	**Arbeiterwohlfahrt** • *Die Konzeption – die Visitenkarte der Einrichtung.* http://www.awo.org/pub/kinder/kita/AWO_kita/quq/konzept.html • *Leitsätze und Leitbild der Arbeiterwohlfahrt.* Stand: Dezember 1998. http://www.awo.org/pub/awo_bv/basis/leits_b/view • *Verbandsstatut der Arbeiterwohlfahrt.* Beschlossen von der Bundeskonferenz 1992 in Berlin. http://www.awo-oberberg.de/kv/statut.html

	Materialien / Quellen
Andere Freie Träger	**Deutsches Rotes Kreuz** • Deutsches Rotes Kreuz (Hrsg.) (2000). *Träger von DRK-Kindertageseinrichtungen – Aufgaben und Verpflichtungen.* Bonn: Eigenverlag. Kap. 6, 7. • Deutsches Rotes Kreuz (Hrsg.) (1996). *Die Bedeutung der Rotkreuz-Grundsätze für die pädagogische Arbeit in den DRK-Kindertageseinrichtungen.* Bonn: Eigenverlag. **PARITÄTISCHER Wohlfahrtsverband** • Arbeitsgruppe der Kindergärten von Mitgliedsorganisationen des PARITÄTISCHEN, Bezirksverband Oberbayern (Hrsg.) (1999). *Handreichung für Kindertagesstätten im PARITÄTISCHEN.* München: Eigenverlag.[13]

TQ-Dimension 8: Bedarfsermittlung und Angebotsregulierung

	Materialien / Quellen
Öffentliche Träger	• Arbeitsgemeinschaft für Jugendhilfe (Hrsg.) (1999). *Hinweise und Empfehlungen zur Steuerung in der Jugendhilfe.* Gemeinsame Stellungnahme des Deutschen Städtetages (DST) und der Arbeitsgemeinschaft für Jugendhilfe (AGJ). Bonn: Eigenverlag. • Bundesarbeitsgemeinschaft der Landesjugendämter (1998). *Jugendhilfeplanung und »Neue« Steuerung der Verwaltung.*[16] • Bundesarbeitsgemeinschaft der Freien Wohlfahrtspflege e. V. (Hrsg.) (1994). Jugendhilfe aus Sicht der Freien Wohlfahrtspflege – Arbeitshilfe für die verbandliche Praxis. Bonn.[21]
Kirchliche Träger	**Evangelische Träger / Diakonie** • Landesverband Evangelischer Tageseinrichtungen für Kinder e. V. der Bremischen Evangelischen Kirche. *Ergebnisse aus der Elternbefragung 1998* (unveröffentlichtes Material)[15] **Katholische Träger / Caritas** • Nikles, B.W. (1992). *Planung in der Jugendhilfe. Konzeptionelle, methodische und praktische Anforderungen.* Köln (Diözesan-Caritasverband).

TQ-Dimension 9: Öffentlichkeitsarbeit

	Materialien / Quellen
Öffentliche Träger	**Landeshauptstadt München** • Landeshauptstadt München, Schul- und Kultusreferat (Hrsg.) (1999). *Qualität für Kinder. Empfehlungen der Kommission »Qualität für Kinder« zur Weiterentwicklung der Kindergarten-, Hort- und Tagesheimpädagogik.* S. 70[8]
Kirchliche Träger	**Katholische Träger / Caritas** • Gestaltungshilfen für die Öffentlichkeitsarbeit http://www.caritas.de/2371.asp?area=dcv&katID=3 **Beispiel für Internetauftritt:** • Gemeinsame Webseiten des Landesverbandes Evangelischer Kindertagesstätten und des Katholischen Gemeindeverbands in Bremen: http://www.kiki-bremen.de/
Andere Freie Träger	**Arbeiterwohlfahrt** • Arbeiterwohlfahrt Bundesverband e. V. (Hrsg.) (1999). *Grundsatzprogramm der Arbeiterwohlfahrt.* Bonn: Eigenverlag.[12] (siehe auch http://www.awo.org/pub/awo_bv/basis/grundsatzprogramm.html/gprg-awo.pdf, 18.08.03) **Deutsches Rotes Kreuz** • Deutsches Rotes Kreuz (Hrsg.) (2000). *Träger von DRK-Kindertageseinrichtungen – Aufgaben und Verpflichtungen.* Bonn: Eigenverlag. • Deutsches Rotes Kreuz (Hrsg.) (2000). *Kommunikations-Handbuch.* Kap. 11.[22] **PARITÄTISCHER Wohlfahrtsverband** • Arbeitsgruppe der Kindergärten von Mitgliedsorganisationen des PARITÄTISCHEN, Bezirksverband Oberbayern (Hrsg.) (1999). *Handreichung für Kindertagesstätten im PARITÄTISCHEN.* München: Eigenverlag. Kap. 6 **Beispiele für Internetauftritt:** • Vereinigung Hamburger Kindertagesstätten e. V., Obere Str. 14b, 20144 Hamburg http://www.kita-hamburg.de/ • Lehrerkooperative – Bildung und Kommunikation e. V., Kasseler Str. 1a, 60486 Frankfurt http://www.lehrerkooperative.de/kindertagesstaetten/frames/kitas.htm

TQ-Dimension 10: Bau und Sachausstattung

	Materialien / Quellen
Öffentliche Träger	**Landeshauptstadt München** • Landeshauptstadt München, Schul- und Kultusreferat (Hrsg.) (1999). *Qualität für Kinder. Empfehlungen der Kommission »Qualität für Kinder« zur Weiterentwicklung der Kindergarten-, Hort- und Tagesheimpädagogik.* S. 54[8] **Stadt Mainz** • Stadt Mainz, Sozialdezernat (Hrsg.) (2000). *Städtische Kindertagesstätten – Pädagogische Rahmenkonzeption*, S. 15[20]
Kirchliche Träger	**Evangelische Träger / Diakonie** • Bayerischer Landesverband Evangelischer Tageseinrichtungen und Tagespflege für Kinder e. V. (Hrsg.). *Handbuch für Evangelische Tageseinrichtungen und Tagespflege für Kinder in Bayern.* Nürnberg: Eigenverlag. (Kap. 5.1.2: Evangelischer Hort: Lebensraum für Kinder«, S. 6f und Kap. 5.1.3: Rahmenkonzeption: Kinderbetreuung in Tagespflege, S. 7)
Andere Freie Träger	**Arbeiterwohlfahrt** • Leben und Lernen im Kindergarten. http://www.vitawo.de/detaila.htm?rid=19083&id=17572&tp=b **Deutsches Rotes Kreuz** • Deutsches Rotes Kreuz (Hrsg.) (2000). *Träger von DRK-Kindertageseinrichtungen – Aufgaben und Verpflichtungen.* Bonn: Eigenverlag. Kap. 15 **PARITÄTISCHER Wohlfahrtsverband** • Arbeitsgruppe der Kindergärten von Mitgliedsorganisationen des PARITÄTISCHEN, Bezirksverband Oberbayern (Hrsg.) (1999). *Handreichung für Kindertagesstätten im PARITÄTISCHEN.* München: Eigenverlag.

Informationen zu den Trägerorganisationen finden sich auch auf den jeweiligen Internetseiten:

Öffentliche Träger

- Bundesarbeitsgemeinschaft der Landesjugendämter http://www.bagljae.de
- Deutscher Städte- und Gemeindebund http://www.dstgb.de/
- Kommunale Gemeinschaftsstelle für Verwaltungsvereinfachung http://www.kgst.de/

Freigemeinnützige Träger

- Arbeiterwohlfahrt http://www.awo.de
- Bundesvereinigung Evangelischer Tageseinrichtungen für Kinder http://www.beta-diakonie.de
- Caritas http://www.caritas.de
- Deutscher PARITÄTISCHER Wohlfahrtsverband http://www.paritaet.org
- Deutsches Rotes Kreuz http://www.drk.de
- Diakonie http://www.diakonie.de/
- Verband Katholischer Tageseinrichtungen für Kinder http://www.ktk.caritas.de/1841.html

Bezugsadressen

1 bestellbar bei den jeweiligen Jugendämtern

2 **Evangelische Kirche in Hessen und Nassau,** Paulusplatz 1, 64285 Darmstadt

3 http://www.ktk-bundesverband.de/4243.asp?area=efktk&katID=110

4 **Bayerischer Landesverband katholischer Tageseinrichtungen für Kinder e. V.,** Lindwurmstraße 10, 80337 München, Tel. 089/53 07 25-0, Fax 089/53 07 25-25, www.blv-kita.de

5 **Deutsches Rotes Kreuz, Generalsekretariat,** Carstennstr. 58, 12205 Berlin, Tel. 030/85404-0, Fax 030/85404-450, E-Mail: drk@drk.de

6 **Landeshauptstadt München, Sozialreferat – Stadtjugendamt,** Abteilung Kindertagesbetreuung, St.-Martin-Str. 34a, 81541 München, Tel. 089/233-201 00, Fax 089/233-201 91

7 **Landeshauptstadt München, Sozialreferat,** Orleansplatz 11, 81667 München

8 **Landeshauptstadt München, Schul- und Kultusreferat,** Neuhauser Straße 39, 80331 München

9 **Stadt Frankfurt am Main – Stadtschulamt,** Abteilung Städtische Kindertageseinrichtungen, Seehofstraße 41, 60594 Frankfurt am Main

10 **Bundesvereinigung Evangelischer Tageseinrichtungen für Kinder e. V. (BETA),** Postfach 10 11 42, 70010 Stuttgart, Tel. 07 11/21 59-0, Fax 07 11/21 59-288, E-Mail: mail@beta-diakonie.de

11 **Verband Katholischer Tageseinrichtungen für Kinder (KTK) – Bundesverband e. V.,** Postfach 420, 79004 Freiburg, Tel. 07 61/200-238, Fax 07 61/200-735, E-Mail: ktk-bundesverband@caritas.de

12 **Arbeiterwohlfahrt Bundesverband e. V.,** Postfach 41 01 63, 53023 Bonn, Tel. 02 28/66 85-0, Fax 02 28/66 85-209, E-Mail: verlag@awobu.awo.org

13 **Deutscher PARITÄTISCHER Wohlfahrtsverband – Gesamtverband e. V.,** Heinrich-Hoffmann-Str. 3, 60528 Frankfurt am Main, Tel. 069/67 06-284, http: //www.paritaet.org

14 **PARITÄTISCHER Landesverband Sachsen,** Liliengasse 19, 01067 Dresden

15 **Landesverband Evangelischer Tageseinrichtungen für Kinder e. V. der Bremischen Evang. Kirche,** Slevogtstraße 50–52, 28209 Bremen, Tel. 04 21/3 46 16-0

16 **Arbeitszentrum Bildung,** Fachbereich Kindertagesstätten, Stiftstr. 41, 64287 Darmstadt, Tel. 0 61 51/42 88 6-13

17 **Verlag des AWO-Bundesverbandes,** Tel. 02 28/66 85-152, Fax 02 28/66 85-209, E-Mail: verlag@awobu.awo.org

18 **Vereinigung Hamburger Kindertagesstätten e. V.,** Oberstr. 14b, 20144 Hamburg

19 **Stadt Lüdenscheid,** Postfach 27 40, 58461 Lüdenscheid, Tel. 0 23 51/170, Fax 0 23 51/17 17 00, E-Mail: post@luedenscheid.de

20 **Stadtverwaltung Mainz, Amt 50 – Amt für soziale Leistungen,** Stadthaus Lauteren-Flügel, Postfach 36 20, 55026 Mainz, Tel. 0 61 31/12-27 09 (Ansagetext), Fax 0 61 31/12-29 62, E-Mail: sozialamt@stadt.mainz.de

21 **Bundesarbeitsgemeinschaft der Freien Wohlfahrtspflege e. V.,** Franz-Lohe-Str. 17, 53129 Bonn, Tel. 02 28/226-1

22 http: //www.drk.de/oeffentlichkeitsarbeit/index.htm

Anhang B: Ausgewählte landesrechtliche Vorgaben

An dieser Stelle werden beispielhaft nur die landesrechtlichen Vorgaben für die TQ-Dimensionen 4 (Personalmanagement) und 10 (Bau und Sachausstattung), jeweils für die das Projekt finanzierenden Länder, dargestellt.

TQ-Dimension 4: Personalmanagement

Personalstandards: Richtlinien und Empfehlungen der Länder (Beispiele)

Die Festlegung von Personalstandards in den einzelnen Bundesländern erfolgt uneinheitlich. Bestimmungen über Fachkräfte sind nur selten in den Gesetzen zu finden, zumeist sind sie in (z.B. mehreren) Verordnungen geregelt, oder sie sind Bestandteil von Finanzierungs- oder Aufsichtsrichtlinien (Diskowski, 2001, S.75; www.mbjs.brandenburg.de.)

Bayern	3 Jahre – Einschulung	1 Fachkraft/Gruppe + 1 Kinderpflegerin/2 Gruppen Gruppengröße: max. 25 Plätze Halbtags (wechselweise Belegung): max. 23 Plätze
	0- bis 3-Jährige	1 päd. oder pflegerische Fachkraft + 1 Hilfskraft (8–12 Kinder)
	Schulkinder	1 Fachkraft/Gruppe + 1 päd. Hilfskraft/2 Gruppen Gruppengröße: max. 25 Kinder
	Altersübergreifende Gruppen	»Netz für Kinder« 1 päd. Fachkraft + 1–2 Elternteile (12-15 Kinder)
Rheinland-Pfalz (Stand: Dezember 2000)	3 Jahre – Einschulung	i.d.R. 1,75 Fachkräfte (15–25 Kinder) teilzeit
	0- bis 3-Jährige	2 Fachkräfte (8–10 Kinder)
	Schulkinder	1,5 Fachkräfte (15–20 Kinder)
	Altersübergreifende Gruppen	»angemessene Reduzierung« (§ 2 Abs. 3 LVO vom 31.03.98)
Sachsen-Anhalt	3 Jahre – Einschulung	Bei 10 Std. Betreuung mindestens ein Anteil einer päd. Fachkraft auf 12 Kinder Für Teilzeitbetreuung entsprechende Umrechnung
	0- bis 3-Jährige	Bei 10 Std. Betreuung mindestens ein Anteil einer päd. Fachkraft auf 6 Kinder Für Teilzeitbetreuung entsprechende Umrechnung
	Schulkinder	Mindestens ein Anteil einer päd. Fachkraft auf 25 Kinder
Thüringen	3 Jahre – Einschulung	Bei 10-stündiger Betreuungszeit 1,6 Fachkräfte Gruppengröße: 15–18 Kinder
	0- bis 3-Jährige	Ausreichend Fachpersonal/Gruppe Gruppengröße: max. 8 Kinder
	Schulkinder	Bei ca. 5-stündiger Betreuungszeit 1 Fachkraft Gruppengröße: 15–20 Kinder
	Altersübergreifende Gruppen	Bei 10-stündiger Betreuungszeit 1,6 Fachkräfte Gruppengröße: max. 15 Kinder (Reduzierung der Gruppengröße nach Alter der Kinder)

Zusätzlich zu den Gesetzen der Länder kommen folgende Bundesgesetze zur Anwendung:

z. B.
- Betriebsverfassungsgesetz
  - § 81 Abs. 1, 4, BetrVG: Der Arbeitgeber hat den Arbeitnehmer über dessen Aufgaben und Verantwortung sowie über die Art seiner Tätigkeit und die Einordnung in den Ablauf des Betriebes zu unterrichten. ...
  - § 82 Abs. 2, BetrVG (Personalentwicklung): Der Arbeitnehmer kann verlangen, dass mit ihm die Möglichkeiten seiner beruflichen Entwicklung im Betrieb erörtert werden.
- Berufsbildungsgesetz (BBiG)

TQ-Dimension 10: Bau und Sachausstattung

Bayern
- Bayerisches Kindergartengesetz (BayKiG), Art. 15 (Ausstattung und Einrichtung)
- Verordnung über die an die sonstigen Kindergärten zu stellenden Mindestanforderungen (5. DVBayKiG), § 5 (Raumbedarf), § 6 (Weitere Anforderungen an Räume und Einrichtungen), § 7 (Ausstattung)
- Vorschlag des bayr. Umweltministeriums unter http://www.umweltministerium.bayern.de/service/umwberat/kinderga.htm
- Bayerische Bauordnung vom 4. August 1997 (GVBl. S. 433); Grundlage mit der Berichtigung vom 21. April 1998 und der Änderung vom 24. Juli 1998)
- Bayerischer Gemeinde-Unfallversicherungsverband (http://www.dthg.de/Service/Adressen/A_GUV-VBG.htm)

Bremen
- Bremisches Tageseinrichtungs- und Tagespflegegesetz (BremKTG), § 9 (Räumliche Erfordernisse) Abs. 1 und 2
- Bremische Landesbauordnung (BremLBO) vom 27. März 1995 (GVBl. S. 211)
- Bremischer Gemeinde-Unfallversicherungsverband (http://www.dthg.de/Service/Adressen/A_GUV-VBG.htm)

Rheinland-Pfalz
- Kindertagesstättengesetz (KitaG), § 15 (Neu- und Umbau von Kindertagesstätten) Abs. 1 und 2
- Landesbauordnung Rheinland-Pfalz (LBauO) vom 24. November 1998 (GVBl. 1998 Nr. 22, S. 365)
- Rheinischer Gemeinde-Unfallversicherungsverband (http://www.dthg.de/Service/Adressen/A_GUV-VBG.htm)

Sachsen-Anhalt
- Kinderförderungsgesetz (KiFöG), § 14 (Bauliche Beschaffenheit, Ausstattung) Abs. 1 und 2

Thüringen
- Kindertageseinrichtungsgesetz (KitaG), § 23 (Ausstattung, Einrichtung und Gruppengröße) Abs. 1
- Thüringer Bauordnung (ThürBO) vom 3. Juni 1994 (GVBl. S. 553)
- Thüringer Kindertagesstätten-Ausstattungsverordnung vom 13. Oktober 1994 (GVBl. S. 1185)
- Gemeinde-Unfallversicherungsverband Thüringen (http://www.dthg.de/Service/Adressen/A_GUV-VBG.htm)

Zusätzlich zu den Gesetzen der Länder kommen folgende Bundesgesetze zur Anwendung:

- Unfallversicherungsträger der öffentlichen Hand, http://www.dthg.de/Service/Adressen/A_GUV-VBG.htm
- Baugesetzbuch (1997), http://www.gesetzesweb.de/BauGB.html
- Raumordnungsgesetz (1997), http://jurcom5.juris.de/bundesrecht/rog/index.html
- DIN 18034 (1998), http://www.nibis.ni.schule.de/~nachsied/umaterialien/freiraum/bewerten.htm
- Richtlinien für Kindergärten (GUV 16.4, Bundesverband der Unfallkassen), http://regelwerk.unfallkassen.de/regeln/16_4.pdf
- DIN 7926 für Kinderspielgeräte, (»Merkblatt für Spielgeräte« GUV 26.14), http://regelwerk.unfallkassen.de/merkbl/26_14.pdf
- Gesetz zur Vereinfachung des Baurechts in Sachsen-Anhalt vom 9. Februar 2001 (GVBl. LSA 2001, Nr. 6, S. 50)
- Gemeinde-Unfallversicherungsverband Sachsen-Anhalt (http://www.dthg.de/Service/Adressen/A_GUV-VBG.htm)

Anhang C: Kita-Gesetze der Bundesländer

Land	Gesetzestitel
Baden-Württemberg	• **Kindergartengesetz (KGaG** Baden-Württemberg) in der Fassung vom 15. März 1999 (GBl. S. 150); neue Fassung ab 01.01.2004: Gesetz über die Betreuung von Kindern in Kindergärten, anderen Tageseinrichtungen und der Tagespflege (Kindergartengesetz – KGaG) • **Kinder- und Jugendhilfegesetz für Baden-Württemberg** (**LKJHG**) i. d. F. vom 19. April 1996 (GBl. S. 457), zuletzt geändert durch Art. 6 des Gesetzes vom 16. Dezember 1997 (GBl. S. 776, 777)
Bayern	• **Bayerisches Kindergartengesetz** (**BayKiG**) vom 25. Juli 1972 (GVBl. S. 297), geändert durch § 12 des Bay. Verwaltungsverfahrensgesetzes vom 10. August 1982 (GVBl. S. 685) • Verordnung über die Rahmenpläne für anerkannte Kindergärten (**4. DVBayKiG**) • Verordnung über die an die sonstigen Kindergärten zu stellenden Mindestanforderungen (**5. DVBayKiG**) vom 19. März 1985 (GBVl. S. 102), zuletzt geändert durch Verordnung vom 5. Juli 1993 (GVBl. S. 491) • **Bayerisches Kinder- und Jugendhilfegesetz** (**BayKJHG**) vom 18. Juni 1993 (GVBl. S. 392), geändert durch Gesetz vom 11. Juli 1998 (GVBl. S. 416) • Richtlinie zur Förderung der Betreuung, Bildung und Erziehung von Kindern in Kinderkrippen (**Krippenrichtlinie – KrippenRL**); Bekanntmachung des Bayerischen Staatsministeriums für Arbeit und Sozialordnung, Familie und Frauen vom 14. Juni 2002, Nr. VI 4/ 7357-1/2/02 http://www.stmas.bayern.de/familie/kinderbetreuung/krippnrl.pdf (20.03.03)
Berlin	• Gesetz zur Förderung und Betreuung von Kindern in Tageseinrichtungen und Tagespflege (**Kindertagesbetreuungsgesetz – KitaG**) vom 19. Oktober 1995 (GVBI. S. 681) in der Fassung vom 4. September 2002 http://www.sensjs.berlin.de (20.03.03), Rubrik »Jugend« – »Rechtsvorschriften« weitere (http://www.sensjs.berlin.de (20.03.03), Rubrik »Jugend« – »Rechtsvorschriften«) – **Kita- und Tagespflegekostenbeteiligungsgesetz (KTKBG)** Gesetz über die Beteiligung an den Kosten der Betreuung von Kindern in städtischen Kindertagesstätten und in Tagespflege – **Kindertageseinrichtungspersonalverordnung (KitaPersVO)** Verordnung über die Bemessung des pädagogischen Personals sowie über das Verfahren zur Personalbedarfsplanung in Tageseinrichtungen für Kinder – **Kita- und Tagespflegeverfahrensverordnung (KitaVerfVO)** Verordnung über das Antragsverfahren, die Planung und den Nachweis von Plätzen in Tageseinrichtungen und Tagespflege • Gesetz zur Ausführung des Kinder- und Jugendhilfegesetzes (AG KJHG) Berlin vom 9. Mai 1995 (GVBl. S. 300), in der Fassung der Bekanntmachung der Neufassung vom 27. April 2001 (GVBl. S. 134) http://www.sensjs.berlin.de (20.03.03), Rubrik »Jugend« – »Rechtsvorschriften«
Brandenburg	• Zweites Gesetz zur Ausführung des Achten Buches des Sozialgesetzbuches – Kinder- und Jugendhilfe **Kindertagesstättengesetz (KitaG)** vom 10. Juni 1992 (GVBl. I Nr. 10 S. 178) zuletzt geändert durch Gesetz 7. Juli 2000 (GVBl. I S.106) http://www.integrationsnetz.de/laender/bandburg/kitag-br.html (22.01.03) • **Erstes Gesetz zur Ausführung des Achten Buches Sozialgesetzbuch – Kinder- und Jugendhilfe (AGKJHG)** Brandenburg (I.d.F. vom 26. Juni 1997 – GVBl. I S. 87

Land	Gesetzestitel
Bremen	• Bremisches Gesetz zur Förderung von Kindern in Tageseinrichtungen und in Tagespflege (**Bremisches Tageseinrichtungs- und Tagespflegegesetz – BremKTG**); Neufassung vom 19. Dezember 2000 – Bremisches GBl. S. 491 • Erstes Gesetz zur Ausführung des Achten Buches Sozialgesetzbuch – **Gesetz zur Ausführung des Kinder- und Jugendhilfegesetzes im Lande Bremen (BremAGKJHG)** vom 17. September 1991 (GBl. S. 318), zuletzt geändert durch Art. 2 des Gesetzes vom 19. Dezember 2000 (GBl. S. 491, 496)
Hamburg	• Gesetz über die Förderung von Kindern in Tageseinrichtungen und in Tagespflege (Kindertagesbetreuungsförderungsgesetz – KiBFördG) (Hamburgisches GVBl. vom 21.12.1999, S. 333) http://www.luewu.de/GVBL/1999/39.pdf (22.01.03) • **Hamburgisches Gesetz zur Ausführung des Achten Buches Sozialgesetzbuch** – Kinder- und Jungendhilfe – **(AG SGB VIII)** i. d. F. der Bekanntmachung vom 2. Mai 1997 (Hamburgisches GVBl. 1997 S. 273)
Hessen	• **Hessisches Kindergartengesetz (HKgG)** vom 14. Dezember 1989 (GVBl. I S. 450), zuletzt geändert durch Gesetz vom 28. November 2000 (GVBl. I S. 521) http://www.hessenrecht.hessen.de/gvbl/gesetze/34_fuersorge/34-26-kigag/kigag.htm (23.01.03) • **Gesetz zur Ausführung des Kinder- und Jugendhilfegesetzes (AG-KJHG)** i. d. F. vom 22. Januar 2001 (GVBl. S. 106)
Mecklenburg-Vorpommern	• Gesetz zur Förderung von Kindern in Tageseinrichtungen und Tagespflege – **Erstes Ausführungsgesetz zum Kinder- und Jugendhilfegesetz (KitaG)** – vom 19. Mai 1992 (GVBl. M-V S. 270), zuletzt geändert durch Gesetz von 11. Dezember 1995 (GVOBl. M-V S. 603) • **Gesetz zur Ausführung des Achten Buches des Sozialgesetzbuches** – Kinder- und Jugendhilfe – **(AGKJHG-Org)** Mecklenburg-Vorpommern vom 23. Februar 1993 (Mittbl. KM Nr. 4 S. 66)
Niedersachsen	• **Gesetz über Tageseinrichtungen für Kinder (KiTaG)** in der Neufassung vom 4. August 1999 – GVBl. S. 308) • **Gesetz zur Ausführung des Kinder- und Jugendhilfegesetzes (AG KJHG)** Niedersachsen vom 5. Februar 1993 (GVBl. S. 45), zuletzt geändert durch Art. 2 des Gesetzes vom 21. Januar 1999 (GVBl. S. 10)
Nordrhein-Westfalen	• **Gesetz über Tageseinrichtungen für Kinder (GTK)** vom 29. Oktober 1991 (GV NW S. 380), zuletzt geändert durch Gesetz vom 16. Dezember 1998 – GV NW S. 704) • **Erstes Gesetz zur Ausführung des Kinder- und Jugendhilfegesetzes (AG-KJHG)** in Nordrhein-Westfalen vom 12. Dezember 1990 (GV NW S. 664), geändert durch Gesetz vom 20. Dezember 1994 (GV NW S. 1115)
Rheinland-Pfalz	• **Kindertagesstättengesetz (KitaG)** in Rheinland-Pfalz vom 15. März 1991 (GVBl. S. 79), zuletzt geändert durch das Zweite Landesgesetz zur Änderung des Kindertagesstättengesetzes vom 9. April 2002 (GVBl. S. 163) http://www.lea-rlp.de/kitag.htm (23.01.03) • **Landesgesetz zur Ausführung des Kinder- und Jugendhilfegesetzes (AGKJHG)** Rheinland-Pfalz vom 21. Dezember 1993 (GVBl. S. 632), zuletzt geändert durch Gesetz vom 24. März 1999 (GVBl. S. 95)
Saarland	• **Drittes Gesetz zur Ausführung des Kinder- und Jugendhilfegesetzes (3. AGKJHG)** vom 27. März 1996 (ABl. S. 622) • **Erstes Gesetz zur Ausführung des Kinder- und Jugendhilfegesetzes (AG KJHG)** Saarland vom 9. Juli 1993 (ABl. S. 807)

Land	Gesetzestitel
Sachsen	• Gesetz zur Förderung von Kindern in Tageseinrichtungen im Freistaat Sachsen (**Gesetz über Kindertageseinrichtungen – SäKitaG**), Neufassung vom 24. August 1996 (SGVBI. Nr. 18 S. 386) • **Ausführungsgesetz zum Sozialgesetzbuch Achtes Buch** (SGB VIII) – Kinder- und Jugendhilfe – und anderer Gesetze zum Schutz der Jugend für den Freistaat Sachsen (**Sächs-AGSGB VIII**) vom 4. März 1992 (SGVBl. Nr. 7 S. 61), zuletzt geändert durch Gesetz vom 26. Juni 1998 (SGVBl. Nr. 10 S. 261)
Sachsen-Anhalt	• Gesetz zur Förderung und Betreuung von Kindern in Tageseinrichtungen und in Tagespflege des Landes Sachsen-Anhalt (Kinderförderungsgesetz – KiFöG) vom 7. Februar 2003 (GVBl. Nr. 6/2003, S. 47) http://www.gew-lsa.de/GVBL2003-06.pdf (15.05.03) • **Gesetz zur Ausführung des Kinder- und Jugendhilfegesetzes** (**AG KJHG**) Sachsen-Anhalt vom 26. August 1991 (GVBl. LSA S. 297)
Schleswig-Holstein	• Gesetz zur Förderung von Kindern in Tageseinrichtungen und Tagespflegestellen (**Kindertagesstättengesetz – KiTaG** Schleswig-Holstein) vom 12. Dezember 1991 (GVOBl. S. 651), zuletzt geändert durch Gesetz vom 15. Juli 1999 (GVOBl. S. 166) • Erstes Gesetz zur Ausführung des Kinder- und Jugendhilfegesetzes (**Jugendförderungsgesetz – JuFöG**) Schleswig-Holstein vom 5. Februar 1992 (GVBl. S. 158), ber. am 22. April 1992 (GVBl. S. 226), zuletzt geändert durch Art. 6 des Gesetzes vom 30. Dezember 1998 (GVOBl. S. 460, 481)
Thüringen	• Thüringer Gesetz über Tageseinrichtungen für Kinder als Landesausführungsgesetz zum Kinder- und Jugendhilfegesetz (**Kindertageseinrichtungsgesetz – KitaG**) vom 25. Juni 1991 (GVBl. S. 113), zuletzt geändert durch Art. 11 des Gesetzes vom 21. Dezember 2000 (GVBl. S. 408, 413) • **Thüringer Kinder- und Jugendhilfe-Ausführungsgesetz** (**ThürKJHAG**) vom 12. Januar 1993 (GVBl. S. 45) in der Neubekanntmachung vom 7. September 1998 (GVBl. S. 269), geändert durch Art. 1 des Gesetzes vom 4. Februar 1999 (GVBl. S. 109)

Alle Gesetze sind zu finden unter http://www.jugendhilfe-netz.de/recht/index.html

Abkürzungen

ABl	Amtsblatt
DVBayKiG	Durchführungsverordnung zum Bayerischen Kindergartengesetz
GBl	Gesetzesblatt
GVBl	Gesetz- und Verordnungsblatt
GVOBl	Gesetz- und Verordnungsblatt
GV NW	Gesetz- und Verordnungsblatt Nordrhein-Westfalen
Mittbl	Mitteilungsblatt
SGB	Sozialgesetzbuch
SGVBl	Sächsisches Gesetz- und Verordnungsblatt

Anhang D: Glossar

Bedarfsplanung

»Der Begriff Bedarfsplanung bezeichnet den Vorgang der Ermittlung und Festlegung eines Hilfsangebotes in Art und Umfang, das für eine bestimmte Zielgruppe innerhalb eines zeitlich und räumlich definierten Rahmens geschaffen werden soll« (Deutscher Verein, 1993, S. 121)

Betriebskosten

»Betriebskosten ist keine wirtschaftswissenschaftlich exakte Begriffsbestimmung. Im alltäglichen Sprachgebrauch werden unter Betriebskosten Kosten für den Betrieb und die Unterhaltung von Einrichtungen verstanden. Man unterscheidet:

a) persönliche Kosten (auch Personalnebenkosten, wie Sozialversicherungsbeiträge);
b) sächliche Kosten (sämtliche der Aufgabenerfüllung dienende Kosten, Verpflegungskosten, Kosten für Spiel- und Beschäftigungsmaterial, auch Versicherungskosten);
c) Kosten für laufende Unterhaltung (Instandhaltung und -setzung des Inventars sowie der Räume, auch gemieteter Räume, ggf. einschließlich Außenanlagen).

Für die Unterhaltung können kalkulatorische Kosten angesetzt werden. [...]« (Deutscher Verein, 1993, S. 158)

Bildungscontrolling

»Bildungscontrolling impliziert alle Aktivitäten, die zur Planung, Steuerung, und Bewertung von Bildungsmaßnahmen zählen.« (Lamberti, 2000, S. 47)

Budget

»Das Budget ist ein Plan, der die Allokation von Ressourcen steuert. Hierbei können wir eine Differenzierung nach Funktionen, Produkten, Regionen oder Projekten (horizontale Differenzierung) und eine Differenzierung nach Ebenen der Unternehmenshierarchie vornehmen (vertikale Differenzierung).
Ein weiteres Merkmal von Budgets kann die Geltungsdauer (z. B. Monats-, Jahres-, Mehrjahresbudget) oder die Wertdimension (Ausgaben-, Kosten-, Deckungsbeitragsbudget, etc.) eines Budgets sein. Im weiteren Sinn beinhaltet das Budget auch einen Maßnahmenkatalog von in der nächsten Periode zu ergreifenden Maßnahmen und dem entsprechenden Ressourceneinsatz.« (Knorr & Offer, 1999, S. 295)

Budgetierung

»In der Betriebswirtschaftslehre umfaßt der Budgetierungsbegriff die Phasen der Prozeßplanung, der unternehmenspolitischen Zieldefinition, der Erstellung der Teilbudgets einzelner Unternehmensbereiche sowie deren Verknüpfung und Abstimmung zu einem einheitlichen Gesamtbudget. Damit ist er Teil der operativen Unternehmensplanung.« (BMFSFJ, 2002a, Qs 3, S. 35)

Controlling

»Controlling bedeutet vom Wortsinn ›Steuern‹ und nicht ›Kontrolle‹ (wie es nach wie vor häufig interpretiert wird). Controlling unterstützt die Führungsebene einer Organisation bei der ergebnis(ziel-)orientierten Anpassung an Umweltveränderungen und nimmt Koordinationsaufgaben hinsichtlich des operativen Systems wahr. [...]« (BMFSFJ, 2002a, Qs 36, S. 60)

Controlling (Forts.)

»Controlling bedeutet Steuern oder Regeln. Controlling ist folglich qua Definition eine qualitätssichernde Maßnahme der oberen Leitungsebene einer Organisation, weil es alle Ebenen der Führung mit Zahleninformationen versorgt und seine Koordinationsaktivitäten planmäßig und zielgerichtet zur Steuerung der Organisation im Rahmen der Unternehmenspolitik einsetzt. Über Organisationsentwicklungsaktivitäten unterstützt das Controlling die Leistungsbereiche der Organisation. Schwerpunktmäßig bezieht es sich dabei auf die Planungs-, Kontroll- und Informationsaufgaben, ist aber nicht auf diese beschränkt. Führungs- und fachliche Aufgaben werden durch den Aufbau und die Ausgestaltung von Systemen sichergestellt.« (Deutscher Verein, 2002, S. 187f)

»Controlling ist abgeleitet vom Englischen ›to control‹, was soviel heißt, wie regeln, beherrschen, steuern. Controlling ist eine Komponente des Führungssystems einer Unternehmung. Es unterstützt die Führung bei ihrer Lenkungsaufgabe durch die Koordination des Führungs-Gesamtsystems. Diese Koordination bezieht sich zwar schwerpunktmäßig auf das Planungs-, Kontroll- und Informationssystem, ist aber nicht auf dieses beschränkt. Controlling setzt ein dezentrales, planungs- und kontrolldeterminiertes Führungsparadigma voraus.« (Knorr & Offer, 1999, S. 295)

Corporate Identity (CI)

»Corporate steht für Gesellschaft, Gruppe oder Unternehmen. Identity bedeutet Identität, Gleichheit, Individualität, Persönlichkeit. CI also ist Ausdruck für das gezielte Bemühen einer Unternehmens- oder Verbandsleitung, alle Verhaltensweisen und Kommunikationen unter ein unverwechselbares, wiedererkennbares und stimmiges Konzept zu stellen.« (BMFSFJ, 2002a, Qs 23, S. 71)

Dienstleistung, soziale

»Dienstleistung ist ein komplexer Begriff zur Abgrenzung betrieblicher Leistungen, die keine Sachleistungen sind [...]. Soziale Dienstleistungen [lassen sich] durch eine Reihe von charakteristischen Merkmalen kennzeichnen: Unter anderem sind sie zentral personenbezogen, erfordern also eine Mitarbeit des Kunden, die das Leistungsergebnis maßgeblich beeinflusst; sie sind in hohem Maße personen- und situationsabhängig und nur begrenzt standardisierbar« (BMFSFJ, 2002a, Qs 24, S. 73)

DIN EN ISO 9000 ff

DIN = Deutsche Industrienorm
EN = Europäische Norm
ISO = International Organisation for Standardization

»Die branchenneutrale Normenreihe DIN EN ISO 9000 bildet seit 1987 die in über 40 Ländern anerkannte Grundlage für Qualitätsmanagementsysteme von Unternehmen. [...] Die Normen geben Anleitung zur Regelung von Abläufen und Standards einer Organisation – wie diese aussehen, ist Sache jeder Organisation selbst. Es wird nur ein Rahmen zur Verfügung gestellt, in dem jede Organisation ihr eigenes Qualitätssystem entwickeln kann.

Die Normenreihe DIN EN ISO 9000 gibt keine Wertaussagen vor, ihr Anliegen ist

- Orientierung der Leistung am Kunden
- Schaffung einer qualitätsorientierten Aufbau- und Ablauforganisation
- Einbeziehung und Qualifikation aller Mitarbeiter/-innen
- Regelung von Zuständigkeiten, Verantwortlichkeiten und Befugnissen
- Dokumentationspflicht für Regelungen und Ergebnisse
- Berichtspflicht bis zur höchsten Ebene
- Beherrschung von Risiken und Wirtschaftlichkeit

- Vorbeugende Maßnahmen zur Vermeidung von Qualitätsproblemen
- Durchführung von Soll-Ist-Vergleichen (Audits)« (BMFSFJ, 2002a, Qs 28, S. 21)

Dokumentation

Dokumentieren ist eine der Maßnahmen des Qualitätsmanagements und als Basis der Qualitätsentwicklung zu nutzen. Hierbei sollte beachtet werden, dass im Arbeitsprozess schon dokumentiert wird (z. B. durch Aktenführung/ Zeiterfassung etc.). Vorhandene Dokumentationsformen können für die Qualitätssicherung genutzt werden und sollten durch geeignete Verfahren ergänzt werden. Wichtig ist, keine zu zeitaufwendigen Dokumentationsverfahren zu benutzen. Als Voraussetzung gilt es, zu entscheiden *was* zu *welchem* Zweck dokumentiert wird. (vgl. Meinold, 1998)

Effektivität

»Effektivität gibt Auskunft über den Zielerreichungsgrad einer Dienstleistung.« (Knorr & Offer, 1999, S. 296)
»Unter Effektivität versteht man den Grad der Zielerreichung, die Frage, ob überhaupt und in welchem Ausmaß durch die Handlungen und Interventionen das angestrebte Ziel realisiert werden konnte.« (BMFSFJ, 2002a, Qs 21, S. 31)
»Kennzeichnet den Grad, in dem ein zuvor gesetztes Ziel erreicht wurde. Wird ein Ziel nicht erreicht, war die Maßnahme ineffektiv.« (Boeßenecker et al., 2003, S. 197)

Effizienz

»Effizienz gibt Auskunft über die Wirtschaftlichkeit einer Dienstleistung.« (Knorr & Offer, 1999, S. 296)
»Effizienz: Kennzeichnet die Mittel, die eingesetzt wurden, um ein zuvor gesetztes Ziel zu erreichen (Ziel-Mittel-Relation). Je geringer der Mitteleinsatz zur Zielerreichung ist, desto effizienter ist eine Maßnahme.« (Boeßenecker et al., 2003, S. 197)

EFQM

»Das EFQM-Modell beschreibt, wie Kundenzufriedenheit, Mitarbeiterzufriedenheit und Auswirkungen auf die Gesellschaft durch Führung erreicht werden, die Strategie und Planung, Mitarbeiterorientierung und Management der Ressourcen betreibt, sowie Qualitätssysteme und Prozesse, was zu Spitzenleistung bei den Geschäftsergebnissen führt.« (BMFSFJ, 2002a, Qs 30, S. 9)
»EFQM-Modell für Business Excellence: Von der Europäischen Stiftung für Qualitätsmanagement (European Foundation for Quality Management) entwickeltes [...] Modell, das eine *Selbstbewertung* qualitätsrelevanter Gestaltungs- und Ergebnisfaktoren ermöglicht. Anwender/-innen können sich um den European Quality Award bewerben.« (BMFSFJ, 2002a, Qs 24, S. 74)

Ehrenamtliche / freiwillige Tätigkeit im sozialen Bereich

»Ehrenamtlich bzw. freiwillig Engagierte sind Personen jeglichen Alters, die, ohne durch verwandtschaftliche bzw. nachbarschaftliche Beziehungen oder durch ein Amt dazu verpflichtet zu sein, unentgeltlich oder gegen eine geringfügige, weit unterhalb einer tariflichen Vergütung liegenden Entschädigung sich für soziale Aufgaben zur Verfügung stellen.« (Deutscher Verein, 2002, S. 240f)

Evaluation

»Mit dem Begriff [Evaluation] wird die systematische, datenbasierte und kriterienbezogene Bewertung von Programmen, Projekten und einzelnen Maßnahmen bezeichnet. Sie soll zu einer rationaleren Entscheidungsfindung über die Fortführung oder Umgestaltung der untersuchten Angebo-

Evaluation (Forts.) te beitragen. [...] [Evaluation] kann als interne Untersuchung von Mitgliedern einer Institution oder als externe [Evaluation] von Außenstehenden durchgeführt werden. Sofern sie sich auf das eigene berufliche Handeln bezieht, handelt es sich um Selbstevaluation.« (Deutscher Verein, 2002, S. 301f)

Finanzcontrolling »Die Hauptaufgabe der finanziellen Unternehmensführung und damit auch des Finanzcontrolling liegt in der Sicherstellung der Liquidität, verstanden als die Fähigkeit des Unternehmens, zu jedem Zeitpunkt die zwingend fälligen Auszahlungsverpflichtungen uneingeschränkt erfüllen zu können.« (Reichmann, 1995, S. 181, zitiert nach Beck, 1999, S. 91)

Freie Träger ➛ Träger, öffentliche und freie

Fundraising »Fundraising leitet sich von den beiden englischen Wörtern ›fund‹ (= Kapital, Fonds) und ›to raise‹ (= etwas beschaffen, erhöhen) ab und kann daher wörtlich mit ›Kapitalbeschaffung‹ übersetzt werden. In der inhaltlichen Diskussion über Fundraising hat sich mittlerweile ein Verständnis durchgesetzt, das darunter die gesamte marketingspezifisch und strategisch ausgerichtete Planung, die Koordination und Kontrolle zur Beschaffung von privaten oder öffentlichen Geld- oder Sachmitteln einer Non-Profit-Organisation zusammenfasst.« (BMFSFJ, 2002a, Qs 23, S. 82)

Gemeinwesenarbeit »Gemeinwesenarbeit (GWA) ist eine sozialräumliche Strategie, die sich ganzheitlich auf ein Quartier, einen Stadtteil und nicht pädagogisch auf einzelne Individuen richtet. [...] Mit ihren Analysen, Theorien und Strategien bezieht sich GWA auf ein ›Gemeinwesen‹, d. h. den Ort, wo die Menschen samt ihren Problemen aufzufinden sind. [...] Zentraler Aspekt von GWA ist die Aktivierung der Menschen in ihrer Lebenswelt. Sie sollen zu Subjekten auch politisch aktiven Handelns werden und zunehmend Kontrolle über ihre Lebensverhältnisse bekommen.« (Deutscher Verein, 2002, S. 382)

KGSt »KGSt – Verband für kommunales Management in Köln wurde 1949 als Kommunale Gemeinschaftsstelle für Verwaltungsvereinfachung gegründet. Sie ist ein dienstleistungsorientierter Verband der Städte, Gemeinden und Kreise und unabhängig vom Staat und den politischen Parteien.« (Deutscher Verein, 2002, S. 536)

Konzeption »Konzeptionen sind handlungsorientierte Vereinbarungen einer Organisation oder Einrichtung zu ihren Zielvorstellungen und den Mitteln und Wegen zu deren Realisierung. In sozialen Einrichtungen entspricht das Arbeiten auf Grundlage einer Konzeption dem professionellen Selbstverständnis sozialer Arbeit.« (Deutscher Verein, 2002, S. 571 Konzeptentwicklung)

Kosten-Nutzen-Analyse »Kosten-Nutzen-Analyse dient dazu, sowohl die Nutzen wie die Kosten von Maßnahmen im öffentlichen Sektor in Bezug auf vorgegebene Zielsetzungen zu ermitteln und zu bewerten. Dabei werden die individuellen wie die gesellschaftlichen Vor- und Nachteile berücksichtigt. Für soziale Einrichtungen und Unternehmen kann die Kosten-Nutzen-Analyse gerade in Zeiten knapper Kassen und wachsender Konkurrenzen eine Entscheidungshilfe über unterschiedliche Lösungsansätze sein. [...] Mit Hilfe der Kosten-Nutzen-Analyse sollen dabei vor allem drei Fragen beantwortet werden: a) Ist ein Projekt gesamtwirtschaftlich vertretbar? b) Welche Alternative ist die Beste? c) Welches ist der günstigste Zeitpunkt für die Durchführung einer Maßnahme?« (Deutscher Verein, 2002, S. 577)

Leitbild

»Das Leitbild einer Organisation gibt an, woher die Organisation kommt (Tradition), wohin sie strebt (Vision, Leitziele) und welchen Handlungsprinzipien sie sich verpflichtet. Es beschreibt Werthaltungen, ethische Prinzipien sowie das Grundverständnis des Zusammenwirkens innerhalb der Organisation und mit Partnern. Leitbilder, die wesentliche Quelle für Leitziele sind, werden meist von der Geschäftsführung initiiert und in einem längeren Prozess unter Beteiligung der Mitarbeiter oder Mitglieder erarbeitet.« (BMFSFJ, 2002a, Qs 21, S. 50)
»Ein Leitbild entwickeln heißt: den Sinn und die Verantwortlichkeiten in den zu erfüllenden Aufgaben entdecken. Mit dem Leitbild soll eine gemeinsame Basis, Vision geschaffen werden, die von allen verstanden und getragen wird.« (Lamberti, 2000, S. 47)

Marketing

»Marketing ist die systematische Ausrichtung aller Unternehmensfunktionen auf die Bedürfnisse des Marktes. [...] Für das Marketing freier und öffentlicher Träger sozialer Arbeit hat sich die Bezeichnung ›Sozialmarketing‹ eingebürgert. Dieser Begriff bezeichnet die Planung, Durchführung und Kontrolle von Marketingstrategien und -aktivitäten nichtkommerzieller Organisationen, die direkt oder indirekt auf die Lösung sozialer Aufgaben gerichtet sind.« (Deutscher Verein 2002, S. 625)

Öffentliche Träger

➛ Träger, öffentliche und freie

Personalcontrolling

➛ Controlling

Personalentwicklung

»Personalentwicklung umfasst alle Maßnahmen, die unter Beachtung der Ausbildung, des Entwicklungsstandes und der persönlichen Interessen der Mitarbeiterinnen und Mitarbeiter diejenigen Qualifikationen sichern und vermitteln, die heute oder in Zukunft für die Aufgabenerfüllung im Sinn der betreffenden Organisationseinheit erforderlich sind bzw. werden. Auftrag an Personalentwicklung ist es, unter Berücksichtigung ständiger Veränderungsprozesse zu einer weitestgehenden wechselseitigen Übereinstimmung von Mitarbeiterpotential und Arbeitsplatzanforderungen beizutragen.« (Deutscher Verein, 2002, S. 689f)
»Alle Aktivitäten innerhalb und außerhalb eines Unternehmens, die der Vermittlung und Förderung von Fach-, Sozial- und Managementkompetenz, von Wissen, Können und Verhalten der Mitarbeiter dienen. Diese Aktivitäten bestehen:

- unter kollektivem Aspekt aus Laufbahn-, Bildungs- und Nachfolgeplanungen,
- unter individuellem Aspekt aus fachlicher Aus- und Weiterbildung (Fortbildung), Anleitungen und Übungen zur Persönlichkeitsentwicklung, Selbstmanagement, zu sozialem Verhalten und zum Management im Sinne des Umgangs mit Menschen, Organisationen und Aufgaben mittels adäquatem Führens (inklusive Führungsgespräch), Seminaren, Jobenlargement (Aufgabenerweiterung), Jobenrichment (Aufgabenbereicherung), Jobrotation usw.« (Kastner, 1990, S. 180, nach Schwarz & Beck, 1997, S. 24)

Personalführung »Führung ist zielorientiertes Gestalten. Die Personalführung konkretisiert innerbetrieblich das Unterstellungsverhältnis zwischen Vorgesetztem und Untergebenem in Richtung auf die möglichst weitreichende Integration von Betriebs- und Individualzielen. Zentral sind hier die Führungsqualitäten des Personalverantwortlichen, der seine Mitarbeiter führen und motivieren soll. Dabei spielen die Unternehmenskultur und eine von ethischen Werten geprägte Führung eine herausragende Rolle. Personalführung ist ein Aspekt der Unternehmensführung.« (Knorr & Offer, 1999, S. 300)

Personalplanung »Die Personalplanung richtet sich nach der zu bewältigenden Arbeit. Je nach Aufgabe werden bestimmte Qualifikationen benötigt, und je nach Umfang der Arbeit müssen entsprechende Stellen geschaffen werden, um diese Arbeit bewältigen zu können. Der Steuerung des Personaleinsatzes dient die Arbeits- und Leistungsanalyse.« (Knorr & Offer 1999, S. 300)

Qualitätsbeauftragte/r »Als Stabsstelle ist der/die Qualitätsbeauftragte in der Rolle des/der (selbst)verantwortliche/n MittlerIn zwischen den Anforderungen des Qualitätsmanagement-Prozesses und allen beteiligten Personen einer Einrichtung auf allen Ebenen: Einerseits wird er/sie mit der Leitung in Bezug auf die Qualitätspolitik kooperieren, andererseits wird er/sie den Qualitätsmanagement-Prozess begleiten, indem Qualitätsmaßnahmen koordiniert, Qualitätszirkel moderiert und die MitarbeiterInnen des Teams – wo sinnvoll und notwendig – auch methodisch unterstützt werden« (Bobzien et al., 1996, S. 114)

Qualitätszirkel (QZ) »QZ können sich zusammensetzen aus Mitarbeitern und Mitarbeiterinnen einer Organisation oder verschiedener Organisationen, die vergleichbare Aufgaben bearbeiten. Es sollten kleine Gruppen von Mitarbeitern sein, die sich regelmäßig und freiwillig treffen, um Probleme aus ihrem Arbeitsbereich zu bearbeiten. In einem festgelegten Zeitrahmen sollten bestimmte Qualitätsprobleme in QZ bearbeitet werden. Durch Qualitätszirkel lässt sich die Qualifikation der Beteiligten sowie die Produkt- und Prozessqualität steigern, zudem können QZ dazu beitragen, Arbeitszufriedenheit zu fördern und Verbesserung der Arbeitsbedingungen anzuregen.« (vgl. Meinold, 1998, S. 48f; Bobzien et al., 1996, S. 91f)

Social Sponsoring »Social Sponsoring basiert auf dem Prinzip von Leistung und Gegenleistung. Für den Sponsor müssen die Projekte, Ziele und Werte des Gesponserten nützlich sein zur eigenen Werbung und Imageförderung. S.S. ist somit bei Firmen beliebt, um es langfristig und systematisch als ein Kommunikationsinstrument in der Marketingstrategie einzubauen.« (Deutscher Verein, 1993, S. 831)

Subsidiarität, Subsidiaritätsprinzip »Der Begriff Subsidiarität ist vom lateinischen ›Subsidium‹ abgeleitet, das ›Unterstützung, Hilfeleistung‹ bedeutet. Im sozialwissenschaftlichen Kontext wird es als ›antitotalitäres und demokratisch-pluralistisches Prinzip, das eng mit Föderalismus und Dezentralisierungsvorstellungen ... verbunden ist‘ verstanden« (Waschkuhn, 1995, nach Lange, 2002, S. 6).
[Das] KJHG betont, dass denjenigen Trägern ein Vorrang eingeräumt werden solle, die ›an den Interessen der Betroffenen orientiert sind und ihre Einflussnahme auf die Gestaltung der Maßnahme gewährleisten‹« (§ 75 Abs. 3 KJHG, nach Lange 2002, S. 8). Juristisch gesehen bezieht sich der

Begriff Subsidiarität auf den Vorrang freier Träger gegenüber der kommunalen Zuständigkeit für Jugendhilfeleistungen.

Träger der öffentlichen Jugendhilfe

»Träger der öffentlichen Jugendhilfe sind auf der örtlichen Ebene Städte und Kreise sowie kreisangehörige Gemeinden mit eigenem Jugendamt, auf überörtlicher Ebene die nach Landesrecht bestimmten Körperschaften sowie die obersten Landesjugendbehörden.« (Nikles, 1995, S. 23)

Träger, öffentliche und freie

»Im weitesten Sinne sind unter ö. T. alle Körperschaften, Anstalten und Stiftungen des öffentlichen Rechts zu verstehen, ohne Rücksicht darauf, ob sie ausschließlich öffentlich-rechtliche Aufgaben erfüllen oder auch privatrechtlich tätig sind. I. S. d. Sozialgesetzbuchs (SGB) sind ö. T. vor allem die Sozialleistungsträger. Ihnen obliegen die im SGB im einzelnen umschriebenen Aufgaben.
Im Bereich der Sozialhilfe und der Jugendhilfe ist die Unterscheidung zwischen ö. T. und freien Trägern traditionell von besonderer Bedeutung, da die ö. T. in ihrem Handeln in bestimmtem Umfang gegenüber den freien Trägern subsidiär sind, die freien Träger in wesentlichem Umfang eigenständige Aufgaben in diesem Bereich durchführen und sie darüber hinaus teilweise bei der Erfüllung der Aufgaben der ö. T. förmlich mitwirken. Ö. T. sind in der Sozialhilfe die örtlichen und die überörtlichen Träger, im Bereich der Jugendhilfe die Rechtsträger der Jugendämter (JÄ) und der Landesjugendämter. Die ö. T. handeln zwar durch ihre Organe, Behörden, Ämter, Dienststellen und Bediensteten, verantwortlicher Rechtsträger bleibt aber die Gesamtkörperschaft (Grundsatz der Einheit der Verwaltung).« (Deutscher Verein, 1993, S. 681)
»Freie Träger verantworten fachlich, wirtschaftlich und organisatorisch die Einrichtungen und Dienste, die zur Verwirklichung sozialpädagogischer Ideen und auch eines großen Teils von Rechtsansprüchen notwendig sind. F.T. sind überwiegend in der Rechtsform von eingetragenen Vereinen, daneben auch in der Form von Stiftungen oder gemeinnützigen GmbH organisiert (Unterscheidungsmerkmal zu behördlichen Einrichtungsträgern) und haben den steuerrechtlichen Status der Gemeinnützigkeit (Unterscheidungsmerkmal zu gewerblichen Trägern). [...]
Der Anteil f. T. an den Trägerschaften sozialer Einrichtungen ist in der Bundesrepublik sehr hoch. So verantworten f. T. beispielsweise [...] rund 70 Prozent aller Plätze der Kindertagesstätten.« (Deutscher Verein, 1993, S. 357)

Anhang E: Mitglieder des Projektbeirates und der Expertengruppen

Projektbeirat (2000–2003)

Becker-Textor, Ingeborg, Bayerisches Staatsministerium für Arbeit und Sozialordnung, Familie, Frauen und Gesundheit, München
Brandl-Herrmann, Inge, Stadt Nürnberg, Jugendamt
Bruder, Regina, Bundesarbeitsgemeinschaft Elterninitiativen e. V., München
Cröniger, Werner, Bayerisches Rotes Kreuz, München
Dunkl, Hans-Jürgen, Bayerisches Staatsministerium für Arbeit und Sozialordnung, Familie, Frauen und Gesundheit, München
Feichtl, Joachim, Arbeiterwohlfahrt Landesverband Bayern, München
Götze-Ohlrich, Michael, Jugend- und Sozialwerk gemeinnützige GmbH, Oranienburg
Häberlein, Uta, Bay. LV Evang. Tageseinrichtungen und Tagespflege für Kinder e. V., Nürnberg
Hanschen, Kirsten, Bremische Ev. Kirche Landesverband Ev. Tageseinrichtungen für Kinder, Bremen
Hartl-Grötsch, Eleonore, Landeshauptstadt München, Schulreferat
Heilmeier, Max, Landeshauptstadt München, Schulreferat
Heinrich, Astrid, Ministerium für Arbeit, Frauen, Gesundheit und Soziales, Magdeburg
Hotz, Ursula, Diakonisches Werk in Hessen und Nassau, Referat Kindertagesstätten, Frankfurt
Hötzel, Wolfgang, Ministerium für Arbeit, Soziales, Familie und Gesundheit, Ref. Familienpolitik, Mainz
Hugoth, Matthias, Deutscher Caritasverband e. V., Referat Kinderhilfe, Freiburg
Jurklies, Karl-Heinz, Bayerischer LV Evang. Tageseinrichtungen und Tagespflege für Kinder e. V., Nürnberg
Kuhn, Klaus, Bayerischer LV Evang. Tageseinrichtungen und Tagespflege für Kinder e. V., Nürnberg
Larrá, Dr., Franziska, Katholisches Büro Mainz, Kommissariat der Bischöfe Rheinland-Pfalz. Caritasverband für die Diözese Trier, Trier
Mehring, Helga, Diakonisches Werk der evang. Kirche in Hessen und Nassau, Osthofen
Meyer, Dr., Rolf, Katholisches Büro Mainz, Kommissariat der Bischöfe Rheinland-Pfalz, Caritasverband für die Diözese Mainz, Mainz
Michel, Heide, Thüringer Ministerium für Soziales und Gesundheit, Erfurt
Müller, Georg, Stadt Frankfurt/Main, Stadtschulamt
Münzenloher, Inge, Bayerischer Landesverband Kath. Tageseinrichtungen für Kinder, München
Polle, Gabi, Stadt Lüdenscheid, Jugendamt
Preßmar, Willi, Stadt Frankfurt/Main, Stadtschulamt, Frankfurt
Reiner, Frieda, Landeshauptstadt München, Schulreferat
Roth, Xenia, Ministerium für Bildung, Frauen und Jugend des Landes Rheinland Pfalz, Mainz
Ruf, Isolde, AWO Bezirksverband Oberbayern
Schalkhaußer, Alice, Der PARITÄTISCHE Landesverband Bayern, München
Schenker, Ina, Landeshauptstadt Dresden, Amt für Kindertageseinrichtungen
Selle, Matthias, Amt für Kinder, Jugendliche und Familien, Stadt Münster
Sackerlotzky, Ulla, Bayerisches Rotes Kreuz, München
Selzam, Ludwig, Bayerischer Landesverband Evang. Tageseinrichtungen und Tagespflege für Kinder e. V., Nürnberg
Stengel, Gabriele, Bayerischer Landesverband Kath. Tageseinrichtungen für Kinder e. V., München
Wehrmann, Ilse, Bremische Ev. Kirche, Landesverband Ev. Tageseinrichtungen für Kinder, Bremen
Werner-Hager, Elisabeth, Stadt Nürnberg, Jugendamt
Weßels, Mechthild, Deutscher Paritätischer Wohlfahrtsverband, Frankfurt/Main

Wolter-Buhlmann, Dorothee, Amt für Soziale Dienste, Bremen
Zollmann, Marina, Dezernat für Soziales und Kultur, Jena

Fachgruppe 1 »Bundesweite Erhebung« (Frühjahr / Sommer 2000)

Freie Träger

Boge-Diecker, Maria, DPWV, München
Cröniger, Werner, BRK, München
Feichtl, Joachim, Arbeiterwohlfahrt Landesverband Bayern
Häberlein, Uta, Bay. Landesverband Evang. Tageseinrichtungen und Tagespflege für Kinder e. V., Nürnberg
Hugoth, Matthias, Deutscher Caritasverband e. V., Referat Kinderhilfe, Freiburg
Weßels, Mechthild, DPWV, Frankfurt

Öffentliche Träger

Koch, Julia, Ministerium für Bildung, Frauen und Jugend des Landes Rheinland-Pfalz, Mainz
Reiner, Frieda, Landeshauptstadt München, Schulreferat
Werner-Hager, Elisabeth, Stadt Nürnberg, Jugendamt

Projektteam

Kirsten Hanssen
Ruth Jäger (Projektmitarbeiterin von Januar 2000 bis Oktober 2000)
Dr. Bernhard Nagel

Fachgruppe 2 »Trägerprofil« (Frühjahr / Sommer 2000)

Freie Träger

Götze-Ohlrich, Michael, Jugend- und Sozialwerk gemeinnützige GmbH, Oranienburg
Hanschen, Kirsten, Bremische Ev. Kirche, Landesverband Ev. Tageseinrichtungen für Kinder, Bremen
Hülsmann, Elsbeth, Der PARITÄTISCHE Landesverband Bayern, München
Jurklies, Karl-Heinz, Bay. Landesverband Evang. Tageseinrichtungen und Tagespflege für Kinder e. V., Nürnberg
Dr. Larrá, Franziska, Katholisches Büro Mainz, Kommissariat der Bischöfe Rheinland-Pfalz, Caritasverband für die Diözese Trier
Mehring, Helga, Diakonisches Werk der evang. Kirche in Hessen und Nassau
Dr. Meyer, Rolf, Katholisches Büro Mainz, Kommissariat der Bischöfe Rheinland-Pfalz, Caritasverband für die Diözese Mainz
Münzenloher, Inge, Bayerischer Landesverband Kath. Tageseinrichtungen für Kinder, München
Ruf, Isolde, AWO Bezirksverband Oberbayern
Sackerlotzky, Ulla, Bayerisches Rotes Kreuz, München
Stengel, Gabriele, Bayerischer Landesverband Kath. Tageseinrichtungen für Kinder, München
Stöger, Wolfgang, Arbeiterwohlfahrt Bezirksverband Oberbayern e. V., München

Öffentliche Träger

Brandl-Herrmann, Ingeborg, Stadt Nürnberg, Jugendamt
Löscher, Wolfgang, Landeshauptstadt München, Schulreferat

Peppel, Ilse, Amt für soziale Dienste – Ost, Bremen
Preßmar, Willi, Stadtschulamt Frankfurt/Main
Reiner, Frieda, Landeshauptstadt München, Schulreferat
Schenker, Ina, Landeshauptstadt Dresden, Amt für Kindertageseinrichtungen
Unkelbach, Elvira, Stadtverwaltung Koblenz, Stadtjugendamt
Wolter-Buhlmann, Dorothee, Amt für Soziale Dienste, Bremen

Oberste Landesjugendbehörde

Roth, Xenia (Rheinland-Pfalz)

Projektteam

Pamela Oberhuemer
Inge Schreyer

Arbeitsgruppe »Kreisfreie Städte« (2001–2003)

Landeshauptstadt Dresden: Schenker, Ina
Stadtschulamt Frankfurt/Main: Müller, Georg; Preßmar, Willi
Stadt Jena: Zollmann, Marina
Stadt Köln: Brähler-Hauke, Karin
Stadt Lüdenscheid: Polle, Gabi
Landeshauptstadt München: Dr. Hartl-Grötsch, Eleonore; Heilmeier, Max; Reiner, Frieda
Stadt Nürnberg, Jugendamt: Brandl-Herrmann, Ingeborg; Werner-Hager, Elisabeth

Autoreninformation

Prof. Dr. Dr. Dr. W. E. Fthenakis ist Direktor des Staatsinstituts für Frühpädagogik in München und Professor für Erziehungswissenschaft an der Freien Universität Bozen, Fakultät für Bildungswissenschaften. Seine Arbeitsschwerpunkte liegen in der Frühpädagogik, Bildungs- und Familienforschung.

Kirsten Hanssen, Diplom-Soziologin, ist wissenschaftliche Mitarbeiterin des Staatsinstituts für Frühpädagogik in München. Ihre Forschungsschwerpunkte sind die Kinder- und Jugendhilfe, Qualitätsentwicklung, Evaluation, Jugendforschung.

Dr. Bernhard Kalicki, Diplom-Psychologe, ist wissenschaftlicher Mitarbeiter des Staatsinstituts für Frühpädagogik in München. Seine Forschungsschwerpunkte liegen bei den Themen Entwicklung über die Lebensspanne, Familienentwicklung, psychologische Beratung und Qualitätsentwicklung.

Andrea Michel, Diplom-Soziologin, war wissenschaftliche Mitarbeiterin des Staatsinstituts für Frühpädagogik in München und ist seit 2003 wissenschaftliche Referentin am Deutschen Jugendinstitut. Ihre Forschungsschwerpunkte sind die Kindheits- und Jugendforschung, Evaluation, jugendliche Lebenswelten und Problemlagen.

Pamela Oberhuemer ist wissenschaftliche Referentin am Staatsinstitut für Frühpädagogik (IFP) in München. Aktuelle Arbeitsschwerpunkte sind: Konzepte und Systeme der Frühpädagogik in internationaler Perspektive; Berufsrolle und Professionalisierung pädagogischer Fachkräfte; Trägerqualität. Sie ist Mitglied des internationalen Expertenteams der OECD und war Rapporteur für die OECD-Reviews in den USA und Irland. Sie ist Vorsitzende des Pestalozzi-Fröbel-Verbandes (pfv), ein bundesweiter Fachverband für Kindheit und Bildung.

Inge Schreyer, Diplom-Psychologin, ist wissenschaftliche Mitarbeiterin des Staatsinstituts für Frühpädagogik in München. Ihre Arbeitsschwerpunkte liegen in der Evaluations-, sowie in der Interessen- und Motivationsforschung.

Anna Spindler, Diplom-Psychologin, ist wissenschaftliche Mitarbeiterin des Staatsinstituts für Frühpädagogik in München. Sie beschäftigt sich mit Evaluationsforschung, mit Veränderungsprozessen in Organisationen und mit Arbeitszufriedenheit.

TQ-Projekt-Team

Projektleiter:

Prof. Dr. Dr. Dr. W. E. Fthenakis

Projektmitarbeiter und -mitarbeiterinnen:

Dipl.-Soz. Kirsten Hanssen
Dr. Bernhard Kalicki
Dipl.-Psych. Ruth Jäger (Januar 2000 bis Oktober 2000)
Dipl.-Soz. Andrea Michel (Juni 2000 bis März 2002)
Dr. Bernhard Nagel
Pamela Oberhuemer, Pädagogin (Univ. London)
Dipl.-Psych. Inge Schreyer
Dipl.-Psych. Anna Spindler